생활세계와 시민

시민 되기

시민교육 연구총서 3

생활세계와 시민
시민 되기

이동수 편

인간사랑

차례

서문

민주주의는 일반시민들이 주인이 되는 정치체제를 일컫는다. 서구의 정치사를 보면, 근대 민주주의가 발전한 것은 왕의 권력과 귀족들의 특권을 넘어 시민계급의 정치참여가 확대되고 공화정이 수립된 이후부터이다. 그리고 이 과정은 근대 국가의 발전과 더불어 시민사회 영역이 그만큼 성장한 결과이기도 하다.

이에 비해 동양에서는 민주주의의 등장은 더디었다. 19세기 서양 제국주의와의 충돌 이전까지만 하더라도, 청(淸)이나 조선에서는 황제 혹은 왕과 잘 짜인 관료제가 동질적이며 가산제적인 농업사회를 균일하게 통제하는 왕정체제에 머물러 있었다. 이런 동양사회는 중세 이후 영주와 농노들 사이의 계약관계에 바탕을 둔 봉건제를 거쳐, 개인의 활동과 상업을 장려하는 사회로 전환되고, 자유로운 거래가 이루어지는 도시가 발달해 시민권이 확대된 복합적인 서구사회와는 기본적으로 다른 사회였던 것이다.

서구의 예에서 알 수 있듯이 왕권이 제한되고 시민사회가 발전하기 위해서는, 친족공동체적인 삶에서 벗어나 개인이 중심단위가 되며, 상업과 타인과의 교류가 활발히 이루어지고, 생산의 증가와 이에 따른 다양한 인구의 포용 등을 필요로 한다. 그런 점에서, 서구에서 민주주의의 성립은 시민사회 발전에 따른 정치적 결과였던 것이다. 즉 시민사회의 발달이 정치적으로 민주주의를 초래한 것이지, 그 반대가 아닌 것이다.

그런 점에서, 한국사회에서 민주화 이후 민주주의의 발전이 더디게 느껴지는 것은 그만큼 시민사회의 성장이 아직도 불완전하기 때문이다. 정치발전은 사회발전을 뒤따르지만 정치발전이 사회발전을 당연히 가져오는 것은 아니다. 따라서 이 시점에 우리에게 가장 필요한 것은 우리 자신이 생활세계의 진정한 시민이 되는 것이다. 즉 정치투쟁보다 시민 되기를 더욱 필요로 한다. 우리는 학교나 마을에서, 혹은 경제나 문화생활에서, 즉 일상적인 생활세계에서 먼저 시민적이어야 한다. 그리고 이런 시민 되기가 궁극적으로 민주주의의 심화를 가져올 것이다.

이 책은 2011년도부터 2014년까지 진행된 한국연구재단 토대기초연구지원사업인 〈한국 대학교육에서 '시민교육' 연구 및 자료 총서〉(NRF-2011-322-B00003) 프로젝트의 일환으로 출판하게 되었다. 각 장들은 이 프로젝트에 참여하는 분들이 각각의 전공에 맞추어 집필하였으며, 특히 매달 진행된 세미나와 워크숍 그리고 여러 차례의 중간발표회를 통해 전체적인 통일성을 기하였다. 항상 모임에 참석하여 장시간에 걸친 열띤 토론과 진지한 고민을 함께 해준 연구자들에게 진심으로 고마움을 느낀다. 또한 이 책의 출판을 지원해준 한국연구재단과 사명의식을 갖고 출판을 기꺼이 수락해준 도서출판 인간사랑 관계자들, 그리고 책 교정에 도움을 준 김은순 선생에게 깊은 감사의 말씀을 전한다.

2017년 5월

경희대학교 NGO국제연구소장 이동수

1장 가족과 시민

김윤철

1. 가족의 의미

가족(家族)으로 번역되는 family라는 말이 영어에 유입된 것은 14세기 말이나 15세기 초이다. family라는 말의 전형은 familia(household 가계, 세대)이고, 어원은 famulus(servant 하인)이다. family의 어의는 17세기 중반까지 '하인들'이나 '한 집안에 사는 인척과 하인들'이었는데, 이는 라틴어의 '세대 또는 가구'라는 의미가 담겨 있는 것이었다. family와 관련 있는 형용사 familiar가 일반적으로 사용된 것은 이보다 앞섰다. 이때 familiar는 '사람과 교제하거나 시중드는 것'을 뜻한다. 15세기와 16세기에 자주 사용된 숙어 중에 familiar enemy가 있는데 이는 '집안 내부의 적'을 뜻한다. 현대에 들어서는 '자국민 내부의 적'을 가리킨다. 하지만 familiar의 초기 의미 중 현대 영어에서도 통용되고 있는 의미는 '사람과의 우정이나 친밀감', '잘 알고 있는, 익숙한' 같은 것이다. 이들 용법은 한 집안에 사는 이들이 상호 밀접한 관계를 맺고 서로의 방식에 익숙해지면서 얻게 되는 경험으로부터 기인한다. 이렇듯 애초 family와 familiar는 친족집단(blood-group)이라는 의미와는 관련이 없었던 것이고, familiar는 현대적 용법에서도 그러하다.[1]

family는 15세기를 지나면서 가계나 세대보다는 '집'(house)을 가리키게 되었는데, 이는 희랍어 oikos에서 유래하였다. 이때 집의 의미는 바로 특정 일족으로, 같은 조상의 후손으로 이어졌다는 뜻을 담는 것이었다. 이것의 확장된 의미는 일국의 국민이나 여러 국민을 가리켰는데, 이 역시 동일 선조에서 유래하는 특정 '혈통'이란 의미가 있다. 하지만 17세기 중반까지 '근친의 혈연관계에 한정된 소집단'으로서의 가족이라는 현대적 의미는 보이지 않았다. 부모와 자식의 관계는 이때까지도 주로 '근친'(near kin)으로 표현되었다. 그러다가 17세기 중반 이후 19세기까지 '같은 집에서 생활하는 소규모 혈연집단'이라는 의미가 지배적이 되었는데, 20세기 들어 핵가족(nuclear family)과 대가족(extended family)을 구분하는 과정에서 가족 일반을 가리키는 용어로 사용되기에 이르렀다.[2]

---

1 Raymond Wiliams, *Key Words: A vocabulary of culture and society* (New York: Oxford University Press, 1983), 131.

2 Raymond Wiliams, *Key Words: A vocabulary of culture and society,* 131–132.

family가 특히 한 집안에 살고 있는 작은 혈연집단을 가리키게 된 것은 이른바 '부르주아 가정'(bourgeois family)의 대두와 관련이 있다. 이때 세대와 재산이라는 의미도 담고 있었는데, '작은 혈연집단'이라는 의미로 확립된 것은 19세기 초를 지나면서이다. 부르주아 가정의 이상화와 각기 분리되거나 고립된 가족을 '노동에 참여하는 경제적 단위'로 보는 자본주의의 발달 과정에서 중요시된 것이다. 즉 부르주아–중간계급–에게 가족은 직계의 혈연관계와 재산이라는 의미가 결합된 것이다.[3]

이때 짚고 넘어갈 문제가 있다. 하인을 뜻한 라틴어 famulus는 가장을 제외한 여타의 성원들을 가리키는 것으로 나아갔는데, 이는 가장을 제외한 여타의 다른 성원들, 즉 부인과 자식, 노동력을 상실한 조부모와 가내 노예 등은 가장의 보호와 지도를 필요로 한다는 의미였다는 것이다. 또 공간성을 강조하는 것으로 이해되는 house는 지배와 경제를 결합하고 있는 단어라는 점이다. 즉 famulus를 어원으로 하는 familia는 가족 성원에 대한 가부장적인 지배권에 초점을 맞춘 것이고, house는 아리스토텔레스가 말하는 oikos적인 질서, 즉 자급자족적인 경제질서로서의 '家'에 초점을 맞추는 개념이라는 것이다.[4]

---

3 Raymond Wiliams, *Key Words: A vocabulary of culture and society,* 132–133. 제임스 밀이 "부모와 자식으로 구성된 집단을 '가족'이라고 한다"고 정의한 것도 이 시기인데, 레이먼드 윌리엄스(1983, 133)는 이러한 의식적인 정의가 필요하게 된 것이 의미심장하다고 말한다. 그 이전까지, 즉 17~18세기에는 family는 대체로 (부인도 뺀) '자식들'만 지시했기 때문이다.

4 아리스토텔레스는 가족의 범위를 '食口', 즉 밥상을 같이 하는 사람들로 제한

house는 라틴어로 domus라고 하는데, 이 단어 역시 oikos와 마찬가지로 좁게는 집안의 가구에서부터 넓게는 가까운 친족에 이르는 물적이고 이데올로기적인 것들을 모두 포괄한다.[5]

한편, 한국어로 통상 가족과 구별하여 '가정'(家庭)으로 번역되는 home은 희랍어로는 oikogeneiaki estia(=katoikia), 라틴어로는 house와 마찬가지로 domus이다. domus는 house, home, household의 뜻을 모두 가진다. oikos가 rest(요양소, sanatorium)의 의미를 가질 때는 home의 뜻을 가진다. 이때 home은 oikos evgirias이다. 이는 가족과 가정, home(가정, 가족, 주택, 고향), house(집, 주택, 가정, 가족, 세대), household(가족, 세대, 한 집안)의 구분이 사실상 큰 의미를 갖는 것이 아님을 알려준다.

국어사전에서 가족이란 "부부를 중심으로 한 집안을 이루는 사람들(친족)"이며, 가정은 "부부를 중심으로 혈연관계자가 함께 살고 있는 사회의 가장 작은 집단"이다.[6] 흥미로운 것은 '家丁'과 '家政'이란 뜻이다. 앞의 가정은 '집에서 부리는 하인'을, 뒤의 가정은 '집안을 다

했는데. 이 규정은 일차적으로 '가'의 경제적 성격을 강조하는 것이다. 한자의 경우도 동일하다. 한 집안에 돼지(豕)를 기르고 있는 글자인 가(家)도 경제공동체를 강조하고 있는 것이다. 이에 대해서는 이태훈, 「유교적 가족관과 시민적 가족관」, 『동양사회사상』 제2집 (1999), 173.

5 이태훈, 「유교적 가족관과 시민적 가족관」, 166-167.

6 이와 같은 정의는 기존의 가부장적 가족의 변화를 담고 있다. 부부중심의 가족으로 이동은 근대에 들어와 사회계약론이 확산되면서 이루어진 것이다. 이에 대해서는 김석수, 「현대적 관점에서 본 칸트와 헤겔의 가족」, 『동서사상』 제11집 120호 (2011).

스리는 일, 가정생활을 처리하는 수단과 방법'이다. 우리가 통상 쓰는 family는 어원과 그 용례의 역사적 과정을 통해 볼 때, 가족의 뜻과 더불어 세 가지의 가정이 모두 포함되어 있는 것이다.

유교에선 통상적으로 家는 부모를 포함하는 직계가족을 말한다. 家는 삼종(三從)을 포함하는 유복친(有服親)의 의미로도 쓰이는데 전통적으로 같은 집안이라고 표현하는 고조 8촌 범위의 친족을 家의 범위에 포함시키기도 한다. 家는 바로 이 세 층(父子, 夫婦, 姑婦)이 상호 교차하는 관계망에 놓여 있는 조직의 최소 단위이다.[7]

2. 가족의 해체와 위기

가족을 주목하는 이유는 무엇일까? 첫째, 가족은 사람의 초기그래서 장기 지속되는 가치관과 선호가 형성되는 장이자 관계망이기 때문이다. 최근 들어 크게 약화되고 있긴 하나, 관계의 지속성과 강도가 가장 높다. 이는 가족이 사람들의 삶에 끼치는 영향력이 크다는 것을 의미한다. 이 때문에 가족은 국가 혹은 사회로 일컬어지는 정치적-사회적 공동체의 '가장 기본적인 제도'[8]로 작동해왔다. 그런 가운데 가족은 정치적-사회적 다양성과 통합성의 정도에 큰 영향을 끼쳐왔다.

---

7 이태훈, 「유교적 가족관과 시민적 가족관」, 166.

8 앤서니 기든스, 한상진 외 역, 『제3의 길』(서울: 생각의 나무, 1998), 144.

둘째, 한국은 해방 이후 전쟁과 산업화와 (신)자유주의적 민주화를 거치면서, 다른 사회적 구성원과 가족 등의 단위에 대해 대단히 배타적인 '가족주의적 개인주의(이기주의)'와 '가족(지상)주의' 문제가 거론되어왔다. 생존과 위험회피를 최우선 가치로 삼아 자기 혹은 자기 가족 성원들의 안위만을 추구하는 관계와 단위로 작동해왔다는 것이다. 이 때문에 공공이익의 창출을 위한 헌신과 탁월성의 드러냄을 통해 얻어지는 명예를 중시하는 좋은 시민의 형성, 그리고 좋은 시민에 의해 만들어지는 좋은 공동체 건설의 길에 아직 들어서지 못했다는 것이다. 따라서 가족주의 혹은 가족주의적 개인주의가 압도하고 있는 가족관계를 변화시키지 않고서는 좋은 시민과 좋은 공동체의 건설이 불가능하다는 것이다.

셋째, 그런데 최근 가족 관계에서도 자유 평등 박애 등 좋은 공동체에서의 시민적 삶을 위한 보편적 가치와 미덕이 경시되는 양태를 보이고 있다. 가족마저도 개인주의와 무한경쟁과 승자독식주의 등 물신적 가치관과 선호를 중시하고 그것을 재생산하는 관계망에 포획되어 있는 것이다. 그런 중에 가족 구성원 상호간의 책임과 의무를 방기하거나 회피하면서 가족의 붕괴 조짐이 두드러지게 나타나고 있다.

넷째, 문제는 그러한 가족 관계의 변형을 개선하거나 보완하거나 대체할 제도 역시 약화되었거나 새롭게 만들어지거나 발견되고 있지 않다는 것이다. 비교육적-상업적 사교육의 지배와 공교육의 붕괴, 제도교육 밖의 시민교육의 비활성화, 진영논리와 급진이념에 경도된 권리중심의 사회운동적 관계와 환경에 놓여 있다는 것이다.

다섯째, 이는 역설적으로 붕괴 위기에 처한 가족에게 다시 눈을 돌리게 한다. 정치사회적 공동체의 가장 기본적인 제도이기도 하지만, 가족주의 혹은 가족의 붕괴라는 현실에도 불구하고, 사람들 간의 관계망과 단위에 있어 가족은 여전히 다른 사회적 관계망과 단위에 비교해 볼 때, '유대감'과 '신뢰도'의 측면에서 우위에 있기 때문이다. 따라서 이 관계를 가족적 이기주의를 넘어서서 시민적 가치와 미덕을 습득하는 현실적 자원으로 가동시킬 필요성을 검토해봐야 한다는 것이다.

이러한 사항들을 감안할 때 유의할 것이 있다. 역사적 경험과 현실적 상황에 바탕해 가족에 대한 선험적 혹은 단정적 결론에 치우쳐서는 생산성 있는 논의가 가능하지 않다는 것이다. '시효가 만료된' 혹은 가족주의 혹은 가족주의적 개인주의 관점에서만 가족을 부정적으로 조망하는 편향에 매몰되어서는 안 된다는 것이다. 즉 가족에 대한 편견을 갖고 접근해서는 안 된다는 것이다. 긍정적이든 부정적이든, 변형과 약화의 추세에 있든 아니든 간에 여전히 아직도- 유력하고 유의미한 제도라고 할 때, 또 그것을 의도와 상관없이 쉽사리 폐기할 수 있는 것이 아니라고 할 때에, 그러한 관점을 갖고 가족의 정치적-사회적 의미를 외면하는 것은 실천적으로 의미를 갖기 어렵기 때문이다. 따라서 일상적 삶의 과정에서 경험하는 가족 관계를 뛰어넘는 대안적 관계 형성의 어려움은 가족에 대한 부정성의 확인이 아니라, 거꾸로 그것에 근거해 대안을 모색해봐야 할 필요성을 제기하는 것으로 이해해야 한다.

다른 한편으로 전통적 가족을 복원하는 것이 중요하고 그래야만 한다는 입장을 일방적으로 강조하는 것도 바람직하지 않다. 기든스가 이미 지적한 바와 같이 전통적 가족으로의 복원은 가능하지도 않을 뿐더러, 오히려 가족에 대한 부정적 판단을 더욱 강화할 위험성마저 있기 때문이다.[9]

가족의 붕괴와 위기를 고려할 때, 가족이 과연 시민적 관계 혹은 시민교육의 장이자 단위일 수 있을까? 또 부모는 자식에 대해 과연 '교사'일 수 있을까? 자식들은 과연 가족을 통해 이성적이고 자율적인 시민의 자질을 얻을 수 있을까?

우선 오늘날의 참담한 지경에 이른 가족 현실을 보자. 답변은 썩 긍정적이지 않다. 출구를 찾을 수 있을지 회의적이다. 이유는 다음과 같다.

첫째, 시장의 논리가 지배하는 시민사회에 포섭되어 있다. 가족 내부의 구성원들 사이에도 욕구투쟁의 장이 형성되어 있으며, 능력없는 자를 가족의 구성원으로 인정하지 않으려는 움직임마저 보인다. 경제위기 과정에서 이혼의 가장 큰 이유는 바로 '경제력'이었다.

둘째, 가족이 이해관계와 권리관계를 중시하는 자유인들-형식적 혹은 껍데기만 자유인들-의 계약적 결실물로만 존재하고 있는 것이다. 가족은 점차 부담스러운 존재로까지 인식되고 있다. 사랑과 존경으로 형성된 전통적 가족보다는 언제든지 행복을 추구하는데 방해가 되면 떠나버릴 수 있는 동거가족, 계약가족, 반가족 등이 확산되고 있다.[10] 심지어 그 자체로 형용모순인 '1인 가족'이라는 용어까지 등장했

---

9 앤서니 기든스, 『제3의 길』, 146-147.

10 이혼과 다양한 가족형태의 등장이 부정적인 것이라고 단정하는 것이 아니다.

다. 그것이 가구, 세대를 의미하는 것이라고 해도 가족이 '개인'과 등치되는 상황에까지 다다른 것이다.

셋째, 울리히 벡의 발언을 들어보자. 울리히 벡은 가족을 '좀비 제도들'이라고 하면서 다음과 같이 말하고 있다.

> 오늘날 가족이란 것이 실상 어떠한지 자문해보라. 그 의미는 무엇인가? 물론 자식들, 내 자식들, 우리 자식들이 있다. 그러나 가족생활의 핵심인 부모의 역할은 이혼이라는 상황 때문에 해체되기 시작했다. … 그들 아들딸들의 결정에 전혀 참여하지 않은 채 할머니와 할아버지들이 포함되거나 배제된다. 손자들의 관점에서 조부모라는 의미는 개인의 결정과 선택으로 결정이 나는 것이 되고 말았다.[11]

넷째, 결혼단계에서부터 배우자는 인격보다 학벌, 직업, 재력 등을 중시한다. 부모들은 유아 때부터 대학을 졸업하여 취직하고 결혼할 때까지 자식들로 하여금 상품성이 높은 능력자가 되기를 요구한다. 이런 상황에서 선택하고 싶지 않은 진로를 강요받은 중학생 아들이 스트레스를 받아 집에 불을 질러 가족들이 사망한 사건이 일어나기도 했다.

다섯째, 부모가 자식에게 해주었던 위로와 격려, 교훈의 전수 등

그것이 가족의 붕괴 과정에서 등장한 현상임을 지적하고 있을 뿐이다.

11 지그문트 바우만, 이일수 역, 『액체근대』(서울: 강, 2005), 14에서 재인용.

은 이제 찾아보기가 어렵다. 가족이 한 시에 한 자리에 모여 앉아 식사를 하면서 서로의 일상에서 일어나고 느꼈던 일과 감정과 그것에 바탕을 둔 사색을 나누는 광경은 찾아보기 어렵다. 중등교육 과정의 학생들마저 사교육기관의 주변에 있는 이런 저러한 식당에서 끼니를 때운다. 부모들은 그 사교육비를 충당하기 위해 어렵게 대출까지 받아 마련한 집에서 쉴 틈도 없이 야근과 투잡으로 상징되는 과잉노동, 초과노동에 시달린다. 하지만 고용과 소득은 부모 양자가 뛰어든 만큼 증가한 것이 아니라, 분할되어버렸다. 가계소득의 80%를 부동산과 교육비에 쏟아 붓고 소득대비 120%에 달할 정도로 기하급수적으로 늘어난 가계부채의 현실은 그러한 메커니즘을 통해 일어났다. 사교육비 마련을 위한 노고와 희생이 가져온 부모의 부재는 결국 아이들을 사교육 시장통과 대중매체와 SNS를 누비는 스타들을 위한 제단에 갖다 바친다. 특히나 공인의 언어가 아닌 자기들끼리의 신변잡기적 대화 때 쓰는, 그리고 짧은 시간 안에 감각적 변주를 울려야 하는 선정적 언어를 남발하는 연예인들에게. 아이들은 그들의 언어를 배우고 따라하며 커간다. 숙고와 숙의의 여지를 남겨놓지 않는 힐난과 조롱과 비아냥의 언어로 빠져드는 것이다.

여섯째, 경제 위기에 따른 생활고를 이유로 아이를 수용시설에 맡기거나, 맡겨놓고서는 찾아가지 않는 부모가 늘고 있다. 아예 아이들을 집에 두고 사라지는 부모들마저 나오고 있다. 그런 가운데, 금전적 지원을 하지 않는다고 부모를 살해하는 경우도 심심치 않게 나타나고 있다. 울리히 벡의 발언은 얌전하고 한가해 보이기까지 하다. 상호 간의 권리와 의무를 인정하고 실행하는 부모-자식 간의 관계가 파탄

지경에 이른 것이다.[12] 미셸 바레트와 같은 이들이 가족을 사회적 생산이나 유지의 단위체로 생각한 칸트나 헤겔과 같은 입장을 전면 거부하고, 이런 가족이 더 이상 존재할 이유가 없다고 주장한 것에[13] 대해 항변의 논리를 찾기가 쉽지 않다.

일곱째, 한국은 최근 몇 년째 계속 OECD 국가 중 자살률 1위를 기록하고 있는 국가이다. 최근 증가율이 급격히 높아진 자살자의 세대 및 연령대가 눈에 띈다.[14] 노인층, 20대 청년층, 50대 가장 등. 이들의 공통점은 모두 가족들에게서 버림받거나 혹은 보호받지 못한 이들이라는 것이다.

3. 가족에 대한 '시민성' 차원에서의 조망

가족이 해체와 위기의 상황에 처한 것을 당연시하고, 그것을 더

---

12 이와 관련해선 앤서니 기든스, 배은경 외 역, 『현대사회의 성·사랑·에로티시즘』(서울: 새물결, 1996) 참조. 기든스는 부모-자식 간의 파탄 관계 양상과 요인을 부모-자식 양자에 대한 치료 과정을 통해 살펴보고 있다.

13 M. Barrett, "Women's Oppression and 'the Family' Women's Oppression," *Today Problems in Marxist Feminist Analysis* (London: Verso, 1989).

14 세대 및 연령대 차이를 떠나 공통적인 것이 있다. 사회적 약자층에서의 자살이 두드러진다는 것이다. 그들의 자살은 이른바 생계비관형 자살에 속한다. 사회복지의 수준이 전반적으로 높지 않아 사보험 의존성이 높은데다가 고용과 소득의 불안정 상태가 장기간 지속되고 있는 상황에서 나타난 현상이다.

욱 가속화시킬 것이 아니라면, 가족을 정치-사회적 공동체의 가장 기본적인 단위로서 다시금 조망할 필요가 있다. 성원들 간 상호책임의 관계를 맺고, 시민의 미덕을 서로 배우면서 시민적 자질을 서로 끌어내주는 시민적 관계-혹은 시민교육적 관계-를 맺을 수 있는 단위라는 관점을 세워야 한다는 것이다. 여기서는 이를 가족에 대한 '시민성' 차원에서의 조망이라고 명명하고, 그것에 참고가 될 만한 사상적 자원들을 검토한다. 아리스토텔레스, 칸트, 헤겔 그리고 성리학의 가족관에 대한 논의가 그것이다.

1) 아리스토텔레스의 가족관[15]

아리스토텔레스는 플라톤이 가족의 폐기를 주장했던 것을 비판한다. 아리스토텔레스는 가족과 같은 소규모 공동체는 분열을 조장할 수도 있지만 '필리아'(philia)라는 '통합의 힘'이 생겨나는 장소로 파악한다. 아리스토텔레스는 필리아가 폴리스들을 결속시킨다고 했다.[16]

아리스토텔레스는 가족을 생산과 필연의 단위로 보고, 국가는 좋음과 행위의 정치영역으로 보았다. 이때 정치란 자유롭고 평등한

---

15 이 부분은 아리스토텔레스, 강상진 외 역, 『니코마코스 윤리학』(서울: 길, 2011)과 주광순, 「아리스토텔레스의 정치철학」, 『대동철학』 제34집 (2006)의 논의에 기초하였다.

16 아리스토텔레스, 『니코마코스 윤리학』, 278.

시민의 일이다. 그런데 아리스토텔레스가 보기에 좋은 국가를 위한 정치가 실현되기 위해서는 가족을 포함한 하위공동체의 긍정적 역할이 필수적이다. 이들을 통해서 국가는 강제에 의해서만이 아니라 자발적으로 통합될 수 있기 때문이다. 이때 주목한 것이 바로 필리아인 것이다.

필리아는 가족과 같은 소규모 공동체만이 가지는 자연적이고 강한 정서적 결합력을 뜻한다. 아리스토텔레스는 바로 그와 같은 필리아가 가문간의 결혼을 통한 연결, 씨족집단, 종교적 집회를 통한 결집, 여가활동 등을 통해 가족과 소규모 공동체의 범위를 넘어 작용할 수 있다고 보면서, 이를 이용하는 것에 주안점을 둔 것이다.

아리스토텔레스는 필리아야말로 가족들과 그를 넘어서는 소규모 집단들 내에서 그리고 그를 넘어서 작용하는 자발적 결합력이며, 이것이 전체로는 국가통합에 기여할 것이라고 보았다. 친근한 사람들을 지키고자 하는 욕구가 사회를 유지시킬 한 축이 된다고 보았던 것이다. 즉 사람들이 자기의 것이라고 부를 것이나 애호하는 것이 있을 때, 공동체의 결속력도 강해진다는 것이었다.

이 때문에 아리스토텔레스는 국가는 조그마한 단위들을 대체하거나 자신 속으로 흡수해서는 안 된다고 했다. 이는 아리스토텔레스가 국가 속의 다수, 즉 다수의 가족들과 여타의 하위 공동체들 그리고 다수의 시민들을 인정하고 교육을 통해서 이를 조화시키고자 했음을 의미한다.

2) 칸트의 가족관[17]

칸트는 가족을 사회로 나아가는 인격적 존재를 길러내는 단위체로 파악했다. 가족은 개인의 자유와 권리가 존엄하게 추구되는 시민사회로 향해 있어야 한다는 것이다. 이는 봉건적 가족관에 대한 비판을 담고 있는 것이다.

칸트는 가족 구성원들이 서로를 인격으로 존중하는 차원에서 권리를 행사할 것을 주장했다. 그는 가족구성원들이-부부 사이와 관련하여- 서로 신체적 활동을 통해 욕망을 추구하는 것을 허용하되, 그들의 활동이 욕망에 포섭되지 않고 자유를 향한 인격적 차원으로 승화되어야 한다고 보았던 것이다. 가령 결혼은 인간성을 구현하는 법칙을 통해 이루어져야 하는 남녀 간의 자유롭고 평등한 계약이어야 한다면서, 그러한 계약에 기반을 둘 때에 가족은 공동의 이익을 증대시킬 수 있다고 보았다. 즉 칸트에게서 가족의 구성은 이 계약을 통해 이루어질 때 정당한 것으로 간주된다.

칸트에 의하면 부부는 결혼에 의해서 서로의 성 기관을 물건으로 소유하고 사용할 권리를 유지하면서 동시에 이를 넘어 서로를 인격으로 대우해야 할 의무를 지니듯이, 자식에 대해서도 마찬가지로 마치 물건을 대하듯 자신들의 자식을 소유하고 관리하는 권리를 지니면서 동시에 이를 넘어 자식을 인격으로 대우할 의무를 지닌다. 특히 칸트

---

17 이 부분은 김석수, 「현대적 관점에서 본 칸트와 헤겔의 가족」의 논의에 주로 의존하였다.

는 자식 역시 자유를 부여받은 인격체이기 때문에, 부모가 자신의 자식을 물건처럼 파괴할 수도 없고, 사유재산처럼 처분할 수도 없다고 강조하였다. 특히나 태어남은 자신의 동의를 통해 성립되지 않았다. 이 때문에 자식은 자신의 자유에 대한 근원적 본유권을 지니고 있다고 보았다.

하지만 아이 상태의 자식은 아직 지성을 자유롭게 사용할 수 없기 때문에, 부모가 자식을 다스리고 교육하는 것은 당연한 권리이며, 또한 자식은 이런 부모의 권리에 이의를 제기할 것이 아니라 감사해하는 윤리적 의무가 있다고 했다. 하지만 이 의무는 자식이 부모에게 빚을 갚아야 한다는 의무를 뜻하지는 않으며, 부모도 자식이 성인이 되면 이런 의무로부터 당연히 해방되어야 한다고 보았다.

이 때문에 칸트는 가족해체가–시간의 흐름에 따라–필연적인 것으로 보았다. 가족해체는 자식이 독립해 가정을 이루거나 부모가 세상을 떠나 가족 구성원으로부터 제외되는 경우 등을 포함한다. 칸트는 이 과정에서 발생하는 상속문제와 관련해서도 자율적인 인격체로서 서로에 대한 존중과 동의가 필요하다고 보았다. 이는 부부, 부모와 자식, 가장과 하인, 피상속인 상속인 상호 간의 자율성을 강조한 것이다.

3) 헤겔의 가족관[18]

헤겔은 가족을 시민사회로 나아가는 과정으로 파악하는 동시에, 욕구투쟁의 장인 시민사회를 거쳐 국가로 나아가는 인륜적 사랑의 공동체로 파악하였다. 칸트와 마찬가지로 계약에 기반을 둔 가족구성의 정당성을 수용하면서도 그것만으로는 가족의 고유한 의미를 포착할 수 없다는 것이었다.

헤겔이 보기에 가족은 물건의 취득, 사용, 소유, 계약을 다루는 '추상법'과 인간의 자유의지로 향하는 '도덕성'을 지양한 인륜의 제1단계에 속한다. 이는 서로를 도덕적 인격으로만 대우하는 형식적 관계를 넘어선 것으로, 이른바 사랑이라는 공감대를 통해 성립되는 인륜성의 형태를 가리킨다.

헤겔에게서 가족은 정신의 직접적 실체로서 사랑에 기초하고 있는 것이다. 이때 사랑은 나와 타자 사이에 통일이 이루어져 있다는 의식이며, 내가 독립적 인격이라는 것을 방기함으로써 타자와 함께 통일된 상태를 느끼는 감정이다. 헤겔은 사랑이 감정인 이상 자연적인 형태를 지닌 인륜성일 수밖에 없다고 본 것이다. 그런데 이 사랑은 오성적 차원에서 볼 때 도무지 이해할 수 없는 모순을 안고 있는 것처럼 보이지만, 오히려 이 사랑은 이런 모순을 낳으면서 동시에 해소하는

---

18 이 부분은 헤겔, 임석진 역, 『법철학』(서울: 지식산업사, 1996)에 기초하고, 김석수, 「현대적 관점에서 본 칸트와 헤겔의 가족」의 논의에 바탕을 두고 정리하였다.

힘을 지니고 있다. 이 사랑은 자연 속에서 살아가면서, 그 속에서 불가피하게 경험하게 되는 자신의 소멸을 넘어서려는 몸부림을 담고 있으며, 또한 그러면서 자기를 인식하려는 활동이다. 즉 헤겔이 바라보는 사랑은 자연적으로 생명을 구하려는 감성적 차원을 넘어 자신의 영속성을 위해 타자와 함께 하려는 인륜적 차원의 것이다.

헤겔에게서 가족은 생물학적 욕구충족, 이른바 '자연적 생명활동'을 넘어 한 개인이 인류의 유적 삶의 과정에 참여하여 자신의 삶의 지속성을 추구하는 인륜적 성격을 지니는 것이다. 즉 가족을 사랑에 기초해 파악하는 것은 가족이 쾌락과 욕망만으로도 살아갈 수 없고, 도덕과 양심만으로도 살아갈 수 없음을 강조하는 것이다. 즉 가족은 양 계기의 변증법적 종합 속에서 지양시켜야 한다는 것이다. 그런 가운데, 헤겔은 가족을 타자를 대상으로 대하는 '의식의 단계'와 자기의식들 사이의 갈등을 다루는 '이성의 단계'를 넘어선 정신의 단계에 위치 지운다.

헤겔의 가족은 자연적 공동체로서 강한 도덕적 인격성과 정의의 원리에 입각해서만 작동해야 하는 공동체가 아니다. 서로에게 희생을 하기(도) 하는 인륜적 공동체이다. 자유주의적 계약론으로부터 가족을 바라보는 관점에 대한 비판이자, 공동체주의적 시각에서 자유주의를 지양해내는 변증법적 모색이라고 평가되어진다.

이와 같은 헤겔의 가족관은 부모-자식 간의 관계 설정을 통해서 보다 분명하게 드러난다. 헤겔은 부모가 어린 자식을 교육함에 있어서 윤리를 감각적 차원에서 심어주어야 하며, 사랑과 신뢰의 바탕 위에서 이성을 키워주어야 함을 주장한다. 부모는 자식이 가족 속에서 공동체적 연대감을 배우고, 나아가 장차 시민사회에서 자립적인 개인이 되도록 해야 한다는 것이다.

하지만 헤겔은 부모와 자식 사이에 서로에 대해서 권리가 공존하고 있다면서, 부모는 자식을 훈도하고 교육할 목적에서 자식을 통제할 권리를 가지지만, 반대로 자식도 부모에게 자신을 부양하고 교육시켜 자립적인 인간이 되도록 요구할 권리를 지니고 있다는 것이다.

헤겔 역시 칸트와 마찬가지로 이런 맥락에서 자식은 본래 즉자적으로 자유로운 존재라고 보았다. 하지만 자식은 자신의 즉자적 자유를 넘어 사랑과 신뢰와 복종으로 살아가는 가족 구성원으로 자라도록 교육받을 적극적 사명을 지니고 있으며, 또한 언젠가는 가족을 독립하여 사회 속에서 자립성을 지닌 자유로운 인격을 살아갈 소극적 사명을 지니고 있다고 했다. 또 헤겔은 칸트와 마찬가지로 가족해체를 필연적인 것으로 보았는데, 특히 자식들이 독립적 개체로 떠나 자유로운 인격, 나아가 법률상의 인격으로 성숙하여 성인이 될 경우, 가족을 벗어나 새로운 가족을 형성해야 한다고 주장한다.

한편, 부모가 죽음으로써 상속문제가 발생했을 때와 관련해서는 가족에게 상속이 이루어지는 것이 자연스럽다고 보았다. 이때 상속은 피상속인이 상속인에게 유언을 통해 이루어지도록 하되, 그것은 자의적으로 이루어져서는 안 된다고 했다. 여자와 자녀의 상속권을 부정하는 로마법을 비판했으며, 장자를 위해 다른 아들을 차별하거나 아들을 위해 딸을 차별하는 상속의 부당함을 지적하기도 했다.

4) 동양(성리학)의 가족관[19]

성리학은 존재의 일차적 단위를 독립적인 개인에서 구하지 않고 음양의 결합에 의해 탄생하는 '家'에서 찾았기 때문에, 家는 존재론적으로 개인보다 우선하는, 보편적인 우주의 원리에 의해 구성되는 존재의 최초 단위로 이해된다.

성리학은 존재론과 우주론을 인간의 윤리적 행위와 결합시키고자 할 때, 그 결합의 구체적인 인륜적 조직을 家로 본 것이다. 따라서 家에서 구현되는 인륜은 천륜으로 이해되었다. 즉 인위적으로는 변화될 수 없는 시간의 흐름과 공간의 상이성에 의해 구애받지 않는 상도로 받아들여졌던 것이다. 따라서 이 상도를 행위원리로 받아들이지 않는다는 것은 인간에게 유일하게 부여한 고유한 질서를 무시하는 것이므로 금수의 취급을 받게 된다.

음양의 원리에 의해 조직되는 일차적인 사회조직인 家가 인간의 현존이 보장되는 유일한 장소이며, 동시에 관계적인 질서의 장이기도 하다. 家에서 태어나는 인간은 인간이기 이전에 자식이거나 부모이며, 역할 속에서의 나는 상대와의 관계 속에서만 그 위치를 부여받게 된다.

공맹은 家를 우주론적 존재의 현상형태로 다루지 않았기 때문에, 家를 인륜의 최종근거로 삼기보다는 인간의 본래적인 도덕심에 대한

---

19 이 부분은 이태훈, 「유교적 가족관과 시민적 가족관」에 의존해 정리하였다.

자각을 그 근거로서 제시하였다. 仁에 대한 공맹의 논의는 공심公心에 대한 자각이 인간의 능력 가운데 내재한다는 인본주의적 사상인데, 성리학은 맹자의 性에 대한 논의(도덕적 행위의 기준을 정하는 문제)를 理(존재론과 우주론)와 연결시킴으로써, 행위의 기준을 心(주체의 자각)에서 家(관계적 질서)로 이전시켰다. 이렇게 되면, 仁이나 義의 최종근거는 주체의 자각에 있는 것이 아니라, 나의 존재를 가능하게 하는 家의 질서로 이전되며, 그것은 더 나아가 음영의 원리로 仁이나 義를 설명하는 우주론과 윤리론의 결합으로 전개된다.

성리학은 하늘(우주론)과 사람(윤리론)의 관계를 해명하는 문제에 관심을 집중한다. 사람이 마땅히 취해야 할 인륜적인 최고원리가 천도에서 나오는 것이라면, 인륜은 곧 천륜이라는 사상이 성립한다. 이때 우주론적 질서의 최초 사회조직이 바로 家이므로 家에서 형성되는 관계적인 질서(부자유친, 부부유별)는 상대적인 의미에서의 인간질서가 아니라, 절대적인 의미에서의 우주적인 질서가 된다. 우주의 질서는 인간의 주체적인 자각 속에서 홀연히 생겨나는 것이 아니라, 인간의 외부에 객관적으로 존재하는 것이므로, 이제 인간의 역할은 이 주어진 질서에 순응하는 것으로 요약된다.

성리학의 인륜질서를 표현하는 것이 바로 삼강오륜이다. 사실 家에서 실현되는 기본적인 두 질서로 환원되는 성격을 갖는다. 國은 家의 확대된 형태이므로, 그 다스리는 원리에 있어서도 차이는 존재하지 않는 것으로 본다. 맹자는 "천하의 근본은 국에 있고, 국의 근본은 가에 있으며, 가의 근본은 나의 몸에 있는 것(天下之本 在國, 國之本 在家 家之本 在身)"이라고 함으로써 성리학에서 주장하는 修身齊家治

國平天下의 사상을 마련했다. 이는 家의 제1원칙인 父子有親이 國으로 확대된 것이 君臣有義인데, 親이 혈연(孝)에 의해 이루어지는 지배-피지배 관계라면, 義는 정당함(忠)에 근거하는 지배-피지배 관계를 말한다. 관계가 형성되는 조건은 다를 수밖에 없지만, 내용은 동일한 것을 의미한다는 것을 君師父一體 사상을 통해 알 수 있다.[20]

5) 기존 가족관의 한계들

과연 아리스토텔레스, 칸트, 헤겔, 그리고 동양의 가족관은 지금도 유의미성을 주장할 수 있을까? 그것들은 과연 사상적, 이론적 수정과 보완을 통해 유효성을 지니는 것으로 재등장할 수 있을까? 가족이 처해 있는 작금의 현실이 과연 그것을 용인하는 성격의 것일까? 여기서는 일단 작금의 가족 현실을 고려했을 때, 어떠한 한계를 갖는지에 대해 간략하게나마 논의를 해보도록 하자.

아리스토텔레스는 사회통합의 자원으로서 가족 그 자체는 아니라고 하더라도 소규모 공동체들이 담지하고 있는 다양성을 인정한다는 점에서 긍정적이다. 그리고 필리아는 분명 인간과 시민의 가치와

---

20 이태훈, 「유교적 가족관과 시민적 가족관」, 172. 長幼有序는 지배-피지배 질서를 보편적인 원리로 다시 서술한 것에 불과하며, 가의 질서로 환원되지 않는 오륜의 마지막 항목인 朋友有信은 오행 사상에 맞추기 위하여 첨가한 것이라고 말하고 있다.

미덕으로 강조되어야 할 것이다. 하지만 여전히 무엇을 통해 필리아가 형성될 수 있으며, 소규모 공동체의 다양성이 어떻게 사회통합과 좋은 공동체 형성을 위한 자원으로 만들어질 수 있을 것인지가 분명치 않다. 교육의 중요성을 제시하고 있으나, 지금 우리가 목도하고 있는 현실은 바로 그 교육의 붕괴이다. 게다가 그의 가족관은 소수에 한정되어있다. 이미 좋은 시민이 될 수 있는 자원을 보유하고 있는 사람들에 한정되어 있다. 이런 상황에서 필리아는 기껏해야 상대방의 유용성에 따른 것과 쾌락의 수준의 것으로 머물 수 밖에 없다. 탁월성 수준의 것이 있다고 하더라도 그것은 그야말로 소수의 것이 될 수밖에 없다.

칸트는 분명 '민주적 가족'을 위한 규범과 목표를 제시하고 있다. 하지만 관념적이다. 계약이 과연 자유롭고 평등한 사람들의 가족을 가져올 수 있을 것인지 매우 회의적이다. 칸트의 시대에도 그것은 과연 제대로 실현된 적이 있었을까? 왜 칸트에도 불구하고 지금의 가족현실은 그가 구상했던 것과 다른 모습을 보이고 있는 것일까? 칸트의 가족관에는 가족을 둘러싼 환경, 특히 사회경제체제의 제약, 즉 자본주의 체제에서의 사람들 간의 위계적 관계에 대한 고찰이 빠져 있다. 가족의 붕괴의 핵심에는 분명 경제적 문제가 놓여 있다. 가령 편부모 – 혹은 조부모– 양육 자녀가 문제점을 보이고 있는 것은 경제적인 이유 때문이다.[21] '결핍가정의 자녀=문제아'라는 낙인이 쉽사리 사라

21 앤서니 기든스, 『제3의 길』, 148.

지지 않는 것은 바로 경제적인 이유 때문이다. 이 경제적인 이유가 가족 구성원들을 경제적 가치에 매몰되게끔 만들고 있는 것이다. 권리와 의무에 대한 자각을 하고 있는 사람들과 그런 사람이 될 수 있는 기회의 부재. 이 문제가 다루어져야만 하는 것이다. 어쩌면 지금 가족의 현실은 헤겔이 가족을 완결상태에 이르게 한다고 했던 세 가지 측면[22] 중 소유와 재산이라는 경제적 문제의 해결을 가장 시급하게 요구하고 있는 것인지도 모른다.

헤겔이 도덕으로도 욕망으로도 영위할 수 없는 것이 가족의 삶이라고 한 것은 탁월한 통찰력의 발로이다. 하지만 사랑이 아무리 자연적이고 인륜적인 것이라고 할지라도 그것은 일시적이다. 도덕과 욕망을 통합의 순간은 경험하기도 어렵고, 경험했다고 해도 지극히 순간적이다. 사랑이 보편적인 것이라고 할 때, 우리는 작금의 가족의 붕괴 현상을 이해하기가 어려워진다. 도덕적 불감과 무능력일 뿐만 아니라, 사랑의 무능력이라고 말할 수밖에 없다. 또한 사랑에 바탕해 희생마저 감수하는 공동체성의 강조는 자유주의적 개인주의의 폐해에도 불구하고 '대체적'으로 거부되고 있다. 희생이 일방적이고 편중되어있기 때문이다. 희생을 감수한다고 해도 그것은 대체적으로 가족주의적 수준에 머물고 만다. 특히 가족의 대표를 남성으로 한정한다거나 여성의 교양 능력이 제한적이라고 보는 헤겔의 남성중심성[23]은 오늘날 수용되기가 불가능하다.

---

22 헤겔, 『법철학』, 278-279.

23 헤겔, 『법철학』, 286-287, 290.

성리학의 경우는 어떠한가? 탈현대의 시대에 우주론적 지평의 필요성을 검토할 수는 있다. 하지만 그것이 우주의 섭리에 대한 일방적 추종을 강제하는 것이어서는 설득력이 없다. 오히려 우주론적 지평은 인간 존재의 확장 가능성을 더욱 높이는 것으로 나아가야 한다. 정해진 무엇인가를 따르는 것이 아니라, 새로운 것을 만들어 나갈 수 있는 역능 −혹은 그것의 발견 가능성− 에 대한 확신을 주는 것이어야 한다는 것이다. 이는 성리학이 해방의 요소를 담고 있는 사상이어야 한다는 것을 의미한다.

4. 가족의 시민성 복원을 위한 과제들

작금의 가족 현실, 그리고 사상적 자원들의 한계를 고려할 때, 가족의 시민교육적 역할의 수행을 위한 과제는 무엇일까? 과연 그러한 물음은 제기 가능한가?

가족이라는 단위의 유효성을 부정하지 않는 한 그렇다고 할 것이다. 어원과 개념의 역사적 변천 과정을 감안할 때, 우리는 가족의 새로운 개념이 만들어지고 있는 시대에 살고 있는지도 모른다. 하지만 '친밀성'과 '유대감'을 느끼는 관계이자 그 장이라는 것은 변할 수 없다. 혈연으로 맺어진 친족관계가 아닐지라도 친밀성과 유대감은 형성될 수 있다.

그러나 우리는 일단 아직은 기존의 가족이라는 개념에 부합하는 관계의 양상이 더 지배적이라는 점을 인정하면서, 그것이 붕괴되어 새로운 것으로 대체된다고 해도 유지될 수 밖에 없는 관계의 가치와 기준, 즉 친밀성과 유대감의 형성, 더 나아가 칸트와 헤겔이 말한 상호 간의 인격 존중과 유적 본능으로서의 사랑이 구현되기 위한 출발 지점의 설정이 필요하다.

이때 유의할 것이 있다. 가족 관계를 개선해야 한다면서 주입해야 하는 어떤 가치관과 선호를 다시금 반복하거나 혹은 성급하게 만들어내려고 해서는 안 된다는 것이다. 지금의 가족 현실을 고려할 때, 민주주의, 독립성과 자율성, 권리와 의무, 인격, 이성 등등의 가치가 얼마나 다가갈 수 있을까?[24]

우선 가족 관계에 있어서는 부모와 자식 양자 모두 자신의 삶의 궤적을, 그것이 우리가 살아온, 살고 있는 세계에서 어떤 위치에 있는 것이었는지를 '이야기'를 통해 서로 들려주는 것에 주력해야 한다. 물론 그 내용과 형식이 부모와 자식의 세대와 연령을 포함한 관계를 둘러싼 여러 환경적 요소들이 고려되어야 할 것이다. 아래는 이와 관련

24 가족과 시민교육의 연관성에 관련한 연구와 논의 등이 대부분 이와 같은 문제점을 보이고 있다. 이와 같은 연구로는 강완숙, 「가족의 가치지향과 부모의 도덕성 및 훈육이 청소년의 시민적 자질의 발달에 미치는 영향」, 『대한가정학회지』 제36권 12호 (1998); 조상식, 「가족이데올로기와 교육문제」, 『교육비평』 제11호 (2003년 봄호); 박찬석, 「가족공동체의 도덕성 함양 연구」, 『초등도덕교육』 제28집 (2008) 등 참조.

된 필자의 글 중 일부이다.[25] 다소 길지만 인용해보도록 하겠다.[26]

'부모님 현대사 인터뷰', 필자의 강의를 듣는 학생들에게 내주는 과제다. 분단과 전쟁, 산업화와 민주화, 세계화와 사회양극화라는 커다란 정치사회적 변동 속에서 부모님들-혹은 친지 및 주변 어른들-이 어찌 살아오셨는지 청해 듣는 숙제다. … 필자가 부모님 현대사 인터뷰 과제를 내주는 이유는 한국의 현대사 교육이 세대 간 소통 속에서 이루어져야 한다는 것, 대부분의 부모님들이 역사와 세상에 이름을 남기거나 알리지는 못한 분들이지만, 바로 그런 부모님들의 '노고'가 만들어낸 것이 한국의 현대사라는 것, 그래서 역사는 교과서에 실려 있는 것이 아니라, 바로 학생들 자신

---

25 김윤철, 「세대 간 소통의 기초」, 《경남도민일보》(2013. 1. 28).

26 본문 중에서 소개하고 있는 학생들이 해 온 인터뷰 내용이다. "현역 군인 신분으로 광주에 투입되었던 아버지와 광주지역의 대학생이었던 어머니가 함께 들려주는 광주항쟁 이야기, 학생운동을 하다 수배를 받아 도망을 다녀야했던 동생 때문에 고충을 겪었다는 어머니 이야기, 인천지역의 공장노동자였던 시절 '위장취업'으로 들어온 한 대학생에게 기형도의 시집을 소개받고 시의 세계에 관심을 갖게 되었다는 아버지 이야기, IMF 때 사업이 망해 자살을 고민했다는 아버지와 다행히 공무원이었던 관계로 IMF 위기를 무사히 넘겼다는 아버지의 이야기, 여유롭지 못한 집안의 딸이었다는 이유로 대학교를 못간 것이 한이 되어, 내 딸만은 대학에 꼭 보내야겠다는 다짐으로 살아왔다는 어머니 이야기, 박정희 정권 시절 공업고등학교를 나온 것을 '특수목적고'를 나온 것이라 우긴다며 아들에게 놀림 받는, 그래서 필자가 아버지가 나오신 공업고등학교는 박정희 정권이 '공업입국'이라는 기치 하에 설립한 특수목적고가 맞고, 따라서 아버지가 우기는 게 아니라고 말해주어야 했던 이야기 등이 있었다."

과 직접 연관된 '사람과 사람들 사이'에 있다는 생각 때문이다. 더불어 이러 저러한 난관을 겪으면서도 자신들을 '대학생으로' 길러낸 부모님들의 삶이 TV에 나오는 혹은 특별한 자리를 마련해 모셔 듣는 이런 저런 스타 멘토보다 훨씬 더 '존경할만한 것'임을 확인하기 위해서이다. 그런데 '놀라운 것'은 이런 종류의 이야기, 즉 부모님이 어떤 삶을 살아왔는지를 부모와 자식 간에 처음 나눠봤다는 게 다수라는 사실이다. 그래서 학생들의 경우, 자신의 아버지와 어머니가 그런 희로애락을 겪으며 살아온 '역사 속 인간'임을 처음 알아챈다는 사실이다. … 부모님 현대사 인터뷰는 부모-자식 간의 대화 내용과 방식을 바꾸는 한 가지 시도일 수 있겠다는 생각을 해보기도 한다. 실제 부모님 현대사 인터뷰를 하며 느낀 점을 들어보면, 대부분이 놀라왔고 새로운 경험이었다고 한다. 부모님과 실로 오랜만에 포옹을 했다는 혹은 함께 눈물을 흘렸다는 학생도 있었다. 자신의 부모님이 역사교과서 혹은 뉴스에 나오는 남의 이야기인줄만 알았던 세상의 모진 풍파에 맞서 그리 힘겨운 삶, 그리 지독한 고민을 하며 사셨구나하는 '깨달음' 속에서 부모-자식 간에 '공감의 기초'가 만들어진 것이라고 한다면 과장일까?

끝으로 칸트와 헤겔의 한계를 논하면서 언급한 바와 같이 가족의 현실을 강제하고 있는 정치적, 사회경제적, 문화적 환경에 대한 개선의 작업이 별도로 전개되어야 한다는 것이다. 고용과 소득 불안정에 따른 경제적 불평등의 심화와 가족관계에서의 희생의 편중성 문제의 해소 등이 그것이다. 이는 시민교육이 교육현장만이 아니라, 교육과정을 둘러싼 환경에 대해서도 적극적인 관심과 관여를 요구받고 있다는 것을 가리킨다. 가족의 재구성적 복원을 위한 시민교육 당사자의 관심과 실천도 필요하지만, 가족을 포함한 소규모 공동체 등 사회 각급 단위의 '시민교육적 역할' 수행에 필요한 환경과 조건의 개선과 구축을 적극 고민해야 한다는 것이다.

참고문헌

강완숙. 1998.「가족의 가치지향과 부모의 도덕성 및 훈육이 청소년의 시민적 자질의 발달에 미치는 영향」.『대한가정학회지』 제36권 12호.

기든스, 앤서니. 한상진 외 역. 1998.『제3의 길』. 서울: 생각의 나무.

__________. 배은경 외 역. 1996.『현대사회의 성·사랑·에로티시즘』. 서울: 새물결.

김석수. 2011.「현대적 관점에서 본 칸트와 헤겔의 가족」.『동서사상』 제11집 120호.

김윤철. 2013.「세대 간 소통의 기초」.《경남도민일보》(2013. 1. 28).

나윤경·태희원·장인자. 2007.「자녀 사교육을 통한 모성 구성과정」.『平生敎育學硏究』. vol. 13. no. 4.

바우만, 지그문트. 이일수 역. 2005.『액체근대』. 서울: 강.

박찬석. 2008.「가족공동체의 도덕성 함양 연구」.『초등도덕교육』 제28집.

서용순. 2012.「우리 시대의 사랑, 결혼, 가족」.『철학논총』 제67집 1권.

아리스토텔레스. 강상진 외 역. 2011.『니코마코스 윤리학』. 서울: 길.

이재유. 2006.『계급의식의 형성과 보편화에 관하여: 맑스주의를 중심으로』. 건국대학교 대학원 철학과 박사학위논문.

_____. 2005.「계급의식과 노동자 계급의 자기 생산, 그리고 여성의 조직화」.『진보평론』 제25호 가을호.

이태훈. 1999.「유교적 가족관과 시민적 가족관」.『동양사회사상』 제2집.

조상식. 2008.「19세기 서구 시민계급의 교육문화 형성 과정: 가족 개념의 변화를 중심으로」.『교육의 이론과 실천』. vol. 13. no. 2.

_____. 2003.「가족이데올로기와 교육문제」.『교육비평』 제11호 봄호.

주광순. 2006. 「아리스토텔레스의 정치철학」. 『대동철학』 제34집.

헤겔, G. W. F. 임석진 역. 1996. 『법철학』. 서울: 지식산업사.

황정미. 2007. 「여성 사회권의 담론적 구성과 아내·어머니·노동자 지위」. 『페미니즘 연구』 제7권 1호 봄호.

Barrett, M. 1989. "Women's Oppression and 'the Family' Women's Oppression." *Today. Problems in Marxist Feminist Analysis*. London: Verso.

Willams, Raymond. 1973. *Key Words: A vocabulary of culture and society*. New York: Oxford University Press.

2장 마을과 시민*

우기동

1. 마을과 생활공간

요사이 마을에 관한 이야기들이 많다. 농경사회에서 삶의 터전이면서 생활공간이었던 '마을'이 산업화와 도시화에 따라 개조의 대상이었던 전근대적 의미의 이미지를 벗어던지고 있다. 공동체적 삶을 복원하는 새로운 삶의 터전과 생활공간으로 돌아오고 있다. 마을공동체, 마을만들기, 마을 민주주의, 마을학교, 마을문화, 마을경제, 마

* 이 글은 한국철학사상연구회 『시대와 철학』 2014년 겨울호에 실린 논문 「마을과 시민」을 일부 수정·보완한 것이다.

을복지, 마을안전망, 마을기업 등등. 이제 마을은 포괄적 의미를 지닌 '마을만들기', '마을공동체'를 중심으로 우리 사회의 여러 문제점을 해결하기 위한 대안운동의 근거지가 되어가고 있다.

전통적으로 마을은 사람들이 모여 사는 장소로서 동네, 가족 단위의 집들이 모여 있는 촌락을 의미했다. 그래서 촌락으로서의 마을은 농경사회에서 일정한 지리적 공간 내에서 제한적이지만 그 자체로 완결적인 생활 관계망을 이루고 있었다.

그런데 산업화 이후 전통적인 마을은 해체되고, 도시 중심의 생활공간이 형성되었다. 주지하듯 도시는 산업화와 더불어 사회적 자원이 몰리면서 발달하였다. 도시의 발달은 사람들에게 물질적 욕구와 문화적 요구를 충족시켜 줄 기회를 더욱 더 많이 제공해줌으로써 거대도시로 비대해졌다. 물론 도시 생활(삶)의 환경은 많은 문제점을 노정하였다. 이와 관련해서는 2장과 3장에서 좀 더 상세하게 논의할 것이다.

그런데 최근 약간의 열풍처럼 번지고 있는 공동체적 삶의 회복 운동과 노력들의 근거지로서의 '마을'은 전통적 마을과는 다르면서도 좀 더 복잡한 특성을 지니고 있다. 말하자면 '도시 마을'의 특성을 이해할 필요가 있다.

마을은 일단 일정한 지역사회에 거주지를 두고 공동의 경험을 바탕으로 긴밀한 생활 관계망을 맺을 수 있는 '포괄적인 커뮤니티'라 할 수 있다. 그런데 주거지(삶터)와 직장(일터)을 달리 두고 있는 도시 생활의 광범위성은 교육적 필요, 물질적 욕구, 문화적 요구 등 사람들의 다양한 욕망을 충족시켜 주기에는 커뮤니티로서는 한계가 있다. 그래서 마을은 커뮤니티의 경계를 넘어서는 '네트워크'라 할 수 있다. 말하자면 공동체적 삶의 회복을 위한 마을만들기와 마을공동체 운동의 '마을'은 커뮤니티이면서 동시에 네트워크이다.[1]

이러한 도시 마을의 특성을 바탕으로 이루어지는 마을만들기는 대체로 '상호부조와 연대의 삶의 터전(생활공간)', '다원화와 분권화된 자치활동의 삶의 터전(생활공간)', '로컬 거버넌스: 사회와 정치의 연계를 가능하게 하는 삶의 터전(생활공간)', '대안적 경제 질서, 호혜경제 가능성의 삶의 터전(생활공간)' 등의 의미를 지닌다.[2] 전국적으로 확산되고 있는 마을만들기 지원사업의 내용을 통해 이를 확인할 수 있다.

> 주민이 주체가 되어 살고 싶은 마을공동체를 만들어 갈 수 있는 체계를 구축하고, 마을활동가, 전문가 그리고 주민이 결합되어 마을 아이디어가 마을사업으로 발전할 수 있도록 지원합니다. 물질적으로는 풍요로워졌지만, 행복하기보다 고단한 일상을 살아내야 하는 현실 속에서 사람과 사람, 이웃과 이웃의 관계망을 회복시켜 보다 안전하고 행복하게 지낼 수 있는 마을공동체 만들기에 마을지원센터가 함께 하겠습니다![3]

---

1 위성남, 「마을은 어떻게 드러나는가?」, 김경선·이경란 엮음, 『마을로 간 인문학』(서울: 당대, 2014), 74-79 참조.

2 나종석, 「마을인문학의 구체화를 향해」, 김경선·이경란 엮음, 『마을로 간 인문학』, 294-296 참조.

3 서울특별시 마을공동체종합지원센터 홈페이지(http://www.seoulmaeul.org).

상호부조적 관계망을 통한 더불어 살아가는 사회, 그러한 원리가 우리 삶의 질을 발전시킬 수 있음을 서로 확인하고 우리 사회에 확산시키는 것이 진정한 마을을 만드는 과정이다.[4]

최근 공동체로서의 마을이 강조되는 것은 우리가 살아가는 세상이 날로 경쟁 위주의 사회로 고착되어 가고, 이로 인해 사람들의 삶의 질이 날로 피폐해진다는 문제의식에 기인한다. 이는 기존의 사회발전의 패러다임을 경쟁이 아닌 협동으로 근본적으로 바꾸지 않는 한, 우리의 행복은 요원할 수밖에 없다는 문제의식과 일맥상통한다. 특히 앞으로 우리 사회에서 살아가야 할 우리 자녀들과 후손들에게도 우리가 겪는 것과 같은 이러한 사회를 물려주지 않기 위해서는 지금부터 조금씩이라도 근본적인 변화의 흐름을 만들 필요가 있다.[5]

마을공동체에 기반을 둔 기업 활동으로 주민의 자발적인 참여와 협동적 관계망에 기초해 주민의 욕구와 지역문제를 해결하며 마을 공동체의 가치와 철학을 실현하는 마을 단위의 기업입니다. 또한 민주적 운영과 협동조합 원리에 기초를 둔 마을기업은 마

---

4 마을만들기 전국 네트워크 편, 『마을만들기지원센터의 전국적 현황과 전망』(2012), 270.

5 마을만들기 전국 네트워크 편, 『마을만들기지원센터의 전국적 현황과 전망』, 270.

을 주민이 주도적으로 지역의 특성화된 자연 자원, 인적 자원, 가공제품, 문화 등 유무형의 각종 자원을 활용, 안정적 소득 및 일자리를 창출하는 사회적 경제 조직입니다.[6]

물론 최근에 공동체적 삶의 회복을 위해 마을이 주목받는 이유는 산업화에 따른 도시생활의 문제점에 기인한다.[7] 서울 마포구 성미산 마을만들기 프로젝트가 대표적인 사례라 할 수 있을 것이다. "근대적 삶은 산업화와 도시화로 상징된다. 자립의 기반을 잃은 사람들은 대중문화 속에서 소비의 욕망을 키우고, 그것을 해소하는 데서 삶의 의미를 찾는다. 삶에 필요한 모든 것은 화폐와 교환되고, 사람들은 너도나도 많은 돈을 벌기 위해 치열한 경쟁을 벌인다. 경쟁에서 살아남아야 남들보다 더 많은 물건, 더 좋은 차, 더 넓은 집을 살 수 있다.

---

6 서울특별시 사회적 경제 홈페이지(se.seoul.go.kr)의 '마을기업'에 대한 소개.

7 삶의 풀뿌리 공동체성은 인간다운 삶과 사회를 열망하는 본질적인 지향이기도 하다. 도시화와 산업화라는 역사적 현실에서 발생한 많은 문제점도 실은 인간적 삶과 사회의 본질적 모습(이상적일 수도 있지만)에 견주어 볼 때 분명히 드러난다고 하겠다. 삶의 풀뿌리 공동체성 회복을 위한 대표적인 교육운동이 그룬트비에 의한 덴마크의 폴케호이스콜레(자유학교)다. "폴케오프뤼스닝(folkeoplysning, 민중의 사회적 자각, 공생의 자각)은 사람들이 대화와 상호작용을 통해서 공동성, 역사성을 깨우치고, 인간 삶의 불가사의와 존엄을 알며, 모두 함께 힘을 모아 살아가는 삶을 각성하여 자각한다는 내용을 포함한 말이다. 그것은 학교일 수도 있고, 지역, 지자체, 국가 또는 국경을 넘어선 민중의 연대의 장 등 여러 가지 형태일 수 있지만, 사람들이 풀뿌리, 가장 아래에서부터 자발적으로 공동성을 깨달아간다는 의미이다."(시미즈 미츠루, 김경인 외 역, 『삶을 위한 학교』(서울: 녹색평론사, 2014), 58).

물론 그 경쟁은 끝이 없다. 하나의 경쟁에서 이기면 다음 경쟁이 기다리고 있다. 결국 모두가 패배할 수밖에 없다."[8] "이 말('근대는 마을을 버린 사람들에서 시작해서 마을을 만드는 사람들로 끝이 날 것이다')은 경제개발과 성장으로 표현되는 근대화가 마을공동체를 파괴했으며, 이제는 그것을 다시 만드는 기획이 나와야 할 때임을 간명하게 표현한 것이다. 여기서 마을이 단순히 행정구역상의 어떤 공간이 아님은 물론이다. 마을은 살림에 필요한 것들을 생산해 내면서 서로 돕는 관계가 살아있는 공동체를 의미한다."[9]

그렇다면 이제 산업화와 도시화로 대표되는 근대화 과정에서 우리 사회는 어떤 변화과정을 거쳤고, 그로 인해 사회적 통념의 가치에 따르는 사람들의 사회적 의식은 어떤 특성을 지니고 있는지 알아 볼 필요가 있겠다. 이러한 사회적 변화과정과 사회적 의식의 특성은 마을만들기를 통해 회복하고자 하는 공동체적 삶의 방식, 그리고 이를 실현하기 위한 노력의 방향을 이해할 수 있게 해 줄 것이다.

---

8 박복선, 「마을이 가장 좋은 학교다: 성미산학교의 '마을학교' 만들기 프로젝트」, 김경선·이경란 엮음, 『마을로 간 인문학』, 201.

9 박복선, 「마을이 가장 좋은 학교다: 성미산학교의 '마을학교' 만들기 프로젝트」, 200.

2. 도시화·산업화와 사회생활의 변화과정

1) 정치적 측면

우리의 근현대사는 전통적 가치관과 서구의 근대적 가치관이 혼재하면서 진행된 압축적 근대화 과정이었다. 이 과정에서 수용된 민주주의는 최고의 가치체계로 자리 잡았고, 누구나 의심 없이 이상적인 이념으로 받아들였다. 그러나 현대 정치사에 그 실체를 드러낸 민주주의는 달콤한 겉을 입힌 쓰디쓴 당의정과 같은 것이었다. 이승만 정권의 민주주의는 반공이데올로기에 다름 아니었고, 박정희 유신독재의 한국적 민주주의와 제5공화국의 체육관 민주주의는 일본의 대정봉환(大政奉還)과 메이지 유신의 행태를 모방하여 그대로 옮겨 놓은 듯하다. 서구의 초기 자유주의자들이 주장한 천부의 인권으로서 생명, 자유, 재산에 대한 소유의 권리마저도 개인들이 보전 받지 못한 '가면을 쓴 한국식 민주주의'에 불과했다고 할 수 있을 것이다. 오로지 지배 정권과 아류 정치인들이 자신의 권력을 유지하고 정당화하기 위해 수단으로 동원한 것이 민주주의였다는 혐의가 훨씬 짙다.

1987년 민주헌법 제정 이후에도 민주주의는 보스 중심의 정당구조와 몇 십 년간에 걸쳐 철옹성 같이 굳은 주류 기득권층 중심의 정치 풍토 등으로 인해 여전히 전체주의적 양상을 완전히 벗어나지 못하였다. 말하자면 민주주의는 형식상 제도로는 만들어졌으나 실질적인 정치적 사회운용 원리로서 작동하지 못하였던 것이다.

그러나 간단없는 민주화 운동과 그 과정에서 성장한 시민사회 운동은 우리 사회 각 분야에 민주주의 질서 체계를 정착시킬 수 있는 밑거름 역할을 수행하였으며, 특히 제도 정치권의 민주적 변화에 상당한 영향을 미쳤다. 심지어 독재를 정당화했던 반민주 세력마저도 민주화의 역사적 과정을 인정하는 시대적 흐름은 이제 우리 사회도 민주주의를 실질적인 최고의 가치체계로 받아들일 수 있는 단계에 이르렀음을 알리고 있다. 시민의식이 성장하였음을 의미한다고 하겠다.

그러나 우리가 성취한 민주주의는 아직은 형식에 그칠 뿐, 실질적 내용이 충실하게 다져진 것은 아니다. 중요한 사회적 결정과정에서 국민과 시민 대중의 의사가 충분히 반영되지 않는 문제는 여전히 남아 있다. 또한 사회적 쟁점에 대해서는 원만한 조정보다는 극단적인 충돌, 공존보다는 배타적 대립이 앞서고 있으며, 특정 이해관계에 따르는 결정이 주를 이루고 있다. 민주주의는 시민들 사이의 이해관계를 합리적으로 조정하는 제도의 수립만을 의미하는 것이 아니라, 구성원인 시민들이 자신의 삶의 의미를 고민하고 자기 자신이 놓인 현장을 개선하려고 노력하는 참여와 자치의 실천 과정이기도 하다. 주인정신을 가지고 정치, 경제, 행정 등 여러 삶의 현장에 적극적으로 참여하며, 모든 현장에서 주체다운 삶을 실질화하는 것이 매우 중요하다.

민주주의의 제도화도 시민들이 자신의 생활현장에서 발휘하는 합리적 의사소통의 능력과 참여와 자치의 능력을 동력으로 삼을 때 비로소 견고해진다. 또한 정치인의 정치행위도 헤게모니 장악을 위해 분투하는 권력정치가 아니라, 시민들의 삶의 현장에서 시민들과 만나서 대화하고 토론하는 생활정치로 변모할 수 있다. 시민들의 의사소통 능력과 참여 역량의 강화는 제도적 민주주의를 밑받침하고 생활정치를 가능하게 하는 동력이 된다.

한편, 오늘날 우리 사회는 대의제로 표현되는 절차상 민주주의의 한계를 극복하고, 인간의 보편적 가치를 실현하며, 사회전반에 걸친 합리적인 시스템의 원리로 작동하고, 구성원이 주체로 참여하면서 운용되는 실질적 민주주의를 구현하는 제도에 대해서도 근본적으로 고민하고 연구해야 할 시점에 이르렀다.

우리 사회에서 민주주의를 둘러싼 논쟁과 갈등은 여전히 냉전적 사고와 이기적 정략에 기초한 정치적 선전과 여론몰이의 수준에 머물러 있는 측면이 있다. 참된 민주주의적 가치를 실현하고 실질적 제도를 확립하기 위해서는 이분법적이고 대립적인 인간관과 가치관(좌우, 진보와 보수)을 넘어서서, 개인들의 다양성을 존중하는 현대적 의미의 새로운 공동체적 삶의 방식을 전망하는 민주주의의 담론이 절실히 필요하다.

오늘날 정치 선진국에서도 끊임없이 문제를 불러일으키듯이 절차상 민주주의는 분명히 그 한계를 지니고 있다. 인간의 존엄성, 인권, 개인의 자아실현, 자유, 평등 등등의 가치를 실현하는 민주주의는 사회전반에 걸친 시스템의 작동 원리여야 하며, 구성원이 주체로 참여하면서 운용되는 '참여적 자치'의 의미를 지녀야 한다.

마을이라는 지역사회에서부터 주민 스스로 지역의 문제를 해결하고, 이 과정에서주민자치를 이루어감으로써 생활 전반에서 민주적 가치를 실현하여 민주주의를 실질화할 수 있을 것이다.

2) 경제적 측면

6·25 전후 미국의 원조 물자를 매개로 이승만 정권, 정치군인, 매판자본, 국제자본 사이의 결탁은 우리 사회를 기아와 질곡으로 몰아넣었다. 중소 민족자본은 말살되었고 농촌은 수탈을 당하여 무수한 소작농이 다시 출현하였다. 거리는 실업자, 상이군인, 거지, 고아들의 생존을 위한 울부짖음으로 들끓었다. 그러면서 반공 이데올로기의 북진통일이라는 구호 하나로 통치되던 나라였다.

그러나 역시 우리 민족 앞에 역사는 자유의식의 진보과정이고, 시대정신의 큰 흐름이라는 저력을 보여 주었다. 4·19 혁명의 민주화 횃불이 그것이었다. 비록 박정희의 군사 쿠데타로 꺼져버리기는 했지만, 민주화라는 시대적 요청이 우리 사회의 염원인 한, 그 불길은 사그라지지 않고 면면히 이어지면서 1970년대 민주화 투쟁, 1980년 광주 민주화 운동, 1987년 민주화 대투쟁까지 지속 확대되었다.

여기서 우리는 1970년대 경제개발과 성장의 정책에 주목하지 않을 수 없다. 경제개발과 성장에 의한 근대화는 매판 세력과 군부관료 세력의 합작으로 국제 자본의 하청 생산기지로 편입되면서 시작된다. 이러한 근대화 과정은 정체된 우리 사회를 하루아침에 바꾸어 놓았다. 경제개발의 원시적 축적의 자본은 제벌 거대한 독점 자본으로 급속히 성장하면서 경제 발전의 기틀을 마련하였다. 그러나 반대급부로 전통적 공동체 사회를 해체시켰고, 인간 소외 문제를 야기했다. 말하자면 1960년대 '잘 살아 보세'라는 소망은 '하면 된다'라는 신념과 결합하여 인간의 이기적 욕망과 계산적 사유를 극도의 물질적 요인만

으로 자극함으로써, 소외된 민중을 양산하기 시작하였다.[10]

그럼에도 불구하고 1970년대 경제개발은 권력과 자본, 이들의 고급 정보에 밀착된 상층 기득권층은 부동산 개발을 통한 한탕주의 의식을 갖기 시작하였고, 이러한 의식이 서서히 중류층에까지 파급 확산되면서, 우리 사회는 건전한 노동의식마저 상실하였다. 그리고 빈부의 격차를 확대 심화시켰다. '근면하고 성실한 사람이 잘 사는 사회'는 플래카드나 포스터로 거리를 치장하여 한탕주의의 투기의식을 숨기고 정당화하는 구호에 지나지 않았다. 이때부터 시작된 부동산 투기는 서서히 전 국토를 투기시장으로 바꾸고, 전 국민을 투기꾼 내지 잠재적 투기꾼으로 만들었다. 우리 사회는 돌이키기 힘들 정도의 파행으로 치닫게 되었고, 우리의 사회적 의식은 극도로 왜곡되었다. 이러한 투기의식의 만연의 결과는 1997년 IMF 외환위기 때 전 국민을 정신적 패닉 상태로 몰아넣기도 하였다. 홍역을 치렀음에도 낫지 않고 어떠한 처방도 듣지 않는 만성적 집단 양심 불량증이 되었다.

물론 왜곡된 근대화 과정이라 할지라도, 경제성장과 발전은 오늘날과 같은 정도의 물질적 풍요를 누릴 수 있고 경제 선진국 대열에 들어서고자 하는 발판을 마련했다. 그럼에도 불구하고 여전히 만연해 있는 투기의식, 빈부 격차, 건전한 노동의식의 상실 등의 역사적 원인과 과정은 분명하다. 문제는 재산과 소유, 노동의 의미 등에 대한 건강한 의식과 합리적 제도를 확립하고 정착시키는 일이다.

---

10 이병창, 「일제퇴각 이후 한국에서의 헤겔철학 연구사」, 『철학연구 50년』(서울: 혜안, 2003), 96-97 참조.

주지하듯 노동은 한편에서는 '인간과 자연의 관계'이면서, 다른 한편에서는 '인간과 인간의 관계'이기도 하다. 말하자면 노동은 욕망을 충족시키기 위한 자연물의 취득 과정이고, 인간과 자연 사이의 물질대사의 보편적 조건이며, 인간 생활의 영원한 자연적(自然的) 조건이다. 따라서 인간 생활의 모든 사회 형태에 다 같이 공통된 것이다. 이러한 노동의 의미는 오늘날에도 여전히 유효하다. 그러나 모든 인간적 관계가 경제 논리에 의해 완벽하게 지배당하고 있는 현실은 노동에 의한 인간과 인간의 관계를 물질적인 형태로 완전히 환원시키고 소외시켜 버렸다. 소외를 극복하고 노동에 관한 건전한 사회적 의식을 회복하기 위해서는, 특히 투기의식과 같은 한탕주의의 경제 논리를 극복하는 노력이 필요하다. 그러기 위해서는 앞에서 잠시 언급했듯이 특정 이해관계에 매몰된 대립과 반목과 질시와 갈등을 벗어나기 위한 합리적인 의사소통과 민주적인 정책결정 과정과 같은 '참여적 자치'라는 민주주의의 제도적 정착도 뒷받침되어야 한다.

1990년대 중반 우리 사회에서는 '토지 공개념'에 관한 논의를 잠시 한 적이 있었다. 주지하듯 토지와 주거는 말 그대로 이 땅에 살고 있는 우리 모두의 삶의 터전이다. 그래서 재산 증식의 수단이 되어서는 곤란하다. 적어도 투기의 대상이 아니라는 사회적 의식을 공유해야 하고, 그에 합당한 제도적 장치를 마련할 필요가 있다.

그래서 마을을 삶의 터전으로 인식하는 마을공동체를 통해 협동조합이나 마을기업 등 대안경제를 마련하려는 노력이 의미를 지닌다고 하겠다.

3) 사회적 측면

우리 사회는 농경 사회의 특성이었던 엄격한 가부장제적 가족 질서에서부터 가족제도를 넘어서서 형성되는 개인적 유목성까지 그야말로 '비동시성의 동시성'이 교차하는 중층적 구조의 사회이다. 가족제도의 근간인 결혼관의 변화(계약결혼, 황혼이혼 등)가 이를 단적으로 보여 주고 있다. 이에 맞춰 산아제한, 가족계획을 필요로 했던 다산의 시대에서 '다산이 다복'이라고 홍보해야 하는 저출산의 시대에 대한 단기간의 경험은 관습, 윤리 도덕, 법에 관한 의식을 필연적으로 변화시킬 수밖에 없다.

이러한 사회문화적 의식의 변화 근저에는 사회의 경제적 조건과 현실이라는 토대의 특성과 변화가 깔려 있다. 말하자면 우리 사회에는 농업 사회의 특성에서부터 산업사회의 특성을 포함하는 최첨단 사회의 특성이 혼재하면서도 응축되어 있다. '전근대', '근대', '탈근대'라는 비동시적 역사적 시간이 동시에 공존하는 특징을 지니고 있는 것이다.

그러나 이러한 비동시적 사회 특성의 공존도 따지고 보면 자본주의의 발달 과정에서 나타난 현상이거나 자본주의적 상품 사회에 편입된 형태라 할 수 있을 것이다. 따라서 욕망을 충족시키고 생계를 유지하며 생활을 영위하기 위한 수단으로서의 직업도 비동시적 공존처럼 다양할 수밖에 없고, 그에 따르는 직업의식이 다양한 형태로 변화하는 것도 당연하다.

현대 자본주의 사회는 상상을 초월할 정도로 각종의 상품을 진열해 놓고 선택과 소비의 자유를 만끽하도록 우리를 부추긴다. 어느덧 상품의 사용가치와는 무관하게 상품의 소유와 소비 자체가 자유를 누리게 하고, 권력과 명예, 부 등 사회적 통념상의 가치에 따르는 것이 행복한 삶이라고 하는 의식에 이르게 되었다. 의식주의 소유 형태와 소비 형태는 물론 문화와 향락까지도 전방위적으로 상품이 되어 사회문화적 욕망 충족의 대상으로 여기게 되었다. 이처럼 상품에 의한 사회문화적 욕망과 충족 방식은 사회의식의 시대별, 계층별, 세대별 차이를 동반하였다.

동서양의 문헌들에 따르면, 공자의 시대나 소크라테스의 시대에도 젊은이들의 사고방식을 문제 삼는 대목이 나온다. 오늘날 통상 '세대 간의 의식 차이', '세대 간의 갈등', '세대 간의 대립' 등으로 표현되는 내용들이다. 하물며 시대의 급격한 변화와 함께 다양한 가치관들이 농축되어 표출된 우리 사회에서 개인들 간은 물론 세대 간의 사회문화적 의식 차이는 당연한 일이라 할 수 있을 것이다.

이처럼 우리 사회는 중층적인 사회구조로 인해 가족관계, 직업의식 등을 비롯한 다양한 사회문화적 의식의 급격한 변화를 역사적으로 경험할 수밖에 없었다. 그래서 그러한 다양한 사회문화적 가치를 인정해야 한다. 그렇지만 자본주의적 상품 사회에서 왜곡된 물질적 가치와 병든 욕망, 그리고 소외된 인간의 사회적 관계에 기초한 사회문화적 현상과 의식을 다양성이라는 이름으로 온당한 것이라 할 수는 없다. 적어도 사회문화적 다양성은 개인의 고유한 삶의 가치와 더불어 사는 공동체적 의식에 바탕을 둘 때 의미를 갖는다고 할 수 있을 것이다. 그래서 물질 고유의 가치를 새롭게 발견하고, 삶의 방식으로서 문화의 가치를 정립하며, 동시에 '소통'에 기초하여 사회적으로 합의하고 갖추어야 할 사회적 관계나 규칙(룰) 또한 필요하다.

물질의 가치는 풍요로움이나 부와 같은 경제 논리에 의해서만 재단될 수 없다. 물질은 문화적 삶의 바탕이 될 때 훨씬 아름다운 빛을 발휘한다. 문화는 권력 관계를 중심으로 구성되는 정치의 차원, 이윤을 추구하는 경제의 차원과는 달리 삶의 가치와 의미의 차원을 다룬다. 그래서 문화적 삶의 가치와 의미에 근거를 둔 물질적 경제 활동은 건강하고 합리적인 공동체의 사회관계를 만들어 낼 수 있을 것이다.

이처럼 물질과 문화의 가치는 경제적 생산성의 잣대로만 잴 수 없으며 사회적 생산성의 차원에서 고려되어야 한다. 예컨대 역사의식 없는 정치적 집권과 도덕성 없는 경제적 부의 축적은 오히려 사회적 생산성을 저해한다.

요컨대 물질과 문화의 사회적 생산성은 경제적 생산성을 포함하여 도덕성과 비판적 이성, 역사적 책임의식, 공동체 의식 등 한 사회의 삶의 가치 및 질과 관련되어 있다. 마을공동체 운동은 이러한 물질과 문화의 사회적 생산성의 의미를 찾으려는 노력의 일환이라 할 수 있을 것이다.

3. 도시화·산업화와 사회적 의식

1) 정체성과 보편적 가치

통상 한국인의 정체성을 운위할 때, 전통, 역사적 경험, 세대별 계층별 특성, 민족(국가)의식 등을 중심으로 가치관을 언급한다. 그래서 전통적 정체성으로는 전통 사회의 특징인 가족(가문), 사회계층(신분), 국가 등을 강조한 유교적 가치관의 산물을 열거한다. 가령, 전통(과거)에 집착하는 보수성, 권위주의 등의 인성적 특징이 그것이다. 그리고 '전통성과 근대성이 혼재하는 이중구조'를 거치면서 산업화 이후의 정체성 변화가 나타난다. 젊은 세대일수록 경쟁의식, 이기심, 자아 존중감, 합리성 등의 정체성을 갖는다는 것이다.

물론 정체성 변화는 역사적 경험과 더불어 분명히 나타난다. 그런데 유동하는 중심의 가치로서 정체성이 있다는 것이다. 그것은 내재된 가치를 발견하고 회복해 내는 가운데 새롭게 만들어지는 것일 수도 있다.

틀림없이 산업화 이후 물질적 가치를 추구하는 경향이 지배적인 사회 의식이 되었다. 그래서 사람들은 겉으로는 물질만능주의와 배금주의를 경멸하고 비난하면서도, 속으로는 앞 다투어 물질적 가치와 돈을 소중하게 여기면서 산다. 이러한 이중적 의식과 태도를 근원적으로 추적해 볼 필요가 있다. 말하자면 위선적이라고 비판하기 이전에 위선을 벗었을 때 추구하는 가치를 도출해 볼 수 있다. 다시 말해서 이러한 이중적인 의식에서 겉과 체면을 은근히 중시하는 표리부동한 의식을 말할 수도 있지만, '물질만능주의와 배금주의의 경멸과 비난'의 근거가 되는 가치가 어떤 면에서는 강하게 자리잡고 있다는 뜻이다. 그것을 일단 정신적 가치라고 말할 수 있을 것이다. 이 정신적 가치는 도덕적 규범일 수도 있고, 합리적인 인간관계일 수도 있고, 더불어 살아야 한다는 공동체적 의식일 수도 있다.

요컨대 한국인의 삶의 궤적을 역사적으로 추적해 보면, 감정적인 측면과 이성적인 내용을 아우르면서 인간의 미를 한껏 품은 정(情)이라는 정신적 가치가 있다. 두레, 향약, 계, 품앗이 등이 이러한 정을 기초로 한 공동체적 삶의 방식이었고, 오늘날에도 복지 제도의 보완 수단으로 지속되고 있으며, 특히 대안적 공동체 사회 운동 영역에서는 중요한 모델이 되기도 한다.

그런데 중요한 것은 정신적 가치를 추구하고자 하는 당위성(바람직한 것)과 물질적 가치를 추구하는 현실성(현실적인 것)의 이율배반을 극복하려고 노력하는 가운데에서, 역사적으로 정신적 가치를 추구해 온 우리의 정체성이 회복되고 중심 가치로서 그 실체를 전면적으로 드러내게 될 것이라는 사실이다.

당위와 현실 사이의 이율배반을 극복하는 문제의 핵심은 사회의 운용 체계와 작동 원리를 시스템화하는 것이다. 사회의 시스템화는 특권을 배제하고 부패를 차단하여 투명하고 정직한 사회로 가는 최선의 길이다. 그러면 구성원들의 사회적 관계도 합리적으로 바뀌고, 사회적 의식도 더욱 건전해질 것이다. 최근 우리 사회에서 도덕성 기준이 상승하고 있는 것은 보다 완전하고 안정적인 사회의 시스템화를 필요로 함을 단적으로 보여 주는 것이다. 나아가 사회의 시스템화는 저변에 면면히 흐르는 정과 같은 정신적 가치의 정체성을 전면에 부상시킴으로써 이분법적이고 대립적인 인간관과 가치관을 극복하고, 개인들의 상이성과 차이를 인정하며 다양성을 존중하는 현대적 의미의 새로운 공동체적 삶의 방식을 뿌리내리게 할 것이다. 이것은 인간과 사회의 보편적 가치를 실현하는 길이기도 할 것이다.

마을공동체를 회복하려는 노력 가운데에서 합리적인 정체성을 형성하고 동시에 보편적 가치를 삶의 방식의 중심 가치로 회복시키는 단초를 발견할 수 있을지도 모를 일이다.

2) 사회적 의식의 왜곡과 시민사회의 윤리의식

우리는 욕망 발생과 충족 사이의 간극이 좁으면 좁을수록 행복감을 느끼고, 넓으면 넓을수록 불행을 느낀다. 그래서 행복한 삶이란 욕망의 충족 못지않게 욕망의 발생도 중요하다. 행복한 삶이 객관적 지표보다 주관적 심리 상태인 이유가 바로 여기에 있다.

그런데 인간의 욕망은 기본적으로 개인의 자의식의 문제이기는 하지만, 사회적 관계 속에서 발생하고 사회적 관계 속에서 충족된다. 따라서 개인의 욕망 구조는 사회적 의식을 반영하고 있다. 그리고 우리들의 일상적인 삶은 욕망 충족의 과정이기 때문에, 결국 욕망의 구조는 사회적 관계 속에서 살아가는 삶의 방식을 의미한다.

우리 사회는 그 동안 이데올로기적 허위의식에 갇혀 철학적 정신적 가치를 애써 외면하면서 물질적 가치를 숭배하고 권력의존적 관계를 중시하는 삶의 방식에 익숙해 있었다. 물질적 가치의 숭배는 인간을 이기주의적인 삶의 방식으로 몰아넣었고, 권력의존적 관계는 비도덕적이고 부정직한 뒷거래의 사회적 관계를 일반화시켰다. 말하자면 병들고 왜곡된 욕망 구조를 갖고 살아 왔다는 뜻이다. 이러한 삶의 방식은 전통적으로 사람의 관계를 소중히 여겨 온 우리의 공동체적 의식을 말살해 왔다.

'자신들의 자녀를 임대 아파트 주민의 자녀와 함께 학교를 보낼 수 없다, 그래서 다른 학교의 배정을 요구하는 사회, 그 결과 신도시 한 가운데에 전교생이 몇 명 밖에 없는 초등학교가 있는 사회', '재건축 주택 단지에서 작은 평수의 아파트를 한 구석에 몰아서 짓고 조경으로 담장을 치는 사회', '장애인 임대 아파트가 들어오면 집값이 떨어지고 자녀 교육에 문제가 있다고 집단적으로 서명을 받으러 다니는 사회', '일용직 근로자의 쉼터가 들어서면 우범지역이 된다고 쉼터의 건축을 반대하는 사회'. 이렇게 물질적 가치와 이기주의적 의식이 지배하는 사회는 교육의 측면에서나 가치의 측면에서나 다양하고 창조적인 개인의 능력과 삶의 방식을 인정하는 사회와는 분명히 거리가 멀다고 할 것이다. 국가의 윤리나 국민의 윤리가 아닌 시민사회의 윤리가 부재하고 실종된 상태라 할 수 있을 것이다.

사실 우리의 경우, 시민사회의 성장과 발전은 괄목할 만하다. 이에 반해 우리 사회에서는 그 동안 시민사회의 윤리에 관해 활발하게 논의하지 못했다. 말하자면 시민사회의 공동체적 규범 및 질서 체계에 관해서 공통의 사회적 인식이 부족한 실정이다. 우리 사회에 여전히 가치관의 혼란이 운위되고 있다는 것은 근대화 1세기를 거치면서 생활양식과 제도는 외면적으로 변모했지만 그에 적합한 가치규범이 우리 사회에 뿌리를 내리지 못하고 있음을 의미한다. 그 결과 우리의 사회적 의식은 극단적인 물질 중심의 이기주의로 왜곡되어 나타나고 있다. 이것은 전통적으로 강하게 지켜 왔던 인문 정신의 와해를 반증하고 있고 있으며, 시민사회의 윤리 의식의 상실을 의미하기도 한다.

시민들이 자신의 욕구를 사회적 의사소통망을 통해 합리적으로 논의하고 이런 성과들이 제도적 장치에 반영되는 체제가 민주적인 사회체제이다. 이 민주적인 사회체제를 밑받침하는 것은 시민의 의사소통 역량이며, 이것은 인문 정신적 성찰과 비판능력에 기반을 둔다. 상이한 견해들이 의사소통을 통해 합리적으로 조정되지 못하고 극단적인 갈등관계로 충돌하는 것은 이러한 가치와 소양의 부족에 기인한 것이다. 이것은 시민사회의 윤리에 관한 논의와 연구가 절실하게 필요함을 단적으로 보여 주고 있다.

시민사회의 윤리에 관한 공론화 과정은 지역이기주의, 집단이기주의, 계층간 이해관계의 첨예한 대립 등과 같은 우리 사회 곳곳에서 벌어지고 있는 반목과 갈등의 양상을 합리적인 의사소통과 민주적인 정책결정으로 이어지게 하는 성숙한 민주적 시민사회로 도약케 하는 계기가 될 것이다.

한편, 이러한 시민사회의 윤리에 관한 공론화 과정은 인류의 보편적 가치를 복원하고 실현하는 토대를 마련한다. 말하자면 우리 사회가 당면한 문제뿐만 아니라 인간의 존엄, 인권, 생명윤리 및 생태위기 등 인류가 당면한 보편적 문제를 해결하는 과제와도 직결되어 있다.

예를 들어 오늘날 생명공학, 유전공학 기술의 발달은 인간배아복제와 유전자 차별 등 심각한 생명윤리 문제를 제기하고 있다. 생명윤리 문제와 관련한 논의를 포함하여, 과학과 기술의 업그레이드에 비례해서 이를 올바르게 사용할 수 있는 인간 삶의 업그레이드를 논의하는 필수적인 과정이기도 하다.

실지로 우리는 그 동안 권력 중심의 일방적인 하향식의 과정에 익숙해 있었을 뿐, 합리적인 의사소통 과정과 민주적인 정책결정 과정을 제대로 경험해 본 적이 없다. 정상적인 사회 운영 시스템이 없었던 것이다. 그 결과 시민사회의 윤리 문제가 본격적인 사회적 문제로 제기된 적이 없다.

합리적으로 의사소통이 이루어지고, 참여에 기반을 두어 민주적으로 정책이 결정되는 사회 시스템(짜임새 있는 체계화)이 필요하다. 사회의 시스템화는 투명하고 정직한 사회적 관계를 형성할 것이고, 이러한 사회적 관계는 허위의식이 지배하는 물질 중심의 사회 통념적 가치를 제거하면서 시민사회의 윤리를 확립할 것이며, 욕망 구조를 건강하게 개편할 것이고, 삶의 방식을 건전하게 만들 것이다.

4. 마을 속의 시민: 공동체적 삶의 복원

1) 마을공동체 복원의 필요성과 의미

'지역적으로 행동하고 지구적으로 사고하라.'

'글로벌 시대'에 삶의 터전으로서 '마을공동체'의 복원의 필요성을 일깨우는 말이다. 세계시민으로서 우리의 정체성은 당연히 인류가 추구하는 지구적인 보편적 가치와 연결되어야 한다. 그러한 지구적인 보편적 가치로는 평화에 대한 추구, 인권과 삶의 질 보장을 위한 노력, 공동체적 유대와 사회적 연대 등이 있다. 이에 대한 추구는 자본주의, 더 좁게는 신자유주의적 세계화시대에 우리가 상실하였던 인류의 보편적 가치를 복원하는 일이기도 하다. 나아가 21세기 초엽의 시점에서 우리는 양성평등, 생태지향, 분배정의 확립 등과 같은 새로운 보편적 가치에 대한 추구도 게을리 할 수 없다.

최근 우리 사회에서 공동체적 가치에 대한 논의가 중요한 이슈로 등장하고 있다. 사실 공동체적 유대와 사회적 연대는 공동체 구성원에 대한 상호 존중을 기초로 비로소 나타날 수 있다. 이러한 상호 존중은 시대별로 다른 모습을 지니고 나타난다. 비인간적 자본주의적 물신화에 맞서 영국의 전통귀족들은 자기 공동체의 구성원을 온정주의에 기초하여 보호하고자 하였으며, 노블레스 오블리주의 전통 역시 강자의 약자에 대한 보호, 그리고 그러한 보호를 제공하는 강자에 대한 약자의 존경으로 구성된다.

우리 역사에서도 이러한 전통은 면면히 이어져 왔다. 왕도정치를 주장한 조선왕조는 환곡을 통한 공적 부조제도를 유지하였으며, 국가의 공적 부조기능이 약화되자 향촌단위에서 향약과 계를 중심으로 한 사회안전망이 구축되었다. 향촌 지배계급은 이를 중심으로 공동체 성원을 지배하였으며, 그들의 복종을 획득할 수 있었다.

이처럼 구성원에 대한 공동체 지도그룹의 보호는 역사적으로도 보편적인 것이었다. 하물며 인간의 평등과 행복을 추구하는 근대 민주주의 시대에는 더 말할 나위 없는 일이지만, 근대의 다른 얼굴인 자본주의는 그러한 '분배'를 애써 외면하고자 한다. 특히 지난 몇 십 년간 자본의 얼굴을 한 신자유주의적 세계화 경향 속에서 국가로 대표되는 공동체 지도그룹의 공적 역할이 극도로 위축된 우리 사회에서는 이러한 보편적 가치를 추구하는 것이 더욱 긴급한 시대적 과제이기도 한다.

이러한 역사적 과정과 교훈에 비추어 볼 때, 마을 단위의 공동체 복원의 필요성은 더욱 절실하다고 하겠다. 물론 오늘날 마을이 지니고 있는 '커뮤니티'와 '네트워크'의 특성을 충분히 고려하여 지역 단위의 터전에서 공동체적 삶을 회복하고, 또한 글로벌 시대에 맞는 지구적인 보편적 가치를 실현하는 마을공동체 복원 운동이어야 할 것이다. 마을이라는 삶의 터전에서 인류의 보편적 가치를 실현하는 삶의 방식은 바로 민주적인 시민사회가 마땅히 담아야 하고 역사적 흐름 속에서 당연히 구현해야 하는 포괄적 의미의 윤리적 가치체계이기도 하다.

2) 소통의 사회와 마음의 역할

인간은 누구나 행복하게 살고자 한다. 오늘날 우리 사회에서 행복한 삶의 조건으로는 대체로 '물질적 풍요', '생활의 편리함', '인간적 사회관계' 등을 들 수 있을 것이다. 그런데 이러한 조건들이 조화롭게 안착되게 하기 위해서는 우리의 사회적 의식이 '정신적 가치를 추구하려는 정체성'과 '보편적 가치'를 중심 가치로 받아들일 수 있어야 할 것이다. 그러면 욕망과 충족의 체계를 행복한 삶을 창조하는 과정으로 승화시킬 수 있을 것이다.

여기에서 마을의 일정한 역할을 언급할 수 있을 것이다. 아울러 민주주의 가치를 실현하는 마을공동체는 사회 시스템의 문제로 필연적으로 확대될 수 있다. 민주적인 제도와 사회적 합의에 의한 시스템의 사회, 삶의 정치와 생활의 정치 구현, '신뢰, 참여, 자치, 연대' 등을 통한 투명한 네트워크 사회의 토대 마련, 그리고 보편적 가치의 실현. 이것은 곧 역사적 흐름 속에서 실현되어야 하는 시대정신이다. 그런데 여기에는 소통을 통한 공동체 사회의 달성이라는 목표가 내재되어 있어야 한다. 왜냐하면 '소통과 공동체 사회'에 의해서 보편적 가치의 실현이라는 시대정신이 구현되기 때문이다. '다양성의 통일'이라는 논리의 실현인 셈이다.

사회적 관계는 '나(인간, 개인)'라는 존재의 관계이며, 사회는 '나(인간, 개인)'라는 존재의 세계이다. 그렇기에 나와 사회는 통일적으로 파악되어야 하고, 통일적으로 연관되고 구성되어야 한다. 이것은 곧 '나인 우리, 우리인 나'라는 공동체적 의식의 토대요, 공동체적 삶의 기초다. 여기에는 소통에 의한 자유로운 인간들의 합리적인 관계가 전제되어 있다.

소통은 상호이해와 합의를 지향하는 상호작용이다. 그래서 소통은 지배, 강압, 권위로부터 자유로운 인간을 전제하거나 만들어낸다. 다시 말해서 자유로운 인간들의 합리적인 사회적 관계에 의해서만 소통은 이루어진다. 그렇기 때문에 소통은 일상적인 생활세계의 영역에 자리 잡고 있다. 이때 생활세계의 영역은 개인이나 가정과 같은 사적 영역과 지역사회, 시민사회단체 등과 같은 공적 영역으로 나뉜다. 그리고 소통을 매개로 조정되는 이 생활세계의 영역에서 개인의 사회화, 문화적 재생산, 공동체 사회 등이 이루어진다.[11]

한편, 시장(경제)이나 행정(국가기구)과 같은 사회체계의 제도 영역에서는 사회의 물질적 재생산이 이루어지고, 화폐와 권력에 의해 조정된다. 이 사회체계의 제도 영역이 생활세계의 영역에 개입하여 위기를 야기하면, 계층 간의 갈등을 비롯한 여러 형태의 사회적 갈등을 일으키게 된다. 이 때 복지사회를 지향하는 오늘날의 국가는 행정적 활동이나 입법을 통해 갈등을 조정하고 해소하려 한다. 결국 소통 기능을 대체할 수 없는 화폐와 권력이 생활세계의 영역에 침투함으로써 인간소외, 정신적 가치의 피폐, 삶의 의미상실 등으로 인한 각종 사회적 병리 현상이 초래된다. 바로 이러한 현상을 현대 복지국가에서 노동운동 외에 반핵운동, 평화운동, 환경운동, 여성운동, 지역운동 등

11 우기동, 「대학 시민교육, 그 철학적 기초」, 『시대와 철학』 제24권 3호 (2013), 258-259 참조.

다양한 시민사회운동이 일어나는 원인으로 진단할 수 있다.

그래서 커뮤니티와 네트워크로서의 마을의 역할이 더욱 중요하다. 마을은 계층 간의 갈등을 비롯한 사회적 갈등은 물론 사회병리 현상까지 치유하는 합리적인 소통구조를 근간으로 시민사회의 윤리를 확립하는 데에 일정한 역할을 수행해야 하며 동시에 공동체 사회를 달성해야 한다.

3) 마을 속의 시민

도시화와 산업화는 공동체적 삶을 위협하는 많은 역사적, 현실적 요인들을 양산해 왔다. 전쟁, 각종의 불평등(경쟁, 승자독식, 패자전몰, 경제적·사회적 양극화, 20 대 80, 1% 대 99%), 생태계 파괴 등. 그리하여 '월가를 점령하라', '분노하라' 등 세계적인 시민운동을 야기하고 있다.

그런 가운데에서 저항운동의 차원을 넘어서서 풀뿌리에서부터 공동체 의식과 정신을 회복하려는 노력들, 즉 다양한 대안(새로운) 사회운동 — 교육운동(대안학교운동, 행복학교, 책읽기 운동), 초록운동(녹색운동, 갯벌 살리기 등 여러 환경운동), 지역화폐 운동, 사회적 기업(약자들의 일자리) — 이 일어나고 있다. 이러한 노력들을 포괄하는 운동이 풀뿌리 주민운동으로서 마을만들기 운동이다. 즉 마을공동체 회복 운동이다.

토크빌은 "만약 (시민들이) 일상생활에서 단체를 구성하는 습관을 갖지 못하고 있다면 문명 자체가 위험에 처할 것이다. 개인으로 큰일을 성취할 수 없는 국민은 만약 그들이 단결된 노력으로서 그것을 성취할 수 있는 방법을 강구하지 못한다면, 곧 야만상태로 전락할 것이다"[12]라고 하였다. 마을공동체 운동은 신자유주의적 자본주의의 야만상태를 벗어나는 운동이다.

마을공동체는 주민들이 스스로 자기 지역의 문제를 해결하고 이 과정을 통해 형성되어 간다는 점에서 주민자치가 실현되는 공간이다. 그래서 마을공동체는 분권화되고 다원화된 자치의 공간으로 민주주의에 활력을 제공할 수 있다. 존 듀이는 민주주의의 원칙들의 토대를 "의사소통적 협의라는 모델이 아니라 사회적 협동이라는 모델", "공동체적 협동의 반성적 형식"[13]이라고 하고, 사회적 협동의 삶의 경험, 사회적 협동과 민주주의 사이의 내적 연계, 정치와 사회의 긴밀한 연계망[14]을 언급하면서, "민주주의는 단순히 정치의 형태만이 아니라, 보다 근본적으로 공동생활의 형식이요, 경험을 전달하고 공유하는 방식…"[15], "공동 관심의 범위가 확장되는 것, 그리고 개인이 가지고 있는 다양한 능력들이 충분히 발휘되는 것이 민주주의의 특징을 이루

12 알렉시 드 토크빌, 「민주주의와 결사의 자유」, 경희대 후마니타스 칼리지, 『제2의 탄생』(경희대 출판문화원, 2011), 37-38.

13 나종석, 「마을공동체에 대한 철학적 성찰: 마을인문학의 구체화를 향해」, 김경선·이경란 엮음, 『마을로 간 인문학』, 320에서 재인용.

14 나종석, 「마을공동체에 대한 철학적 성찰: 마을인문학의 구체화를 향해」, 322 참조.

15 존 듀이, 「민주주의와 교육」, 경희대 후마니타스 칼리지, 『제2의 탄생』, 39.

고 있거니와…"[16]라고 하였다.

여기에서 민주주의의 소중한 가치를 실현하는 '마을 속의 시민'이 등장하고, 새로운 민주적 시민의식이 성장하고 있다. 마을에서 이루어지는 교육이 일차적으로 이러한 현상을 잘 보여주고 있다. '교육의 목적: 학습의 방식에서 삶의 방식으로', '주민(학부모)의 성장: 동원에서 참여로', '마을에서 이루어지는 학습: 관계를 배우는 학습', '교육과정으로서의 '마을만들기', '마을과 함께 만들어가는 기업', '마을을 생태로 재구성하다: 전환 마을만들기.'[17]

마을공동체 운동을 통해 성장하는 시민과 향상하는 시민의식은 당연히 민주주의에서 일반적으로 말하는 민주적 시민의 덕목, 즉 자율성, 책임감, 비판적 성찰적 사고력, 관용의 능력 등을 교육적 측면에서 항상 염두에 두어야 할 것이다. 그리하여 '마을 속의 시민'은 주체성을 갖추게 된다. 주체성은 자신의 삶과 사회에 대해 끊임없이 성찰하고 비판하는 능력에서 출발한다. 이러한 성찰과 비판의 주체적 능력은 자율성, 책임감에 바탕을 둔 품격 있는 삶의 방식, 관용의 가치, 다양성 존중 등으로 나타난다. 그리하여 서로서로 따뜻한 이웃으로 더불어 살아가고자 하는 공동체 의식을 갖게 되고, 생활의 모든 영역에서 민주주의의 실질화에 참여하는 '마을 속의 시민'으로 재탄생하게 될 것이다.

---

16 존 듀이, 「민주주의와 교육」, 39.

17 박복선, 「마을이 가장 좋은 학교다: 성미산학교의 '마을학교' 만들기 프로젝트」, 210-226 참조.

참고문헌

경희대학교 후마니타스 칼리지. 2012. 『인간의 가치탐색』. 경희대 출판문화원.

______________________. 2011. 『더 나은 인간, 더 나은 세계를 향한 교육』(자료집)

______________________. 2011. 『제2의 탄생』. 경희대 출판문화원.

구도완. 2009. 『마을에서 세상을 바꾸는 사람들』. 파주: 창비.

김경선·이경란 엮음. 2014. 『마을로 간 인문학』. 서울: 당대.

김욱동. 2000. 『한국의 녹색문화』. 서울: 문예출판사.

누스바움, 마사(Martha C. Nussbaum). 우석영 역. 2011. 『공부를 넘어 교육으로』. 서울: 궁리.

도정일. 2010. 「더 나은 세계를 위해 우리는 무엇을 할 것인가」. 도정일 외. 『다시, 민주주의를 말한다』. 서울: 휴머니스트.

마을만들기 전국 네트워크 편. 2012. 『마을만들기지원센터의 전국적 현황과 전망』.

민주화운동기념사업회. 2010. 『시민교육 현장 지침서』(자료집).

박종현. 2001. 『헬라스 사상의 심층』. 파주: 서광사.

서울특별시 사회적 경제 홈페이지(se.seoul.go.kr)의 '마을기업'에 대한 소개.

서울특별시 마을공동체종합지원센터 홈페이지(http://www.seoulmaeul.org).

쇼리스, 얼(Earl Shorris). 고병헌 외 역. 2006. 『희망의 인문학』. 서울: 이매진.

시미즈 미츠루. 김경인·김형수 역. 2014. 『삶을 위한 학교』. 서울: 녹색평론사.

우기동. 2013. 「대학 시민교육, 그 철학적 기초」. 『시대와 철학』 제24권 3호.

이병창. 2003. 「일제퇴각 이후 한국에서의 헤겔철학 연구사」. 『철학연구 50년』. 서울: 혜안.

정외영. 2011. 『골목에 꽃이 피네』. 서울: 이매진.

Aristoteles. *Metaphysica* (trans. W. D. Ross).

Bauerman, R. und H. J. Rötscher. 1973. "Der Subjektivismus der revisionistischen Praxisphilosophie." *Deutsche Zeitschrift für Philosophie.*

Colby, Anne. et al. 2003. *Educating Citizens.* San Francisco: Jossey-Bass.

Hegel, G. W. F. 1971. *Wissenschaft der Logik I, II.* Suhrkamp Verlag. Marx, K./ Engels, F., Werke(MEW), Bd. 40, 42.

________________. 1952. *Phänomenologie des Geistes.* hrsg V. J. Hoffmeister. Hamburg: Verlag von Felix Meiner.

Vollmer, G. 1988. *Was Können Wir Wissen?*, S. Hirzel Verlag. Stuttgart.

3장 학교와 시민*

채 진 원

1. 전인교육과 학교

2013년 6월 '여왕의 교실'이란 MBC 드라마가 시청자의 주목을 받은 바 있다. 이 드라마는 편견과 차별, 왕따와 학교폭력 등을 통해 어른들이 냉혹한 사회에서 자행하는 차별과 폭력을 고스란히 따라 배우는 아이들의 씁쓸한 학교생활의 단면을 보여주었다. 우리의 초·중·고 학교는 전인교육(全人教育)의 장이 되고 있는가? 이런 질문들을

---

* 이 글은 『교육논총』 제33권 2호(2013)에 실린 필자의 「시대전환기 학교폭력과 새로운 학교문화의 정립」을 저서의 집필의도에 맞게 재구성한 것이다.

던지는 이유는 우리 교육현장이 전인교육의 상과 대비되고 있기 때문이다. 전인교육의 장이 되어야 할 학교는 사교육 열풍과 입시경쟁에 노출되어 출세와 성공을 위한 징검다리로 인식되는 경향이 농후해 지고 있기 때문이다. 이로 인해 학교에서는 학교폭력이 난무하고 왕따현상이 빈번해 지는 등 이른바 '교실붕괴', '학교붕괴' 현상이 심화되고 있다.

나아가 학생들은 교사의 말을 따르지 않고, 교사는 애정보다는 위협과 구타로 가르치려는 경향까지 나타나고 있다. 학교문화와 학교행정은 참여와 소통보다는 감시와 처벌에 더 익숙해져 있다. 아울러 이러한 학교붕괴와 교실붕괴 현상의 원인론과 처방론을 놓고 교육계가 지나치게 정치화되어 정파 간에 대립·갈등하며 분열되어 있다는 점 역시 문제 해결을 어렵게 한다. 교육현장은 진보와 보수, 전교조와 비(非)전교조, 여당과 야당의 첨예한 이념적, 정파적 대결장이 되어 교육의 정치적 중립성이 훼손되고, 교육정책이 표류한 지 오래되었다. 이 같은 문제들은 교실과 학교가 제대로 된 전인교육의 장이 되지 못하고 있음을 웅변한다.

그렇다면 교육의 목표이자 본령인 전인교육이란 무엇인가? 일반적으로 전인교육은 백과사전에 정의되어 있듯이, "인간이 지니고 있는 모든 자질(資質)을 전면적, 조화적으로 육성하려는 교육"으로, 학생 개개인의 지적, 사회적, 신체적, 도덕적 발달을 두루 망라하는 종합적인 교육의 상을 일컫는다. 교육학 용어 사전에는 전인교육에 대해 "지(知), 정(情), 의(意)가 완전히 조화된 원만한 인격자를 기르는 것을 목적으로 하는 교육이며 이러한 교육은 인간의 성장 발달이 통합적이라는 것을 인식함으로써만 가능하다"고 설명되어 있다. 전인교육과 관련하여 일찍이 그리스 철학자이자 만물학자인 아리스토텔레스(Aristoteles)는 저서인 『정치학(*Politics*)』에서 인간이 지닌 잠재적인 역량과 탁월성을 실현하는 '지성의 도야'(cultivation of the intellect)를 위해 공교육과 시민교육을 강조하였다. 또한 미국의 교육 심리학자인 매슬로우(Abraham H. Maslow)는 자신의 저서인 『동기와 성격(*Motivation and Personality*)』에서 개인의 재능·능력·가능성을 최대한으로 사용하고 계발하는 전인교육을 주장했고, 그러한 인간의 특성으로 자발성, 수용적 태도, 민주적 인격, 공동체적 감정, 창의성 등 14가지를 제시하였다. 이렇듯 전인교육의 의미는 인간성의 어느 특정한 부분만이 아니라 전면적인 발달과 성숙에 대한 교육을 뜻한다. 다시 말해서 도구적이고 기술적인 지식으로 무장된 교육이 아니라 인생과 세계를 넓고 깊게 바라볼 줄 아는 교양인을 기르는 교육을 말한다.

독일의 교육학자 볼노프(Otto F. Bollnow)는 자신의 저서인 『실존철학과 교육학』에서 "교육은 사람을 만들고, 기르고, 그리고 만나는 활동"이라고 정의하였다. 그는 새로운 지식을 암기하고 기억하는 데 치중하지 않을 수 없는 측면이 있지만, 개개인의 타고난 소질과 잠재력을 이끌어내는 과정에서 사고력과 창의력을 기르는 활동이 강조되어야 한다고 강조하였다. 또한 그는 인격적인 만남을 통해 바람직한 인성을 형성하도록 안내해야 하는 일이 중요하다고 보았다. 이러한 관점에서 볼 때 암기식 교육, 주입식 위주의 교육에서 벗어나 다양하고 체험적인 교육활동으로 지덕체(智德體)가 조화롭게 형성되도록 전인교육을 활성화할 필요가 있다. 더구나 21세기는 지식기반사회로서 창의성과 다양성을 요구한다. 지식기반사회에 기민하고 유연하게 대처하기 위해서는 기존의 고정관념에서 벗어나 새로운 발상으로 지식을 창출하고 창의적인 방법으로 일을 할 수 있는 능력을 가진 탁월한 인재의 육성이 절실히 요청되는 것은 당연하다.

하지만 유감스럽게도 오늘날 학교는 이러한 시대상황이 요구하는 인재를 키우지 못하는 가운데 여러 가지 문제에 봉착하는 위기를 맞고 있다. 엄기호는 『교사도 학교가 두렵다』라는 저서에서 한국사회에서 학교와 교사는 '공공의 적'이 되었다고 한탄한다. 그는 배움과 학습에 있어서 학교는 학원의 보조단체로 추락한 지 오래되었고, 학교에서 얻을 게 없거나 배울 능력이 안 되는 학생들은 수업 동기를 잃은 채 자신의 불만과 분노를 옆에 앉아 있는 약한 학생들에게 폭발시킨다고 진언한다. 그는 이것이 수업 붕괴와 학교 폭력의 원인이라고 진단한다. 그는 현장에 있는 교사들에게 가장 큰 고통은 이런 학생들의 불만과 고민을 토로하고 이 고통을 해결하려는 시도가 공연한 분란만 일으키는 '설치는 짓'으로 외면을 받고 있는 씁쓸한 현실이라 말한다. 하지만 그는 절망하지 않고 대안을 모색한다. 그가 제시한 대안은 한 단계 성숙하기 위한 타자와의 대면이다. 나와 다른 사람을 마주쳐야만 자신을 돌아볼 수 있고 타자와 만나야만 공존하는 법을 배울 수 있다는 것이다. 자신의 말을 알아듣지 못하는 학생들을 타자로서 환영하고, 자신과 다른 교육관을 가진 동료들의 의견을 토론의 대상으로 인정해야 교사로서 한 단계 성숙할 수 있다는 것이다.

오늘날 학교가 처한 위기상황을 아주 구체적으로 진단하고 이해하기 위해서는 우선 '학교문화'에 초점을 맞출 필요가 있다. 왜냐하면 학교는 추상적인 공간이 아니라 행정당국, 교사, 학생, 학부모의 이해관계와 조직적인 권력관계가 작동하는 구체적인 공간이기 때문이다. 일반적으로 학교는 1) 청소년들의 정치문화에로의 사회화, 2) 정치 지도자들의 선발·충원·훈련, 3) 특정 지역공동체나 사회의 정치적 통합, 4) 정치적 투입의 역할 등 교육기능을 통해 정치체제에 대한 기본적인 태도와 정향(drives)을 발달시키는 데 기여해 왔다. 이런 점에서 학교는 정치체제와 사회체제에 대한 외형적·내재적 가치, 상징, 문제에 접근하는 방식 등으로 작용하면서 형성된 나름의 문화를 갖고 있다. 특히 "학교는 나름의 욕구와 정향, 역량과 이해, 열망과 정서를 가진 인간에 의해 만들어지며 공식·비공식 조직, 의사소통의 통로, 영향력·특권·권위와 위계를 지닌 하나의 내적 구조를 가지고 있다." 또한 학교는 "그 구성원의 성숙과 학습, 정책 및 외적 요구상의 변화, 입학자의 변화, 다른 체제와의 관계성의 변화 등으로 인해 계속해서 변화되고 있다."[1]

기어츠(Clifford Geertz)는 문화란 "우리 모두가 매달려 있는 의미의 망(web of significance)"이라고 정의한다.[2] 여기서 의미의 망은 사회구성원들이 물리적, 사회적, 심리적 환경에 적응해서 살아가게 하는 삶의

---

1 H. A. Thelen & J. W. Getzel, "The social science: conceptual framework for education," *School Review 65*, No. 8 (1957, Autumn), 351–352; 마시알라스(G. Massialas Byron), 안기성 외 역, 『교육정치학: 교육과 정치체제』(서울: 양서원, 2007), 17–38에서 재인용.

2 Clifford Geertz. *Interpretation of Cultures* (New York: Basic Books, 1973).

의미 체계라고 할 수 있다. 사회구성원들에게 무엇이 가치 있고, 진리이며, 어떻게 행동해야 하고 어떻게 세계를 이해해야 하는 가를 말해준다.[3] 학교문화에 대해 호이와 미스켈(Hoy and Miskel)[4]은 "학교에서 당연한 것으로 받아들여지고 그렇게 행동하기를 기대하는 가정, 규범, 기준, 태도, 철학, 이념 등의 결합체"라고 정의하였다. 학교문화라는 개념은 일반적으로 학교의 구성원들이 공유하고 있는 공통된 목적, 규범, 가치, 신념, 가정, 의식, 전통, 예식, 상징물 등을 말한다. 특히 학교는 교육이라는 독특한 목적을 성취하기 위하여 의식적으로 구성된 조직체로서 학교 행정가와 교사, 학생들로 이루어진 조직사회라는 점에서 '조직관계의 문화'가 중요하다. 왜냐하면 학교에는 개인적 인간관계, 행동양식, 사회적 관습, 그리고 불합리한 체제와 그것들에 바탕을 둔 도덕률 등의 복잡한 구조로 얽혀 있기 때문이다. 따라서 샤인(E. H. Schein)은 조직문화란 특정한 집단이 '외부환경에 적응하고 조직내부를 통합하는 과정에서 고안하고 개발한 기본적인 믿음체계들로 내부 구성원들에게는 아무런 의심 없이 받아들여지면서 조직의 대내외 문제를 해결하는 방법으로 학습되는 것'으로 보고 있다.[5]

복잡한 조직관계의 문화 중에서 1970년대 영국 노동계급 청소년

---

3 조경원, 「학교문화의 형성 과정에 관한 탐색: '새 학교문화 창조' 정책을 중심으로」, 『한국문화연구원논총』 제7호 (2004), 7-38.

4 W. K. Hoy & C. G. Miskel, *Educational administration: theory, research and practice*. 5th ed. (New York: McGraw-Hill Inc., 1996).

5 E. H. Schein, *Organizational Culture and Leadership: a dynamic view* (Published London: Jossey-Bass Ltd Publishers, 1985), 9.

집단의 학교생활에 대한 세밀한 현장기술을 통해 문화의 재생산구조를 연구한 윌리스(Paul Willis)가 1977년 저작 『노동학습(*Learning to labor*)』에서 제안한 간파(penetration)와 제약(limitation) 개념은 학생들이 학교문화를 수용하는 방식에 중요한 시사점을 준다.[6] 윌리스에 따르면 교사의 말에 순종하는 '얌전한 학생들'(the ear-hole: 범생이들)이 학교문화를 수용하고, 이른 바 '사나이들'(the lads: 노는 학생들)이 학교문화에 저항하여 반학교 문화(counter school culture)를 형성한다는 것이다. 반학교 문화로 인한 학교에 대한 저항은 제도와 규율로부터 자유로운 자신들만의 상징적, 물리적 공간을 쟁취하기 위한 싸움과, 학교에서 중요하게 인식되는 목적, 즉 공부시키는 것에 대한 거부에서 가장 적극적으로 나타난다는 점이다. 즉 노동계급의 학생들은 이미 직업세계에 대한 정보와 경험이 학교에서의 진로지도와 학교교육의 내용과 다르다는 것을 가정생활의 경험을 통해 미리 터득함으로써 학교문화를 거부하고 그들이 장차 속하게 될 직업과 자신의 신분상의 위치를 파악하게 된다는 것이다.

박삼철은 지금까지 학교문화에 관련된 선행 연구들의 일치된 견해로 "1) 학교에 문화라고 불릴 수 있는 어떤 현상이 존재하고, 2) 그것은 학교 조직행동과 구성원의 행동 및 발달에 영향을 주며, 3) 따라

---

6 Paul Willis, *Learning to Labor: How working class kids get working class jobs* (Hampshire: Gower, 1977); 김찬호·김영훈 역, 『학교와 계급재생산』(서울: 이매진, 2004).

서 학교의 효과성에 영향을 줄 수 있다"고 요약하였다.[7] 또한 딜과 패터슨(Deal and Peterson)은 학교문화를 형성하는 일에 학교장의 리더십이 큰 영향을 미친다고 보았다.[8] 학교장의 핵심적인 과업 중 하나가 학교문화를 형성하는 일로, 교육에 대한 비전과 목적이 구성원들의 규범과 행동에 영향을 미치게 된다는 것이다. 학교문화에 대한 연구문헌들은 성숙한 학교문화는 비전 공유, 신뢰, 원활한 의사소통 및 피드백 교환, 높은 성취 수준, 관심과 애정, 그리고 참여를 주요 특징으로 하고 있으며, 이러한 학교문화는 구성원의 사기, 헌신, 만족도 및 조직의 효과성과 밀접한 관계가 있다고 지적한다. 또한 성숙한 학교문화를 이루기 위한 중요한 요소 중의 하나는 소통과 신뢰이며, 수평적이고 원활한 의사소통 체제의 구축 여부는 성숙한 학교문화 형성에 영향을 미친다고 밝히고 있다.[9] 특히 소통과 신뢰가 전제될 때 구성원 상호 간의 존중과 배려, 돌봄, 협동의 문화를 구축하여 학교를 하나의 교육공동체로 만들 수 있다는 것이다.[10]

그렇다면 우리나라 학교문화의 특성은 무엇일까? 한국의 학교문

---

7 박삼철, 「학교조직문화 분석의 체제적 모델 탐색: 질적, 양적 연구방법의 수용적 적용방안 탐색」, 『교육연구』 제19권 (2004), 75-100.

8 T. E. Deal & K. D. Peterson, *Shaping school culture: the heart of leadership* (CA: Jossey-Bass, 1999).

9 A. S. Bryk & B. Schneider, *Trust in schools: A Core Resource for Improvement* (Chicago: Univ. of Chicago Press, 2003).

10 A. Hargreaves, *Teaching in the Knowledge society: Education in the age of insecurity* (NY: Teachers College Press, 2002).

화는 정치문화와 밀접히 연관되어 있으며 이것의 영향을 받고 있다는 점에서 중앙집권적인 관료제를 중심으로 한 위계적인 조직문화이며, 행위자들 상호간에 대화와 소통 및 협력이 활성화되지 않은 폐쇄적이면서도 차별과 억압의 문화를 갖는 것이다. 한국의 정치문화는 봉건제에 기반한 자유계약의 관행에 따라 민주주의가 발달한 서양의 정치문화와 달리 오랫동안 중앙집권적인 관료제에 의한 수직적인 정치문화로 인해 선진민주국가의 민주적인 법제도를 시민들의 의식의 수준에서 관행화하는 데 많은 약점을 보여주고 있다.[11] 이 같은 진단은 『소용돌이의 한국정치(*Korea, the Politics of the Vortex*)』를 저술한 헨더슨(G. Henderson)의 진단을 보더라도 동일하다.[12] 한국 정치문화의 특징은 아래로부터 시민사회(시민결사체)와 중간조직(지방자치, 미디어 등 매개조직)이 성장하지 않아 중앙권력의 분권화와 분산화가 활성화되지 않은 중앙집권화된 관료정치체제라 할 수 있다.

많은 교육학자들은 우리나라의 교육문화의 특징을 위계성과 획일성으로 규정한다. 위계성은 교육인적자원부로부터, 시도교육청, 지역교육청, 학교장, 교감, 부장, 교사, 학급반장, 일반학생으로 이어지는 위계구조로 어느 특정 부분에서의 자율성과 독립성을 허용하지 않는다. 이러한 위계구조는 학교문화가 단순하게 교사와 학생만의 문화로만 형성될 수 없다는 것을 보여준다. 교사와 학생간의 관계 외에

11 프랜시스 후쿠야마, 『정치질서의 기원』(서울: 웅진지식하우스, 2012).

12 그레고리 헨더슨, 『소용돌이의 한국정치(*Korea, the Politics of the Vortex*)』 완역판(파주: 한울, 2013).

도 교사들 간의 문화, 직책과 관련된 문화, 학부모 문화, 교육행정당국과의 관계에서 비롯되는 문화 등 다양한 요소가 얽혀있음을 보여준다. 이러한 구조적인 조건하에서 교사와 학생들에게 요구되는 것은 위계구조에 따른 순종과 순응적 질서이며, 이러한 질서에 반하는 권리의식은 일탈행위로 감시와 처벌의 대상이 된다. 또한 획일성은 교육내용과 방식, 평가방식, 물리적 공간구조, 각종 학교행사, 운영방식, 교직원모임이나 활동의 유형 등 거의 모든 영역이 하나의 획일화된 모습을 보여주는 것을 말하며, 이러한 조건하에서 다양성과 융통성은 해악이 된다.[13]

'교실붕괴', '학교붕괴'라는 교육현장의 섬뜩한 이미지가 지난 1990년대 후반 학교폭력, 왕따현상이 만연해지며 언론에 오르내리기 시작해 이제는 일반화 되었다. 그 어느 때보다 이것에 대한 원인진단과 대안을 마련하는 것이 무엇보다 시급한 일이 되었다. 관련 전문가와 현장의 이해당사자들이 참여하는 가운데 많은 의견제시와 토론 및 공감이 필요하다. 본 글에서는 지면 제약상 학교폭력의 문제를 중점적으로 진단하고 해법을 탐색해 볼 것이다. 이를 위해서는 우선 학교폭력이 급증하고 일반화되는 배경에는 변화된 시대상황이 존재하고 이것과 종전의 학교문화가 조응하지 못하거나 충돌하는 경우를 가정해 볼 필요가 있다.

---

13 이용숙·김영천, 『교육에서의 질적 연구: 방법과 적용』(서울: 교육과학사, 1988); 강래동, 「학교문화의 형성 작용과정에 대한토론」, 『교육인류학연구』 제4권 2호 (2001), 63-69.

즉 학교폭력의 발생이 사회적 요인에 기반을 둔 가해자, 피해자 학생의 개인적 본성의 문제가 아니라 민주화와 더불어 이후 우리사회에 본격화되고 있는 지구화, 후기산업화, 정보화, 탈물질주의, 탈냉전 등으로 표현되는 시대전환기적 특성에 따른 새로운 삶의 가치와 규범, 그리고 새로운 권리-의무관계가 확산되었음에도 불구하고 그동안의 중앙집권적이고 위계적인 인간관계에 기반을 둔 폐쇄적이고 차별적인 학교문화가 변화된 시대상황에 적응하지 못하게 되면서 발생한 '부조응성의 학교관행 문제'(부조응의 학교문화)라고 인식하고, 시대상황에 부합하는 새로운 학교문화의 창출을 통해 학교폭력에 대한 해법의 실마리를 찾을 필요가 있기 때문이다. 다시 말해서, 학교폭력의 문제가 교육공동체를 구성하고 있는 학교, 교사, 학생, 학부모 상호간의 역할 수행, 권위 및 참여와 책임부재에 따른 갈등과 연결되었기 때문에, 학교폭력문제를 해결하기 위해서는 시민성(civility) 향상에 기초한 새로운 학교문화의 창출이 필요하다는 입장에서 해법의 실마리를 찾아야 한다는 것이다. 시민성은 국가와 시민관계, 시민과 시민관계를 통해 시민됨의 자격과 소속 및 권리-의무관계를 규정하는 시민권(citizenship)에 대비하여 이것에 부합하는 책임, 봉사, 희생, 배려 등 시민의 자질과 덕성, 그리고 시민행동과 시민의식에 관한 것을 일컫는다.[14]

본 글에서 강조하고 있는 시민성(civility) 향상에 기초한 새로운 학

---

14 이동수, 「시민사회, 파트너십 그리고 공공성」, 이동수 편, 『시민사회 파트너십과 공공성』(고양: 인간사랑, 2013).

교문화라는 접근방식을 은유적으로 표현하자면, 감기에 자주 걸리는 사람들에게 처방을 할 때 바이러스 자체를 원인으로 보고 이것을 죽이기 위해 항생제를 남용하는 것보다는 바이러스의 침입을 방어하지 못하는 허약한 몸 상태를 원인으로 보고 몸에 면역력이 생길 수 있도록 체질을 개선하여 예방하는 접근법과 같은 것이다. 즉 민주화 이후 각 행위자의 권리의식은 교사의 노동권(노동조합 합법화), 학생인권(학생인권조례 제정), 학부모 참여권(학부모 참여 제도화)과 같이 높아졌지만 그것에 걸맞은 의무와 책임의식은 함께 성숙되지 않은 가운데, 학교행정을 대표하는 교장, 교사, 학생, 학부모 등이 함께 공동으로 가꾸고 지켜나가야 할 새로운 학교문화의 권위와 질서가 창출되지 못했기 때문에 문제가 발생한다.

특히 학생폭력은 이러한 조건 위에서 교사와 학생 간, 그리고 학생과 학생 간 변화된 권리욕구에 기반을 둔 인정투쟁이 성숙되지 못한 방향으로 비화되었기 때문으로 진단된다. 변화된 권리욕구에 기반을 둔 인정투쟁이 성숙한 방향으로 정립되지 못하고 있다는 것은 그만큼 행위자간에 차별, 소외, 억압이 존재하고 있다는 것을 반증한다. 결국 새로운 학교문화의 창출이란 학교폭력문제의 원인진단을 바라보는 중요한 행위자인 교사와 학생, 학부모의 인식의 차이를 드러내는 동시에 문제해결에 도움이 되는 공통된 과제에 대한 공감된 인식의 확대와 관계 개선을 위한 새로운 관행의 필요성과 정착을 제기한다. 따라서 이 과정은 결국 학교의 구성원들이 자신들의 부분적인 이해에 관여하면서 권리만을 주장하는 분파의식(partisanship)에서 벗어나 새로운 학교문화라는 공공재의 창출과 전체적인 질서 속에서 역할을 분담하고 책임을 다하려는 민관협력의 주인의식(ownership)이 뒷받침되어야 가능하다는 점에서 학교폭력의 성공적인 해결은 성숙한 시민성의 향상과 그 맥을 같이 한다는 것을 분명하게 인식할 필요가 있다.

2. 시대의 변화와 학교폭력

1) 변화된 시대상황과 학교문화와의 충돌

오늘날의 변화된 시대상황은 지구화, 정보화, 후기산업화, 탈물질주의, 탈냉전 등으로 표현된다. 그렇다면 이러한 전환기적 시대상황은 위계성과 획일성을 특징으로 하는 한국 학교문화의 중앙집권적인 관료체제에 어떠한 영향을 주고 있는가? 많은 영향을 주는 것이 사실이다. 특히 날로 심화되고 있는 지구화와 정보화는 기존의 위계적이고 획일적인 교육행정에 타격을 가함으로써 위기요소를 주는 동시에 새로운 기회요소를 제공하여 보다 나은 교육과 교육행정으로 나아갈 수 있는 새로운 학교문화의 토대를 제공하고 있다. 따라서 지구화의 개념과 특징을 인식하고 바람직한 학교문화의 방향성을 모색하는 것이 중요하다. 그동안 한국의 교육환경에서 교사, 학생, 학부모는 자율적이고 독립적인 주체가 아니라 타자화되고 소외되었던 것이 사실이다. 왜냐하면 학교행정은 학교의 주체를 교장과 교감 등 학교관계자로만 보는 폐쇄적인 전문영역으로 간주하고 있어 교사, 학생, 학부모들은 여전히 교육운영에 필요한 최소한의 보조적인 존재로만 인식되고 학교주체로 받아들이지 못하는 차별적이고 위계적인 문화로 공공연하게 작동되었기 때문이다.

지구화란 국가의 배타적 경계선이 분명히 지켜지는 가운데 상호작용하는 국제화(internationalism)와 다르게 각 국가들 간의 경계가 약화되면서(cross-border) 새로 생겨나는 '지구시민적 정체성'(global citizen identity)으로 인해 시민들의 삶과 생활의 단위가 초국가적인 지구촌(global village)으로 변화되어 가는 시대전환적인 현상과 이러한 경향을 적극적으로 추구하는 운동을 말한다. 이러한 지구화는 다음과 같은 위기요소와 기회요소의 특성을 보여준다. 위기요소로서 지구화는 지구적인 수준에서 국가 간 그리고 지방-도시간의 상호의존성과 교류를 확대시키고, 각 부문과 영역 및 수준 간의 경계 넘나들기(crossing-border)를 심화시킴으로써 폐쇄적이고 위계적인 학교행정의 문화를 타격하여 학교의 위계적인 권위를 약화시킨다. 기회요소로서 지구화는 국가 간 경계 넘나들기를 통한 종전의 사회균열구조와 절대적인 국민주권개념에 타격을 가하면서 '국가중심의 통치양식'(mode of government)에서 벗어난 새로운 통치양식으로서 '다층적 거버넌스 양식'(mode of multi-lateral governance)을 창출한다는 것이다.[15]

이러한 다층적 거버넌스 양식은 글로벌 수준에서 글로벌 거버넌

---

15 주성수, 「정부의 신뢰 위기와 NGO와의 파트너십 대안」, 『한국행정연구』 제12권 2호 (2003), 186-210.

스, 지역에서는 지역주의와 함께 지역 거버넌스, 그리고 중앙차원에서 국가중심의 거버넌스, 지방차원에서는 로컬 거버넌스를 창출하게 된다. 거버넌스(governance)라는 말은 '통치'(統治)를 말하는 거번먼트(government)에 대당되는 말로, 우리말로 국가와 다양한 행위자들의 참여와 협력을 통한 '협치'(協治)를 말한다. 즉 중앙정부가 가지고 있는 권력과 권위를 다양한 행위자들에게 위임·분산하면서 참여와 협치를 통해 정부의 정통성, 반응성, 책임성, 권위를 변화된 시대환경에 맞게 새롭게 세우려는 접근방식이다. 기존의 통치방식인 거번먼트는 지구화 등 전환기적 시대상황에 따라 새롭게 등장한 탈중앙집권적인 조직문화에 저항하면서 보다 자율성과 독립성을 추구하는 교사, 학생, 학부모의 권리의식이 성장함에 따라 한계를 보인다. 주권재민에 따라 국민이 선거로 정부에 위임하는 위임명령체계(mandate)가 작동되지 않아 더 이상 정부가 대표하거나 책임질 수 없는 사태가 발생하여 정부의 대표성(representativeness)과 책임성(responsibility)의 위기가 발생하기 때문이다. 거버넌스는 이러한 거번먼트의 한계를 협치라는 변화된 통치방식을 통해 극복하려고 하기 때문에 결과중심적인 책임성(responsibility)보다는 상대적으로 다양한 행위자와의 반응성(responsiveness)과 과정중심적인 책임성(accountability)을 강조하게 된다.[16]

이러한 거버넌스의 등장은 기존의 위계적이고 획일적인 중앙집권적인 학교문화를 약화시키면서 새로운 학교문화의 필요성을 요구하게

16 채진원, 「지구화시대 동북아 상호인식의 현황과 구성주의적 과제」, 『아시아문화연구』 제31집 (2013), 233-269.

된다. 즉 중앙정부가 주도해왔던 교육과 학교행정에서 벗어나 다양한 행위자(시·도교육청, 일선 학교, 학생, 학부모, 지역사회)들에게 위임 분산하여 그들의 참여와 협치를 이루는 문화적 근거를 제기하게 되는 것이다. 따라서 전환기적 시대상황에서는 거버넌스에 부합하도록 학교를 구성하고 있는 행정가, 교사, 학생, 학부모의 인식을 공유하고, 새로운 규범과 행동양식(새로운 학교문화)을 개발할 필요가 있다. 특히 중앙집권적 획일성을 약화시키고, 학교행정과 교육의 새로운 권위를 세울 필요가 있다. 정부와 학교행정의 권위가 학교 구성원들에게 위임되고 분산되는 것만큼 교사와 학생, 학부모의 증진된 권리의식에 부합하는 의무와 책임 및 시민적 덕성 등 새로운 시민의식(civility)과 공화주의적 관행이 자라날 수 있도록 교육과정을 새롭게 정립할 필요가 있으며, 학교 행정에 과감한 거버넌스적 운영원리를 적용하여 행위자 간 대화와 토론 및 협력과 신뢰의 문화를 정착시킬 필요가 있다. 폐쇄적이고 위계적인 조직행정 문화를 줄임으로써, 교사와 학생 및 학부모의 요구에 반응하면서도 공교육의 권위를 세우는 공화주의적 패러다임을 강조할 필요가 있다.

만약 이러한 전환기적 시대상황에도 불구하고 종전의 학교문화를 거버넌스적으로 변화시키지 않을 경우, 학교구성원들은 민주화 이후 신장된 권리의식에 부합하는 의무와 책임 및 권위를 가지려 하지 않기 때문에 불가피하게 성숙되지 않는 방향으로 교사와 행정가 간, 교사와 학생 간, 교사와 학부모 간 권리투쟁, 즉 만인에 대한 만인의 투쟁을 전개할 수밖에 없으며, 결국 이러한 문화 속에서는 갈등과 폭력이 증가될 수밖에 없다. 이것에 대해 폭력의 발생을 왜곡된 의사소통

권력의 문제로부터 인식하는 미국의 정치학자 아렌트(Hannah Arendt)는 참여와 소통을 통한 합의 과정 없이 국민의 저항에 맞서 정권의 '의지'(will)를 관철시키는 것은 '권력'(power)이 아니라 '폭력'(violence)이라고 정의하였다. 아렌트가 폭력을 권력과 구분하여 그렇게 정의한 이유는, 폭력은 목적을 이루기 위한 수단적인 힘이나, 권력은 다양한 의견을 가진 사람들이 함께 모여 토론하고 행동하여 생기는 것으로 그 자체가 정당성을 갖는 힘이기 때문이며, 따라서 권력이 폭력을 사용하면 이미 권력이 아니고 정당성도 없기 때문이다.[17] 따라서 새로운 학교문화를 창출하기 위해서는 우선 학교폭력에 대한 학생, 교사, 학부모의 인식을 비교할 필요가 있다.

2) 학교 폭력 원인진단의 어려움

학교폭력이 사회문제화로 제기될 때마다 언론, 경찰, 교과부 등이 문제해결에 나서고 있고, 박근혜 정부도 학교폭력을 성폭력과 가정폭력, 불량식품과 함께 4대 악으로 규정, 다양한 대책마련을 추진하고 있다. 하지만 학교폭력을 근본적으로 근절하기에는 아직까지 역부족인 것 같다. 그렇다면 역부족인 이유는 무엇인가? 여러 가지 이유가 있지만 그 핵심은 정부가 학교폭력의 원인진단에 대해 다양한 의견을

---

17 Hannah Arendt, *The Human Condition* (Chicago: The University of Chicago Press, 1968).

종합적으로 수렴하는 가운데 이것을 주변 구성원들에게 설득하지 못했기 때문으로 보인다. 《매일신문》 2013년 4월 10일자 신문기사는 이것을 확인시켜 준다. 인용해 보면 다음과 같다.

> '학교폭력 예방 및 청소년 자살 예방 대책 토론회'가 10일 국가인권위원회와 경북대 사회과학대 주최로 경북대에서 개최됐다. 이날 토론회에는 국가인권위를 비롯해 교육청, 경찰청, 대학, 시민단체, 학교 등 각계 전문가들이 토론자로 참석했다. 현병철 국가인권위원장, 함인석 경북대 총장, 우동기 대구시교육감 등도 함께 자리했다. 안석모 국가인권위 인권정책국장은 "2011년 대구 중학생 자살 사건을 계기로 각종 학교폭력 대책이 나왔지만 지난해 안동과 영주, 올해 3월 경산에서 또다시 학생 자살이 발생했다"며 "학생들이 여전히 당국을 신뢰하지 못하고 있다는 방증"이라고 지적했다. 이어 "가해자 처벌, 피해자 치유만으로는 학교폭력을 해결할 수 없다. 인권친화적 학교문화 조성이 중요하다"고 강조했다. … 배종호 시교육청 학교생활문화과장은 "학교폭력 근절 원스톱지원센터를 대구 4개 교육지원청에 설치하고, 폭력 가해 학생에 대해서는 무관용 원칙을 적용할 것"이라며 "정서행동 특별검사 실시로 위기 학생을 조기 발견해 지원할 계획"이라고 밝혔다. 김순기 도교육청 교육정책국장은 "학교폭력에 대한 학교장, 담임교사의 책임을 강화하고 학부모 지역사회와 함께하는 학교 안전망을 구축할 것"이라고 했다. 학교 내 '스쿨 폴리스' 도입을 놓고는 토론자들 간에 의견이 갈렸다. 대구 경북경찰청 관계자들은 현행 '학교전담경

찰관'에서 한 걸음 더 나아가 특별사법경찰관을 학교에 두는 스쿨 폴리스제의 도입이 필요하다고 했다. … 종합토론에 나선 김정금 대구참교육학부모회 정책실장은 "지금처럼 학교가 끝까지 학교폭력 피해자를 책임져 준다는 신뢰를 얻지 못하고, 학교폭력을 교육 본연이 아닌 행정 업무로 생각하는 한 교육 당국의 학교폭력 대책은 실효성을 얻기 어렵다"며 "교육 당국의 학교폭력 및 학생 자살 사태에 대한 근본적인 성찰이 필요하다"고 말했다.

앞의 인용문에서 드러난 학교폭력 원인진단에 대한 시각차이 중에 핵심적인 것은 이 문제를 인과관계의 방향(causal direction)에 따라 '학교'폭력에 초점을 맞출 것인가 아니면 학교'폭력'에 맞출 것인가 하는 점이다. 이것에 따라 학교폭력의 원인진단과 해법이 달라진다. 전자인 학교라는 공간에 초점을 맞추면 국가인권위의 시각처럼 '학교문화'가 문제가 되고 학교문화의 개선을 통해 예방적이면서도 교육적인 해법을 모색하게 된다. 반면 학교라는 공간보다는 후자인 폭력 그 자체에 초점을 맞추면 경찰청의 시각과 같이 1988년 노태우 정부가 조직폭력을 근절하기 위해 범죄와의 전쟁을 선포한 것처럼, CCTV 설치, 일진들의 일망타진 방식과 같은 사후적이면서도 사법적인 감시와 처벌이 주가 된다. 학교폭력의 대책과 원인진단에 대해 정부와 국가인권위 간, 정부와 시민단체 간, 전문가 간에 인식의 차이가 크다는 것을 보여 준다. 따라서 정부와 시민단체 및 학교 구성원들인 교사, 학부모, 학생 등은 이 같은 인식의 차이를 극복하는 데 노력해야 한다.

왜냐하면 학교폭력을 바라보는 각 행위자 간 인식의 정도가 달라서 대책을 입안하여 시행함에 있어서 효과성에 이의가 제기되고 있기 때문이다. 특히 그동안의 학교폭력에 대한 해법에서 당사자인 학생의 시각이 제외되었던 것은 큰 문제였다. 따라서 국가인권위의 의견을 적극 수렴하여 사후적인 감시와 처벌보다는 사전적인 예방차원에서 교육행정과 교사 간, 교사와 교사 간, 교사와 학생 간, 교사와 학부모 간의 관계를 더욱 소통적이고 협력적인 문화로 변화시켜 더 이상 폭력이 발생하지 않는 학교문화를 어떻게 조성할 수 있을 것인지, 일진문화는 어떤 메커니즘으로 만들어 지는지 등에 많은 관심을 기울일 필요가 있다. 학교폭력을 양산하는 학교문화에 대한 집중적인 관심과 현장중심적 인식이 전제된다면 학교폭력에 대한 해법은 종전의 해법과 달라질 것이고, 실제적인 효과가 있을 것이다.

정부는 더 이상 일진 등에 범죄와의 전쟁을 선포하며 실태조사, 처벌 강화 등과 같은 사후적인 대책으로 대다수 학생을 잠재적 범죄자로 취급하거나 학생, 학부모, 국민들에게 불안감을 조성해서는 안 될 것이다. 학교폭력문제를 근본적으로 해결하기 위해서는 실태와 원인진단에 대해 교육공동체를 구성하고 있는 학교행정, 교사, 학생, 학부모의 인식이 먼저 공유될 필요가 있다. 특히 그 해법으로는 매우 결과론적인 감시와 처벌위주의 징벌적 접근보다는 과정을 강조하는 입장에서 교육공동체 구성원들의 인간관계와 사회적 관계를 재구성하는 새로운 학교문화의 창출 속에서 문제의 실마리를 찾아야 한다. 핵심적 관건은 이런 학교폭력이 왜 일어나는지에 대한 적절한 설명이 중요하다. 학교폭력의 원인에 대한 설명은 크게 1) 가해자에게 폭력의 원인이 있다는 가해자 귀인론, 2) 피해자에게 폭력을 유발한 원인이 있다는 피해자 귀인론, 3) 학교 폭력의 원인이 사회적 구조에 있다는 사회적 귀인론이 있지만, 이 세 가지 설명 중 어느 것도 학교폭력을 적절하게 설명하지 못한다.[18] 왜냐하면 학교폭력은 이 세 가지 요인 각각으로 환원할 수 없는 다른 요소들이 서로 뒤엉켜서 발생하는 매우 복잡한 현상이기 때문이다.

3) 학교폭력에 대한 학생들의 인식

① 문한뫼 학생의 이야기

아래의 사례는 충북 청도군 현도면의 문한뫼라는 학생이 2011년 11월 28일 《한겨레신문》 "왜냐면, 어른들이 마음을 열지 못하면 아이들은 계속 죽어갑니다"라는 글에 소개한 사례이다. 이 글은 학생폭력을 직접 경험한 학생의 체험 글이라는 점에서 학생들이 학교폭력을

18 박종철, 『교실평화 프로젝트』(서울: 양철북, 2013). 저자는 학교폭력의 원인에 대해 1) 피해학생과 가해학생의 개인 특성, 2) 가정교육의 약화, 3) 입시경쟁교육 등을 지적하지만, 각 요인들만으로 학교폭력을 환원하여 설명할 수 없다고 주장한다. 예를 들면, 학생폭력을 용인하고 방조하는 학생이 다수라는 점에서 피해학생과 가해학생 개인의 특성만으로 돌리기에 적절치 않다. 또한 가정교육의 약화만으로 그 원인을 돌리기엔 학교의 역할은 무엇인가라는 의문이 제기된다. 그리고 입시경쟁교육이 원인이라면 학교폭력은 고3 학생들에게서 다수가 발생해야 하는데, 그 실태는 고3 학생보다는 중학생들이 더 심각한 것으로 드러나고 있어 입시교육과 학교폭력 간에 직접적인 상관관계가 떨어진다.

바라보는 인식을 잘 보여주고 있다. 인용해 보면 다음과 같다.

> 요즘 대구에서 일어난 중학생 자살사건으로 사회가 떠들썩합니다. 처음 이 사건을 접했을 때 제 경험이 떠올랐습니다. 저는 초등학교 때 왕따를 당해 학교를 자퇴하고 홈스쿨링을 하다가 중학생이 되어서 대안학교에 입학했습니다. 그러나 대안학교에도 학생들 간의 폭력 문화는 존재했습니다. 학생들이 이미 초등학교에서 폭력적인 '일진 문화'에 익숙해져 들어오기 때문에 대안학교에 들어와서도 그 행동을 변화시키지 못했습니다. 선배들은 욕을 입에 달고 살았고, 후배들이 자신의 의견에 반대의견을 내면 그것을 빌미로 방에 가둬두고 구타하거나 협박했습니다. 저는 다른 친구들보다 더 찍혀서 선배들의 욕설과 협박, 폭력 속에서 집중적으로 몇 달을 시달렸어요. 그러다 보니 친한 친구들조차 등을 돌리고 어느새 저는 왕따가 되어 있었습니다.
>
> … 그런데 언론을 보면, 어른들은 우리들의 어려운 처지와 상처를 이해하지 못하고 있는 것 같습니다. 언론 기사는 문제의 진단과 대책보다는 선정적인 기사로 넘쳐나고 그 기사에 달려 있는 인터넷 댓글들을 보면 가해자를 사형시켜야 한다는 공격적인 댓글이 압도적입니다. 그리고 '부모님께 왜 말을 하지 않았나?', '주변 사람에게 말하면 되지 왜 자살까지 하나'라는 댓글을 종종 볼 수 있습니다. 화가 나는 것은 이 두 가지 댓글 다 결국 우리 아이들에게 책임을 묻는 목소리라는 것입니다. 차이가 있다면 그런 녀석들은 사형시켜야 한다는 댓글은 가해 학생들에게, 왜 말을 하지

않았느냐는 댓글은 피해 학생들에게 책임을 묻는다는 것이죠. 왜 힘없는 학생들만 이런 무거운 짐을 짊어져야 하나요? 우리들을 안전한 환경 속에 살게 하고 올바른 규범을 만드는 데 도움을 주어야 할 어른들, 힘없는 교사와 부모가 아니라 힘있는 어른들, 정치인들, 교육감, 대통령 같은 분들에게는 왜 그 책임을 구체적으로 묻지 못하는 걸까요.

우리가 어른들에게 이야기하지 못하는 데에는 여러 가지 이유가 있습니다. 먼저 두려움 때문입니다. 가해자가 그 얘기를 들었을 때 보복을 할 것이라는 두려움도 있지만, 이러한 순진한 생각만으로는 우리들의 생활을 잘 이해할 수 없습니다. 학교에서 일어나는 대다수 심각한 폭력은 '일진' 아이들에 의해서 일어납니다. 어른들에게야 일진 아이들이 조금 더 힘이 세거나 인맥이 더 넓은 정도라고 생각할지 모르지만, 아이들에게 일진 아이들은 학년과 학교, 지역사회에서 거대한 조직을 이루면서 무엇이든 할 수 있는 힘을 가진 존재로 다가옵니다. 선생님과 상담을 하려고 해도 일진 아이들이 상담실 앞에서 누가 오나 항상 감시하는 것이 현실입니다. 그리고 교무실이나 상담실에 찾아가는 학생이 있으면 학교 전체 차원에서 그 아이를 왕따로 만들어버립니다. 대전 여학생 자살사건, 그리고 대구에서 지난 7월에 일어났던 자살사건은 그래서 생긴 것입니다. 우리 학생들의 눈에는 이렇게 확실하게 보이는데, 왜 어른들의 눈에는 안 보이는 것인지 답답하기 짝이 없습니다.

다음으로 어른들에게 이야기를 하더라도 어른들이 우리 시대와 경험이 다르기 때문에 제대로 이해하지 못해서 설명하기 힘들기 때문입니다. 요즘 학교폭력을 주도하는 것이 일진 아이들인데 다른 말로 '노는 아이들'이라고 합니다. 그런데 부모님과 이야기를 하면서 노는 아이들에 대한 개념이 우리 시대와 부모님 시대가 다르다는 것을 알 수 있었습니다. 옛날에는 노는 아이들이 주류가 아니었습니다. 노는 아이들이라고 해도 학교 바깥에서만 일탈행동을 하고, 교실에서는 교사에게 찍힐까봐 조용히 있었고, 돈을 뺏거나 다른 아이들을 괴롭힐 때 평범한 친구들이 협력하지 않았죠. 그러나 요즘 일진들은 다릅니다. 일진 아이들이 만들어가는 일진 문화는 청소년 문화의 주류입니다. 일진 아이들이 성·운동화·옷에 대한 모든 유행을 주도합니다. 대표적으로 요즘 유행하는 노스페이스 패딩도 일진들이 입어서 유행이 된 것입니다. 그래서 요즘 일진들은 돈을 걷을 때에도 몰래 갈취하는 것보다는 합법적인 명분을 동원해서 빼앗습니다. 연애 기념일(투투데이, 백일기념일 등), 생일, 빼빼로데이, 밸런타인데이 선물 등의 이유로 돈을 갈취하고 때로는 티켓 강매 등으로 돈을 모금하기도 합니다. 왕따 현상 역시 일진 아이들의 지위를 이해하지 않고서는 이해하기 힘듭니다. 옛날에는 노는 아이들이 한 아이를 왕따시키려 해도 다른 아이들이 동조하지 않았습니다. 그러나 요즘에는 일진 아이들이 주류로서 학급 아이들의 생활 문화와 질서를 장악하고 있기 때문에 일진 아이들이 한 아이를 왕따시키면 다른 아이들도 살아남기 위해, 즉 자신이 왕따 당하지 않기 위해 동조할 수밖에 없습니다.

마지막으로 괴롭힘 당한 것을 선생님이나 부모님께 알릴 경우 고자질했다고 '찌질이'로 놀림을 받기 때문입니다. 일진 아이들이

의도적으로 그런 방향으로 몰아가고 다른 아이들도 거기에 동조하거든요. 또 학생들은 또래집단에서 일어난 일을 어른들에게 말하면 배신자로 낙인찍어요. 그래서 그런 아이들이 '전따'가 될 가능성이 높습니다. 이런 여러 가지 이유 때문에 왕따를 당하는 아이들은 '누구도 자신의 말을 믿어주지 않을 것이다', '이야기해도 잘 들어주지 않을 것이다', '이 세상에 나 혼자밖에 없다'고 느낍니다. 이런 관계적 곤경에 빠진 아이들은 학생이든 어른이든 누군가가 진심으로 말을 들어주려고 할 때만 마음을 엽니다. 평상시에는 아무런 관심을 가지지 않다가 이런 사건이 터졌을 때에만 흥분해서 신상 정보를 파헤치고 공격적인 말들을 쏟아내는 것은 또 다른 폭력입니다. 그것이 바로 자살 충동을 일으키게 하는 사회적 공격이라는 것을 알아야 합니다.

… 그리고 이명박 대통령님, 범정부적인 차원의 학교폭력 대책을 만들어내겠다고 했는데 솔직히 이명박 대통령님은 일진이 무엇인지 아십니까? 상담교사요? 일진들은 상담실 앞에서 누가 오는지 항상 감시하거든요? 아예 상담실에 가지를 못하는데 상담선생님을 배치한다고 해서 무엇이 달라지나요? 그리고 애들이 시험 때문에 스트레스를 많이 받아서 더 잔인해지는데 그런 것은 대통령이 책임져야 할 것 아닙니까? 이명박 대통령님이 진짜 학교폭력에 대처하고 싶다면 가장 먼저 일진이 무엇인지, 아이들의 목소리를 가감 없이 들어볼 수 있는 기회를 만드는 것부터 시작해야 합니다.

문한뫼(16살, 충북 청원군 현도면)

이상으로 문한뫼 학생의 이야기는 지금의 '일진'은 어른들 세대가 경험했던 일명 '날라리'와는 차원이 다른 학생들의 '주류문화'로 인식되어야 한다는 점에서, 왜 이런 주류문화가 학생폭력과 어떻게 연결되는지에 대한 인과적 경로를 구체적으로 이해할 때 학교폭력을 새로운 학교문화의 창출을 통해 차단할 수 있는 단서를 찾을 수 있다는 것을 암시한다. 일진문화는 학생들의 주류문화로서 입시공부 이외에는 다른 가치와 욕구를 인정해주지 않는 학교와 교사들의 배제와 차별에 대한 학생들의 인정투쟁을 반영한 문화로 해석된다. 이러한 학생들의 인정욕구가 학생폭력으로 연결되는 것은 학생들의 일진문화가 일종의 피라미드식의 계급과 서열문화를 가짐으로써 다른 학생들에 대한 차별과 배제를 양산하고 있다는 점에 미성숙성과 차별성을 보여준다. 따라서 이러한 일진문화를 보다 성숙한 문화로 변화시키기 위한 노력 없이 표피로 드러난 상층의 일진멤버를 감시하고 처벌하는 것은 빙산의 두꺼운 하부구조를 보지 않고 문제가 되는 학생만을 솎아내는 것으로, 근시안적인 처사가 아닐 수 없다.

② 기자회견

2013년 3월 18일 청소년들이 주축이 돼 설립된 대안학교 '희망의 우리학교' 학생들이 "박근혜 정부는 새 학기 학교폭력 대책으로 기존의 무능력하고 무책임한 대책만을 되풀이 하고 있다"며 "정부는 CCTV 설치가 아닌 제대로 된 학교폭력 근절대책을 마련하라"고 촉구하였다. 이들의 주장 속에는 학교폭력에 대한 학생들의 인식이 잘 드러나 있다는 점에서 인용하여 소개하면 다음과 같다.

〔성명서〕 언제까지 '재탕' 대책으로 일관할 것인가

학교폭력 근본 대책 마련과 죽음의 입시경쟁교육 중단을 촉구한다! 지난 11일, 경북 경산의 한 고등학생이 학교폭력으로 인해 유서를 남기고 23층에서 몸을 던져 목숨을 끊었다. 또 한 명의 소중한 생명이 정부의 무책임 속에서 학교폭력에 의해 희생당한 것이다. 이는 자살이 아닌, 정부의 탁상행정에 의한 명백한 '교육살인'이다. 그의 유서에는 'CCTV가 없는 곳에서 주로 폭력을 당했으며, CCTV가 설치되어 있어도 화질이 안 좋아 쓸모가 없다'는 내용이 담겨있었다. 또 작년 교육과학기술부 이주호 장관이 그가 다니던 중학교에 방문하여 "학교폭력을 철저히 조사해 막겠다"며 호언했지만, 장관이 방문한 그 순간에도 그는 학교폭력으로 인해 괴로워하고 있었던 것으로 밝혀졌다. 이는 지난해 2월 정부가 발표 한 '학교폭력근절 종합대책'의 실효성이 없다는 것을 여실히 보여주고 있다. 그러나 정부는 새 학기 학교폭력 대책으로 △고화질 CCTV 확대설치 △경비실 확대운영 △폭력서클 집중단속 등 기존의 무능력하고 무책임한 대책과 전혀 다를 바가 없는 '재탕' 대책만을 되풀이하고 있다. 긴급회의라는 자리에서 CCTV의 확충과 단속강화 등의 이야기만이 새 학기 대책으로 논의되었다는 사실에 우리는 분노를 금할 수 없다.

이는 학교폭력의 본질적인 원인을 외면하고, 우리 곁을 떠난 수많은 학생·청소년들의 목소리를 무시하는 것이다. 정부의 말대로라면, 학교폭력을 막기 위해 화장실에도 CCTV를 설치할 것인

> 가. CCTV 확대 설치로는 절대로 학교폭력을 근절할 수도 예방할 수도 없다. … 정부는 즉각 '교육살인'을 중단하고, 진정성 있는 근본적인 대책을 내놓아야 할 것이다. 우리는 이 문제의 당사자로서 당장 '죽음의 입시경쟁교육'을 중단할 것, CCTV 설치가 아닌 '제대로 된' 학교폭력 근절 대책을 마련할 것을 다시 한 번 촉구한다. 마지막으로 '교육살인'에 의해 23층에서 몸을 던져야만 했던 그의 명복을 빈다.
>
> 2013년 3월 18일 '희망의 우리학교'

위 성명서에서 학생들은 정부가 내놓은 대책인 고화질 CCTV 확대 설치, 경비실 확대 운영, 폭력서클 집중 단속 등은 학교폭력에 대한 답이 아니라고 비판하면서 근본적인 대책을 촉구하고 있다. 학생들은 학교폭력의 원인은 학생에 대한 감시와 처벌이 부족해서가 아니라 입시공부 이외에는 다른 욕구를 살려주지 않는 학교와 교사의 획일적이고 차별적인 공부문화에 있다는 것을 제기하고 있음을 알 수 있다.

3. 교육 현장의 인식 차이와 소통

본 장에서는 학교폭력에 대한 교육 현장의 인식차이와 소통의 어려움을 살펴본다. 제2장에서 언급한 학교폭력에 대한 학생들의 인식에 이어서 학교폭력에 대한 교사, 학부모간의 인식 차이[19]를 살펴보고 그 속에서 드러난 차이를 통해 소통의 어려움을 진단한다. 이를 위해 2012년 10월 30일 〈한국청소년정책연구원〉이 발행한 『학교폭력 및 학교문화에 대한 학부모·교사 인식 조사 연구』 집합자료[20]를 활용한다. 이 자료는 교사와 학부모의 인식을 비교한 매우 귀중한 자료로서, 학교폭력에 대한 이들의 인식의 차이가 크다는 것을 보여준다. 이 같은 인식차이가 발생하는 배경은 무엇이고, 그것이 의미하는 바를 이해하는 것은 새로운 학교문화를 창출하는 데 시사점을 준다.

---

19 학교폭력 예방을 위하여 학교문화에 대한 교원 및 학부모의 인식을 살펴보고자 두 차례 설문조사를 실시하였다. 학부모의 경우 2012년 6월 14일부터 6월 25일까지 전국 16개 시도에 거주하는 초·중·고등학생 자녀를 둔 학부모 500명을 대상으로 설문조사를 실시하였다. 교사의 경우 2012년 5월 29일부터 6월 25일까지 전국 16개 시도에 근무하는 초·중·고등학생 교사 538명을 대상으로 대면 설문조사를 실시하였다.

20 윤철경·강명숙, 『학교폭력 및 학교문화에 대한 학부모·교사 인식 조사 연구』(한국청소년정책연구원, 2012).

〈표 3-1〉 학교 폭력의 심각한 정도-학부모·교사 집단 비교[21]

구 분		매우 심각하다	심각한 편이다	보통이다	별로 심각하지 않다	전혀 심각하지 않다	χ (유의확률)
학부모	N	89	235	130	42	4	42.289 (0.000)
	%	17.8	47.0	26.0	8.4	0.8	
교사	N	39	223	189	77	10	
	%	7.2	41.4	35.1	14.3	1.9	

〈표 3-1〉은 학교폭력의 대한 교사와 학부모의 인식차이를 비교해서 보여준다. 교사보다 학부모들이 훨씬 더 심각함을 느끼고 있는 것으로 나타났다. 교사들은 48.6%가 심각하다고 응답한 반면, 학부모들은 64.8%가 심각하다고 응답하였다. 이러한 차이는 통계적으로 유의미한 것을 보여주고 있다. 학교폭력의 심각성에 대한 인식 차이는 학교폭력을 예방하고 대처하는 방법론에 있어서 학교와 교사, 그리고 교사와 학부모 간에 불만요인과 갈등요인으로 작용할 수 있다는 것을 암시한다.

21 윤철경·강명숙, 『학교폭력 및 학교문화에 대한 학부모·교사 인식 조사 연구』, 68.

〈표 3-2〉 학교폭력의 심각한 유형-학부모·교사 집단 비교[22]

구 분		학생 개인의 심리적 정서적 문제	친구나 주변 선후배들의 영향	가정환경 및 부모의 무관심	입시스트레스 및 경쟁위주의 학교문화	인터넷, 온라인 게임 등 유해매체 영향	χ (유의확률)
학부모	N	46	130	162	67	93	49.261 (0.000)
	%	9.2	26.0	32.4	13.4	18.6	
교사	N	107	87	212	62	62	
	%	19.9	16.2	39.4	11.5	11.5	

〈표 3-2〉는 학교폭력의 심각한 유형에 대한 교사와 학부모 사이의 현저한 차이를 보여주고 있다. 교사들은 '언어폭력'과 '괴롭힘'이 심각한 유형이라고 인식하고 있으나 학부모는 '집단따돌림'이 가장 심각한 학교폭력 유형이라고 인식하고 있다. 무엇보다 주목할 것은 집단따돌림, 언어폭력, 괴롭힘에 대하여 교사와 학부모 집단 간의 인식 차이가 두드러지게 나타난다는 점이다. 이러한 인식의 차이는 무엇을 학교폭력으로 보느냐와 연관된 문제이다. 교사들이 집단따돌림을 심각한 학교폭력 유형으로 간주하지 않거나, 아니면 집단따돌림이 파악하기 어렵다거나 학생들 사이에 있을 수 있는 당연하고 자연스러운 현상으로 용인하는 측면을 반영하는 것으로 보인다.

22 윤철경·강명숙, 『학교폭력 및 학교문화에 대한 학부모·교사 인식 조사 연구』, 69.

〈표 3-3〉 학교폭력에 영향을 미치는 요인-학부모·교사 집단 비교[23]

구 분		학생 개인의 심리적 정서적 문제	친구나 주변 선후배들의 영향	가정환경 및 부모의 무관심	입시스트레스 및 경쟁위주의 학교문화	인터넷, 온라인 게임 등 유해매체 영향	χ (유의확률)
학부모	N	46	130	162	67	93	49.261 (0.000)
	%	9.2	26.0	32.4	13.4	18.6	
교사	N	107	87	212	62	62	
	%	19.9	16.2	39.4	11.5	11.5	

〈표 3-3〉은 학교폭력의 원인 혹은 학교폭력에 영향을 주는 요인에 대한 교사와 학부모 집단 간의 인식차이를 보여주고 있다. 개인의 심리적 특성이나 또래집단의 특성, 사회환경적 요인, 청소년 집단 문화, 학교 교육의 문제 등 다양한 요인들이 접근되고 있다. 두 집단의 인식 차이는 확연하다. 교사들은 학부모에 비해 학교폭력은 '가정환경 및 부모의 무관심'과 '학생 개인의 심리적 정서적 문제'의 영향을 많이 받는 것으로 인식하고 있으며, 학부모들은 '가정환경 및 부모의 무관심' 못지않게 '친구나 주변의 영향'을 많이 받는 것으로 인식하고 있다는 점이다. 이것이 의미하는 바는 학교폭력의 원인으로 교사들은 가정과 학생 개인의 요인을 중시하고 있는 반면, 학부모는 학생 개인 요인보다 가정을 포함한 주변인과 주변 환경이 더 영향을 미친다고 인식하고 있다는 점이다. 이러한 인식의 차이는 학교문화를 형성하는

23 윤철경·강명숙, 『학교폭력 및 학교문화에 대한 학부모·교사 인식 조사 연구』, 70.

과정에서 수행했던 각 행위자들의 역할과 그 역할에 대한 기대치와 불신이 섞여 있다는 것을 보여주는 것으로, 새로운 학교상과 학교문화를 정립하는 과정에서 서로에 대한 인식차이를 개선할 필요성을 제기한다. 이러한 인식의 차이에도 불구하고, 학교폭력에 영향을 미치는 요인으로 '입시스트레스 및 경쟁위주의 학교문화'는 다른 변수에 비해서 상대적으로 낮은 요인으로 인식을 공유하고 있다는 점이다. 이 점은 학생들의 인식과 많은 차이를 보일 수 있다는 점에서 학생과 학부모-교사 간 인식을 공유하지 않을 경우, 문제해결에 있어서 불만요인과 갈등요인으로 작용할 수 있다는 것을 암시한다.

〈표 3-4〉 학교폭력 지도 장애 요인-학부모·교사 집단 비교[24]

구 분		행정업무 등 수업 외 업무로 인한 학생지도 시간의 부족	교사로서 학생과 소통하고 교감할 수 있는 능력 및 방법의 부족	학부모들의 무관심과 비협조적 태도	학생들의 또래 관계를 파악하기 어려운 수업위주 학교환경	문제 학생을 전담하여 지도할 전문 상담교사의 부족	교사 상호간 일관성 없는 학생 생활지도 방식	χ (유의 확률)
학부모	N	59	164	74	80	69	52	205.164 (0.000)
	%	11.8	32.8	14.8	16.0	13.8	10.4	
교사	N	199	43	124	85	56	10	
	%	37.0	8.0	23.0	15.8	10.4	1.9	

24 윤철경·강명숙, 『학교폭력 및 학교문화에 대한 학부모·교사 인식 조사 연구』, 71.

〈표 3-4〉는 학교폭력을 지도하는 데 가장 큰 장애요인이 무엇인지에 대한 교사와 학부모 집단 사이에 통계적으로 유의미한 인식차이를 보여주고 있다. 교사들은 학생 지도 시간 부족을 가장 중요한 장애요인으로 선택하였다. 이에 반해 학부모들은 교사의 소통과 교감 능력과 방법의 부족을 가장 큰 지도 장애요인으로 꼽았다. 학교현장에서 학교폭력을 지도하는 교사의 입장에서 보면 시간부족과 학부모들의 비협조, 수업환경의 열악함 등이 중요한 지도 장애요인으로 부각될 수 있다. 그러나 학부모들이 교사의 소통과 교감 능력과 방법의 부족함을 느끼고, 전문 인력 부족이나 비일관적인 지도방식을 심각한 장애요인으로 인식한다면 이는 학교폭력 문제를 푸는 방법론에 있어서 학교-교사 간, 교사-학부모 간 인식의 격차를 줄이지 않고서는 문제 해법이 요원하다는 것을 보여준다.

〈표 3-5〉 학교폭력 예방 및 대처 방안-학부모·교사 집단 비교[25]

구 분		학생처벌 등 교사의 지도권 강화	상담사 등 예방과 치유를 위한 전문 인력 배치	가정, 경찰 등 관련 기관의 연계지도	문화, 예술, 체육 등 청소년 활동 지원	입시와 경쟁위주의 교육 정책 전환	소통과 배려의 학교문화 정착	χ (유의확률)
학부모	N	78	68	41	76	62	175	160.375 (0.000)
	%	15.6	13.6	8.2	15.2	12.4	35.0	
교사	N	152	122	96	26	81	53	
	%	28.3	22.7	17.8	4.8	15.1	9.8	

25 윤철경·강명숙, 『학교폭력 및 학교문화에 대한 학부모·교사 인식 조사 연구』, 73.

〈표 3-5〉는 학교폭력 예방 및 대처방안에 대한 교사와 학부모 집단 사이의 인식 차이를 보여준다. 두 집단 간의 인식의 차이는 통계적으로 유의미하다. 교사들은 학생처벌 등 교사들의 지도권 강화(28.3%)가 가장 시급하다고 응답한다. 하지만 학부모들은 소통과 배려의 학교문화가 정착되는 것(35.0%)이 중요하다고 응답한다. 우선순위에서의 차이뿐만 아니라 각 방안에 대한 인식 차이도 크다. 두 집단은 입시와 경쟁 위주의 교육정책 전환에 대해서만 비슷한 반응 비율을 보였고, 나머지 다른 정책에서는 많은 차이를 보여주고 있다. 특히 소통과 배려의 학교문화에 대해 교사(9.9%)와 학부모(35.0%)의 인식 차이는 현격하다. 가정, 경찰 등 관련기기관의 연계 지도에 대해서도 교사들은 17.8%의 반응을 보였으나 학부모는 8.2%의 반응을 보여 가정이나 경찰과 연계 지도하는 방안에 대해 소극적인 태도를 보이고 있다. 그리고 청소년 활동 지원에 대해서는 학부모들이 비교적 높은 반응을 보이는 것에 비해 교사들은 4.8%의 가장 낮은 비율의 반응을 보이고 있다. 왜 교사들은 소통과 배려의 학교문화에 낮은 관심도를 보이는 것일까? 왜 학부모들은 교사에 비해 가정이나 경찰과 연계 지도하는 방안에 대해 낮은 관심도를 보이는 것일까? 왜 교사들은 문화, 예술, 체육 등의 청소년 활동이 늘어나는 것에 낮은 관심도를 보이는 것일까? 이러한 교사와 학부모의 인식 차이는 학교문화를 형성하는 과정에서 수행했던 각 행위자들의 역할과 그 역할에 대한 기대치와 불신이 섞여 있다는 것을 보여준다.

〈표 3-6〉 바람직한 학교문화 상-학부모·교사 집단 비교[26]

구 분		학생 교사 학부모가 상호협력하고 배려하는 공동체적 학교문화	교사의 권위 및 전문성 중시의 학교문화	학생 인성 중시의 학교문화	학생 인권 존중의 학교 문화	민주적이고 참여적인 의사결정의 학교문화	가정 및 관련기관의 참여와 협력이 권장되는 학교문화	χ (유의확률)
학부모	N	302	36	66	12	40	42	44.325 (0.000)
	%	60.4	7.2	13.2	2.4	8.0	8.4	
교사	N	328	82	57	5	15	36	
	%	61.0	15.2	10.6	.9	2.8	6.7	

〈표 3-6〉은 학교폭력을 경감하기 위한 바람직한 학교문화 상에 대한 교사와 학부모집단의 유의미한 인식차이를 보여준다. 공통적으로는 60% 이상이 상호 협력하고 배려하는 공동체적 학교문화를 가장 많이 선택하였다. 이런 반응은 역으로 학교에서의 교사의 역할상에 대한 학교와 교사, 교사와 학부모 간에 인식의 차이가 크기 때문이며, 서로가 공유된 인식을 가질 필요성이 있다는 것을 보여준다. 그리고 두 집단 간 확연한 차이를 보여주고 있는 대목은 다음과 같다. 교사들은 교사의 권위 및 전문성 중시의 학교문화에 높은 관심도를 보였다. 학부모들은 상대적으로 학생의 인성이 중서되는 학교문화에 높은 관심도를 보였다. 그리고 두 집단 모두는 공통적으로 학생인권 존중

26 윤철경·강명숙, 『학교폭력 및 학교문화에 대한 학부모·교사 인식 조사 연구』, 74.

의 문화에 아주 낮은 관심도를 보이고 있다. 두 집단이 인식 차이에도 불구하고 학생들의 인권이 존중되는 학교문화에 대해 낮은 관심도를 보여주는 인식태도는 학생들의 시각에서 볼 때, 입시공부 이외에 다른 욕구를 인정하지 않는 차별문화의 지속을 의미한다는 점에서 갈등요인이라 할 수 있다.

〈표 3-7〉 학교 구성원의 관계와 권리-학부모·교사 집단 비교[27]

(단위: %)

구분	집단	그렇다 응답 빈도	평균	반응빈도					χ (유의 확률)
				매우 그렇다	그렇다	보통이다	그렇지 않다	전혀 그렇지 않다	
1) 우리 아이는 친구들과 서로 친하고 사이좋게 지낸다	학부모	78.6	3.94	18.0	60.6	18.8	2.4	0.2	15.843 (0.007)
	교사	74.5	3.85	10.2	64.3	22.9	2.4	0.0	
2) 우리 아이는 교사의 권위와 학생 지도권을 존중한다	학부모	76.0	3.87	15.2	60.8	20.0	3.8	0.2	15.315 (0.004)
	교사	65.8	3.69	11.7	54.1	26.4	7.2	0.6	
3) 나는 교사의 학생 지도에 잘 협력한다	학부모	77.4	3.91	16.8	60.0	21.0	1.8	0.4	49.225 (0.000)
	교사	59.1	3.62	8.0	51.1	34.0	5.9	0.6	
4) 교사는 우리 아이에게 어려움이 있으면 개입하여 해결해준다	학부모	39.0	3.26	3.8	35.2	46.0	12.6	2.4	269.445 (0.000)
	교사	86.6	4.04	20.1	66.5	11.0	2.4	0.0	
5) 교사는 나와 잘 의논하며 그 의견을 존중하고 신뢰한다	학부모	43.6	3.33	5.2	38.4	42.0	12.8	1.6	183.949 (0.000)
	교사	82.6	3.97	17.5	65.1	15.4	2.0	0.0	

27 윤철경·강명숙, 『학교폭력 및 학교문화에 대한 학부모·교사 인식 조사 연구』, 76.

6) 학생, 교사, 학부모의 소통이 원활하고 관계가 개선되면 학교폭력이 줄어들 것이다	학부모	88.8	4.12	28.0	60.8	7.4	2.8	1.0	25.802 (0.000)
	교사	88.5	4.29	41.3	47.2	8.4	2.4	0.4	
7) 학생인권이 강화되면 권위주의적 교육풍토가 개선되어 교사와 학생의 관계가 개선될 것이다	학부모	37.8	3.05	4.4	33.4	31.4	24.8	6.0	40.809 (0.000)
	교사	22.3	2.76	5.6	16.7	35.1	33.5	9.1	
8) 학생인권이 강화되면 타인의 권리에 대한 감수성이 높아져 궁극적으로 학교 폭력이 줄어들 것이다	학부모	33.4	3.00	5.0	28.4	33.4	27.6	5.6	34.157 (0.000)
	교사	18.6	2.66	3.2	15.4	36.1	35.3	10.0	
9) 학생인권이 강화되면 교사와 학생의 갈등이 늘어나고 교사의 교육권이 약화될 것이다	학부모	46.0	3.25	9.2	36.8	26.6	24.4	3.0	16.631 (0.005)
	교사	54.1	3.46	11.3	42.8	27.9	14.9	3.0	
10) 나는 학생 인권의 내용을 잘 알고 있다	학부모	24.2	3.05	2.8	21.4	55.8	18.2	18.2	149.555 (0.000)
	교사	60.0	3.63	7.8	52.2	34.8	4.6	0.6	
11) 교사는 학생의 학습권을 보호하기 위해 특정 학생의 인권을 제한할 수 있다	학부모	60.4	3.51	7.2	53.2	24.8	13.0	1.8	11.068 (0.050)
	교사	66.9	3.65	11.9	55.0	19.1	11.9	1.9	
12) 학생 인권은 인간의 기본적 권리로 교사의 교육권보다 우선한다	학부모	25.4	2.86	3.2	22.2	38.0	30.2	6.4	4.827 (0.437)
	교사	24.5	2.83	2.0	22.5	38.3	28.4	8.4	
13) 교사의 교육권은 자녀의 학습권을 대리하는 학부모의 교육 참여권보다 우선한다	학부모	62.8	3.59	7.8	55.0	26.2	10.6	0.4	14.743 (0.012)
	교사	62.1	3.63	12.5	49.6	23.2	12.6	1.5	
14) 교사의 학생지도에서 교사의 결정권보다 학부모의 요구가 우선한다	학부모	11.6	2.50	1.2	10.4	31.4	51.2	5.8	10.754 (0.056)
	교사	15.1	2.55	1.3	13.8	28.8	46.5	9.1	
15) 교사의 교육권과 학부모의 교육 참여권이 갈등할 경우 학생 인권과 학습권을 기초로 갈등을 해결해야 한다	학부모	62.4	3.57	4.6	57.8	28.6	8.0	1.0	17.134 (0.002)
	교사	55.2	3.45	7.4	47.8	30.9	10.6	3.3	

〈표 3-7〉은 학교 교육공동체를 구성하는 구성원들 상호간의 관계 친밀도와 역할 수행(상호간의 신뢰 및 존중의 정도)에 대한 교사와 학부모 집단의 인식의 차이를 보여준다. 교육공동체 구성원 자신의 권리와 상대방의 권리에 대한 이해와 인식의 실태를 파악하는 것은 교육공동체 구성원의 역할 기대와 권리의 충돌 및 갈등 시 해결방안을 모색하는 하나의 출발점일 뿐만 아니라 소통과 배려의 교육공동체 문화의 형성에 중요한 기반이 되기 때문이다. 교사와 학부모의 교육공동체 구성원에 대한 친밀도 및 신뢰 정도, 권리에 대한 인식 결과 및 그 차이를 분석하여 몇 가지 정리하면 다음과 같다. 학생들에 대해서는 학부모와 교사 모두 약간의 차이는 있지만, 대체로 친하고 사이좋게 지내고 있다고 인식하였다. 그러나 학생이 교권을 얼마나 존중하고 있느냐에 대해서는 76.0%의 학부모가 그렇다고 응답하여 교사의 65.8%보다 높게 나타나고 있다. 두 집단 간 차이가 가장 두드러진 부분은 교사와 학부모 모두 상대방의 역할 수행에 대한 인식이다. 학부모의 76.8%가 교사의 학생지도에 잘 협력한다고 응답하였으나 교사는 59.1%만이 학부모가 잘 협력한다고 응답하였다.

또 학부모는 '교사가 학생이 어려움을 겪을 때 개입하여 적절히 잘 지도한다'는 설문에 39.0%만이 '그렇다'고 하였으나 교사는 86.6%가 '그렇다'고 응답하였다. 또 학부모는 43.6%만이 '교사가 학부모와 잘 의논하고 학부모의 의견을 존중한다'고 응답하였으나, 교사는 82.6%가 '그렇다'고 응답하였다. 이러한 인식의 차이에도 불구하고, 교사와 학부모 모두 88% 이상이 학생, 교사, 학부모의 소통이 원활해지고 관계가 개선되면 학교폭력이 줄어들 것이라고 보고 있어, 교육

공동체 구성원의 관계개선이 무엇보다 학교폭력 문제해결의 실마리임을 인식하고 있다는 점을 알 수 있다.

〈표 3-8〉 폭력 없는 학교문화 형성을 위한 정책 과제-학부모·교사 집단 비교[28]

(단위: %)

구분	집단	그렇다 응답 빈도	평균	반응빈도					χ (유의확률)
				매우 그렇다	그렇다	보통이다	그렇지 않다	전혀 그렇지 않다	
1) 학교에서 활용할 수 있는 학교폭력 예방 프로그램 보급	학부모	82.4	4.00	20.2	62.2	15.4	2.0	0.2	27.716 (0.000)
	교사	69.1	3.81	14.3	54.8	26.0	4.3	0.2	
2) 폭력 가해학생을 위한 대안학교 및 대안교실 확대	학부모	80.6	4.02	25.4	55.2	16.2	3.0	0.2	16.039 (0.003)
	교사	86.0	4.17	34.9	51.1	10.4	3.0	0.6	
3) 대규모 학교 및 과밀학급 해소	학부모	69.4	3.78	15.2	54.2	24.2	5.8	0.6	108.179 (0.000)
	교사	85.0	4.25	43.9	41.1	12.1	2.6	0.4	
4) 교사의 학생상담 정례화 및 가정방문	학부모	58.0	3.60	8.8	49.2	35.8	5.6	0.6	4.675 (0.457)
	교사	55.4	3.53	6.9	48.5	35.7	8.2	0.6	
5) 정서, 행동 상의 문제 학생을 다룰 전문상담인력 확대	학부모	87.8	4.17	30.6	57.2	11.0	0.8	0.4	17.537 (0.004)
	교사	88.5	4.28	40.5	48.0	8.9	2.0	0.2	
6)폭력 가해학생에 대한 처벌 강화(학교출석정지 등)	학부모	79.0	4.07	31.4	47.6	17.4	3.6	0.0	17.894 (0.003)
	교사	81.4	4.19	41.1	40.3	13.6	3.9	0.7	
7)학생과의 소통 및 공감능력 강화를 위한 교사 연수	학부모	75.6	3.93	21.6	54.0	20.6	3.0	0.8	10.005 (0.075)
	교사	70.8	3.84	17.1	53.7	23.8	4.8	0.2	
8)자치활동, 동아리 활동 등 청소년활동 활성화	학부모	80.6	4.02	24.4	56.2	17.4	1.6	0.4	33.493 (0.000)
	교사	64.9	3.82	21.2	43.7	30.5	3.3	1.1	

28 윤철경·강명숙, 『학교폭력 및 학교문화에 대한 학부모·교사 인식 조사 연구』, 80.

9)교사의 행정업무 경감	학부모	73.8	3.85	17.2	56.6	21.2	4.2	0.8	168.882
	교사	91.5	4.45	54.1	37.4	7.4	0.9	0.0	(0.000)
10)학부모의 자녀교육에 대한 책임성 강화(학부모 소환제 등)	학부모	83.6	4.06	25.0	58.6	14.2	1.4	0.8	139.851
	교사	94.8	4.55	60.2	34.6	4.3	0.4	0.4	(0.000)

〈표 3-8〉은 폭력 없는 학교문화 형성을 위한 정책 과제의 중요성에 대한 우선순위에 대해 교사와 학부모 집단 간에 통계적으로 유의미한 인식차이를 보여주고 있다. 두 집단 간에 가장 큰 차이가 나는 정책은 교사의 행정업무 경감이다. 교사의 경우 학교폭력 지도의 장애 요인으로 학생지도 시간의 부족을 가장 많이 응답했듯이 행정업무 경감이 중요한 정책이라고 91.5%의 교사들이 반응한 반면, 학부모들은 73.8%만이 중요하다고 응답하였다. 반면 청소년 활동 활성화는 80.6%의 학부모들이 중요하다고 하였으나 교사는 64.9%만이 중요하다고 하였다. 그리고 학부모들이 더욱 선호하는 정책은 청소년활동 활성화, 교사연수, 폭력 예방프로그램 개발 보급 등의 프로그램 쪽이다. 반면 교사들이 선호하는 것은 교사의 행정업무 경감, 학부모 소환제 등의 학부모 책임 강화, 대규모 학교 및 과밀학급 해소 등의 제도 개혁 정책이었다.

이상으로 살펴본 교사와 학부모의 인식차이를 요약하고 시사점을 살펴보면 다음과 같다. 첫째, 학교 폭력의 심각성에 대한 교사와 학부모의 인식 격차가 크다. 둘째, 학교폭력에 영향을 주는 요인 및 폭력예방 및 대처방안, 학생지도 장애요인에 대한 학부모와 교사의 인식에도 상당한 차이가 있음이 드러났다. 셋째, 학교폭력 경감을 위한 바람직한 학교문화상으로는 교사와 학부모 모두 압도적으로 '학생 교사 학부모가 상호 협력하는 공동체적 학교문화'(학부모 60.4%, 교사 61%)를 꼽았다. 넷째, 교육공동체 구성원 상호간의 친밀도와 역할수행에 대한 신뢰도 등의 관계 인식에 대한 차이도 드러났다. 학생이 교권을 존중하고 있느냐에 대해서는 교사와 학부모간 인식차이는 컸다. 그럼에도 불구하고 학생인권이 존중되어야 하는 문화에 대해서는 두 집단 모두 낮은 관심도를 보여주고 있다. 이것은 학생들과 갈등요인이 될 수 있다는 것을 보여준다. 다섯째, 폭력 없는 학교를 위해서는 교육공동체 구성원 모두가 상호협력, 배려하는 공동체적 학교문화가 형성되어야 한다. 이상으로 두 집단 간에 인식의 불일치는 서로가 처한 위치가 다른 조건에서 서로의 역할 상에 대한 기대치와 불신의 차이라고 해석된다. 이러한 인식의 차이를 줄이기 위한 노력이 진행되지 않는다면 폭력 없는 학교문화의 형성이 쉽지 않다는 것을 보여준다.[29]

그렇다면 왜 행정당국, 교사, 학부모는 학생들의 다양한 욕구와 권리의식을 반영하는 다양한 학습내용과 참여적 학습프로그램에 소극적인가? 여러 가지 이유가 있겠지만, 변화하는 교육환경보다는 전통적으로 수용되어 왔던 주입식·수동적 교육에 익숙해져 있기 때문이고, 입시공부 이외 자아정체성과 덕성을 갖춘 시민으로 성장할 수 있도록 체계적인 현장학습과 체험적 훈련에 대한 고민이 부족하기 때문이다. 학생인권과 교권에 대해서도 자유주의적이고 소극적인 접근보다는 교육당국, 교사, 학부모, 학생 모두가 권리의식에 부합하는 참

29 윤철경·강명숙, 『학교폭력 및 학교문화에 대한 학부모·교사 인식 조사 연구』.

여와 의무 및 공공선에 대해 관심을 갖는 공화주의적 접근방식을 통해 다양한 가치가 공동체적인 소통과 협력의 문화 속에서 수렴될 수 있도록 할 필요가 있다.

4. 새로운 학교문화와 시민

본 글은 전인교육을 담당해야 할 학교가 교실붕괴와 함께 학교폭력의 장으로 붕괴되고 있는 현실에 주목하면서 시민성(civility) 향상에 기반을 둔 새로운 학교문화의 필요성을 제기한다. 그렇다고 학교폭력에 대한 새로운 대안을 주장하는 것은 아니다. 더더욱 새로운 데이터를 제공하는 것도 아니다. 다만 기존의 데이터를 인용하는 한계에도 불구하고, 정부와 교육당국이 사후적인 감시와 처벌중심적인 학교폭력 대책보다는 사전적인 예방차원에서 학교폭력의 원인에 대한 교사, 학부모, 학생들의 상이한 인식차이를 이해하고 그러한 인식차이가 발생하는 배경을 찾는 것에 주목하여 다양한 의견과 요구사항을 종합적으로 수렴하여 민관협력으로 대책을 마련할 때 효과가 있을 것이라는 문제를 제기하였다.

특히 학교폭력에 대해 교육공동체 구성원인 교사, 학생, 학부모 간 인식차이를 줄이고 문제의 진단에서부터 인식을 공유할 필요가 있다는 점이다. 따라서 학교폭력의 문제는 단순히 문제 학생의 개인적 인성문제가 아니라 지구화, 후기산업화, 정보화 등으로 표현되는 시대전환기적 상황에 부합하는 시민성에 기초한 새로운 학교문화가 정립되지 못했기 때문에 발생한 문제라고 인식하였다. 그래서 학교폭력을 예방하기 위해서 학교 공동체 구성원인 교육당국, 학교장, 교사, 학생, 학부모 등이 그동안 서로 수직적인 권리-의무관계를 맺었던 것에서 벗어나 서로의 관계를 존중하고 협력하는 방향으로 변화시키고, 권위주의적, 폐쇄적, 차별적, 획일적인 학교문화를 참여와 협력, 그리고 소통이 있는 새로운 학교문화로 전환해야 한다고 보고 있다. 즉 변화된 시대상황에 부합하도록 교육공동체 구성원 상호 간의 권리와 역할에 대한 이해가 공유되고 새로운 학교문화에 대한 공유된 규범을 가질 때, 학교폭력이 예방되고 경감될 수 있다고 강조한다.

민주화 이후 우리 학교 현장에는 교육당국, 학교행정가(교장)와 교사들, 교사 집단 간, 심지어는 교사와 학부모, 교사와 학생 간 다양한 갈등이 드러나고 있다. 이런 전환기적 시대 상황일수록 더욱 더 배려와 소통, 신뢰와 협력, 그리고 학습의 공동체 문화를 구축하고 유지하는 것이 필요하다.[30] 새로운 학교문화의 창출을 위해서는 새로운 규범양식인 '거버넌스'와 '토의민주주의', '공화주의' 등에 대해 관심을 기울여야 하며, 이러한 규범이 반영된 새로운 학교의 상과 내부구조 및 행위양식을 정립할 필요가 있다. 학교문화라는 것은 문화의 특성상 한사람에 의해서 단시간 내에 기계적으로 만들어지기(making down) 어렵다. 다양한 사람들의 의식과 행위양식이 상호작용하는 가운데 자

30 A. Hargreaves, *Teaching in the Knowledge society: Education in the age of insecurity* (NY: Teachers College Press, 2002).

라나는(growing up) 문화의 특성 때문에 많은 시간과 노력 및 시행착오가 요구된다. 우선 새로운 학교문화의 정립을 위해 시도되었던 좋은 사례를 찾고 그것의 시사점을 공유하는 것이 필요하다. 장기적으로는 교육의 방향성과 학교 거버넌스 구조를 새롭게 정립하는 데 여러 아이디어를 모을 필요가 있다.

교육의 방향성은 아렌트(Hannah Arendt)가 지적한 것처럼, 미성숙한 청소년을 교육하기 위해서는 교육의 공간과 교사들의 역할이 시장주의적 압력과 빈부갈등, 정파갈등 등 세상의 여러 세파로부터 직접적인 영향을 받지 않도록 '공공성'을 강화하는 한편, 청소년이 미성숙한 존재인 만큼 성숙한 존재로 성장하기 위해 과거와 미래를 연결시켜주는 매개역할을 하는 데 의식적으로 노력할 필요가 있다. 아렌트에 의하면, 공공성에 있어 가장 중요한 요소는 개인 자신의 존재감과 견해를 말과 행위를 통해 표현하는 것, 그리고 타인과의 대화와 토론이다. 그는 이러한 공공성 개념과 관련지어 공교육을 제안했는데, 청소년들이 미성숙한 존재인 만큼 직접적인 현실참여보다는 전통의 학습을, 직접적인 공공성의 발휘보다는 공공성으로부터 분리를 강조하였다.[31]

현재 우리나라 학교의 거버넌스 구조는 '학교 운영위원회'로 대표된다. 우리의 경우 교육당국의 통제 아래 학교장이 실질적인 의사결

---

31 한나 아렌트, 서유경 역, 『과거와 미래 사이(정치사상에 관한 여덟 가지 철학 연습)』(서울: 푸른숲, 2005); 박선영·김회용, 「한나 아렌트의 공교육 제안 논의」, 『교육사상연구』 제21권 3호 (2007), 255-274.

정권을 갖고 있으며, 학교 운영위원회는 학교장에게 자문하는 수준의 학교운영과 관련된 사항들을 '심의'하는 기구이다. 독립적이고 실질적인 의결기구의 성격을 가진 시카고 학교운영위원회와 뉴질랜드 학교운영위원회와 비교가 된다. 시카고 학교운영위원회는 교장과 교사의 임용권 및 학교장의 경영능력 평가권을 가지며 학교 자체에 배당된 예산 활용의 권한 및 학생들의 성적 향상, 학생들의 생활문제, 직업교육, 진로교육 등에 관한 학교 개선 계획을 구체적으로 세우고 결정하는 권한 뿐 만 아니라 학교 개선 계획에 따라 교사들을 임명하고 적절하게 배치했는지에 대한 평가권한도 가지고 있다. 뉴질랜드 학교운영위원회는 정부와 교육당국으로부터 독립하여 실질적인 학교 지배기구, 학교경영을 위한 완전한 재량권을 가지고 있다는 것이 특징이다.[32] 장기적으로 시카고 학교운영위원회와 뉴질랜드 학교운영위원회는 그동안 우리나라의 학교가 권위주의적 관료행정의 문화에서 위계성과 획일성을 양산해 온 만큼 이것에서 벗어나 새로운 관행을 창출해야 한다는 점에서 시사점을 주고 있는 만큼 이러한 사례에 대해 충분히 검토할 필요가 있다.

단기적으로 새로운 학교문화의 사례를 찾기 위한 노력은 이미 시작되었다. 2011년 교과부에 의하면,[33] 전라북도교육청의 이성초등학

---

32 정은희, 『한국, 미국 및 뉴질랜드 학교운영위원회의 비교 연구』(충남대학교 대학원 석사학위논문, 2003).

33 교육과학기술부, '2011년 100대 학교문화 우수 사례집 발간·배포' 보도자료(2012. 3. 6).

교는 '함께 나누며 더불어 행복한 희망 움(Um) 틔우기 학교문화'라는 사업명으로 6가지 움(Um) 프로그램을 통해 소규모 농촌지역의 폐교 위기 학교를 학생들이 찾아오는 행복한 학교로 변화시켰다. 인천광역시교육청의 인천 정각중학교는 '자발적 학생중심 교육활동으로 소통하는 학교문화 만들기'라는 사업명으로, 사제동행 지리산 종주, 효체험 가족 등반대회, 반별 학급 특색프로그램(칭찬릴레이, 1인 1화분 키우기, 모둠별 음식 경연대회 등), 교사 동호회 활동, 학부모의 학교행사 참여 등을 통해 학생, 학부모, 교사가 함께하는 교육 공동체를 형성하고, 학생 중심의 동아리활동과 학교행사 운영, 전교학생회의 리더십 활동 활성화를 이루어냈다. 경기도교육청의 도당고등학교는 '다함께 가꾸는 소·나·무·이야기'라는 주제로, 소통, 나눔, 무지개 학생자치활동을 통해 경제적으로 어려운 맞벌이 가정 자녀 위주 학생들에게 자존감과 성취동기를 부여하고 학교를 희망과 즐거움을 주는 공동체로 변화시키고자 하였다.

위에서 열거된 사례는 모범사례로서 완성태라기보다는 맹아태라고 할 수 있다. 이러한 맹아들이 주변에 강제적인 방식으로 이식되는 것이 아니라 이러한 사례의 시사점을 공유하는 가운데 자신의 조건과 처지에서 스스로 자생력을 가지고 자라날 수 있도록 하는 데 많은 교육관계자들이 관심을 가져야 할 것이다. 2013년 정부와 교육부도 학생 중심의 행복한 학교문화를 개선하고 선도하는 역할을 수행하게 될 '2013년 학교문화개선 연구·선도학교' 150개교(초55, 중55, 고40)를 운영한다고 이미 밝힌 바 있다. 이 사업을 통해 정부도 학생이 존중되고, 상호 협력하며 서로를 배려하는 학생 중심의 학교문화를 만들어 학교폭력을 예방할 수 있다는 데 인식을 같이하고 있다는 것을 알 수 있다.

새로운 학교문화를 위한 구성원들의 행위양식은 종전의 통제와 지시 위주에서, 참여와 존중, 그리고 소통과 토론중심으로 변화해야 할 것이다. 이를 위해서는 교사와 학생들의 자율성과 책임성이 신장될 필요가 있다. 교사들이 학생들의 생활상의 문제를 청취하고 지도할 수 있도록 절대적 시간을 보장함으로써 교사와 학생 간의 신뢰를 회복하고 존경을 받을 수 있도록 해야 한다. 교사와 학생들이 함께 할 수 있는 자치활동, 봉사활동, 클럽활동을 절대적으로 보장하여 동료의식을 함양할 수 있도록 해야 한다. 학교가 학원화되어 가고 있는 것을 막고 학교 본연의 위상을 확립하기 위해서는 공부 이외 다양한 욕구와 시민적 덕성을 성숙시킬 수 있는 청소년 문화가 필요하다.

동아리 활동, 학급활동, 작은 축제, 체육대회, 퀴즈대회, 봉사활동, 학생회 활동, 방송활동, 취미활동 등 다양한 이벤트를 통해 공부 이외의 학생들의 인정욕구가 배제와 차별의 방향으로 나아가지 않도록 다양한 놀이문화를 활성화해야 한다. 새로운 학교문화를 창출하기 위한 구성원들의 새로운 인식과 역할은 결국 시민들이 지니고 있는 시민성(civility)을 더욱 발전시키는 과정과 맥을 같이 한다. 즉 행위자들이 자신들의 부분적인 이해에 관심을 갖고 권리만을 주장하는 분파의식(partisanship)에서 벗어나 새로운 학교문화라는 공공재의 창출과 전체적인 질서 속에서 자신의 역할을 나누고 책임을 다하려는 주인의식(ownership)을 함양시키는 과정이다. 따라서 학교폭력의 성공적인 해법은 시민들이 지니고 있는 주인의식의 성숙도에 달려있다는 것을 분명하게 인식할 필요가 있다.

참고문헌

강래동. 2001.「학교문화의 형성 작용과정에 대한토론」.『교육인류학연구』 제4권 2호.

교육과학기술부. 2012. '2011년 '100대 학교문화 우수 사례집' 발간·배포' 보도자료(2012. 3. 5).

교육과학기술부·한국교육개발원. 2012. '2012년 학교폭력실태 전수조사 결과 중간발표' 보도자료(2012. 3. 14).

마시알라스, 바이런. 안기성 외 역. 1997.『교육정치학: 교육과 정치체제』. 서울: 양서원.

박삼철. 2004.「학교조직문화 분석의 체제적 모델 탐색: 질적, 양적 연구방법의 수용적 적용방안 탐색」.『교육연구』 제19권.

박선영·김회용. 2007.「한나 아렌트의 공교육 제안 논의」.『교육사상연구』 제21권 3호.

박종철. 2013.『교실평화 프로젝트』. 서울: 양철북.

아렌트, 한나. 서유경 역. 2005.『과거와 미래 사이(정치사상에 관한 여덟 가지 철학연습)』. 서울: 푸른숲.

윤철경·강명숙. 2012.『학교폭력 및 학교문화에 대한 학부모·교사 인식 조사 연구』. 한국청소년정책연구원.

이동수. 2013.「시민사회, 파트너십 그리고 공공성」. 이동수 편.『시민사회 파트너십과 공공성』. 고양: 인간사랑.

이용숙·김영천. 1988.『교육에서의 질적 연구: 방법과 적용』. 서울: 교육과학사.

정은희. 2003.『한국, 미국 및 뉴질랜드 학교운영위원회의 비교 연구』. 충남대

학교 대학원 석사학위논문.

조경원. 2004.「학교문화의 형성 과정에 관한 탐색: '새 학교문화 창조' 정책을 중심으로」.『한국문화연구원논총』제7호.

주성수. 2003.「정부의 신뢰 위기와 NGO와의 파트너십 대안」.『한국행정연구』제12권 2호.

채진원. 2013.「지구화시대 동북아 상호인식의 현황과 구성주의적 과제」.『아시아문화연구』제31집.

______. 2011.「민주주의의 사회적 기반: 자원봉사활동의 민주적 가치와 정치적 상관성을 중심으로」.『민주주의와 인권』제11권 3호.

헨더슨, 그레고리. 2013.『소용돌이의 한국정치(*Korea, the Politics of the Vortex*)』 완역판. 파주: 한울.

후쿠야마, 프랜시스. 2012.『정치질서의 기원』. 서울: 웅진지식하우스.

Arendt, Hannah. 1968. *The Human Condition*. Chicago: The University of Chicago Press. Bryk, A. S. & B. Schneider. 2003. *Trust in schools: A Core Resource for Improvement*. Chicago: Univ. of Chicago Press.

Deal, T. E. & K. D. Peterson. 1999. *Shaping school culture: the heart of leadership*. CA: Jossey-Bass.

Geertz, Clifford. 1973. *Interpretation of Cultures*. New York: Basic Books.

Hargreaves, A. 2002. *Teaching in the Knowledge society: Education in the age of insecurity*. NY: Teachers College Press.

Henderson, Gregory. 1978. *Korea, the Politics of the Vortex, Cambridge*. Massachusetts: Harvard university press.

Hoy, W. K. & C. G. Miskel. 1996. *Educational administration: theory, research and practice*. 5th ed. New York: McGraw-Hill Inc.

Schein, E. H. 1985. *Organizational Culture and Leadership: a dynamic view*. Published London: Jossey-Bass Ltd Publishers.

Thelen, H. A. & J. W. Getzel. 1957. "The social science: conceptual framework for education." *School Review 65.* No.8(Autumn).

Willis, P. 1977. *Learning to Labor: How working class kids get working class jobs.* Hampshire: Gower; 윌리스, 폴. 김찬호·김영훈 역. 2004. 『학교와 계급재생산』. 서울: 이매진.

4장 노동과 여가생활

김시천

1. 현대시민과 생활인

인간은 먹고 자면서 살아가는 존재이다. 생물학적 존재로서 인간은 스스로의 생명을 유지하기 위해 먹어야 하며, 신체의 활력을 위해 인간은 충분한 휴식을 취해야 한다. 태양이 빛나는 밝은 낮에는 먹이를 찾아 강과 바다를 따라 거닐고, 숲과 초원을 달려야 했다. 하지만 해가 지고 어둠이 찾아오면 맹수와 독충을 피해 동굴이나 움막에서 쉬면서 신체의 피로를 달래고 정신의 휴식을 가져야 했다. 이런 삶의 모습은 인간이 문명의 시대에 진입하기 전 수 백 만년 동안이나 변함이 없었다.

그런데 인간이 수렵과 채집에 의존하던 삶에서 벗어나 농사를 짓고 가축을 길들이며 이른바 문명의 세계를 건설하게 되자, 인간은 자연적이고 생물학적인 존재를 넘어서서 스스로에게 새로운 의미를 부여하기 시작했다. 도시적 삶을 누리면서 인간은 '정치적, 사회적 존재'임을 자각하였고, 동물과 구분되게 '고도로 발달한 도구와 언어를 사용하는 존재'임을 강조하기 시작했다. 인간은 동물적 존재의 범주를 넘어서서 신의 지위에 도전하는 만물의 영장이 된 것이다.

이제 21세기를 사는 현대인은 광활한 우주로 인간의 존재를 알리기 위해 우주선을 띄우고, 하루에 수십에서 수백 킬로미터의 거리를 이동하기도 하며, 수천 킬로미터 떨어진 지구 반대편의 인간과 휴대용 전화기를 통해 실시간으로 소통하며 살아간다. 과학기술의 발달은 18세기 계몽주의가 꿈꾸었던 완벽한 '개인'에 바싹 다가간 듯이, 스스로 창조한 인공적 환경 속에서 자연을 조작하고 에너지를 소비하며 이른바 자신의 욕망과 행복을 실현하려는 삶을 살아가고 있는 듯하다.

이러한 삶의 조건은 19세기 이래 인간에게 무한한 삶의 개선으로 이어질 것이라는 낙관을 갖게 했다. 그러나 통제와 절제를 벗어난 인간의 욕망 추구는 20세기 전반에 세계 양차대전이라는 참혹한 시련을 안겨 주었다. 또한 20세기 후반에는 산업의 발달로 인한 경제 발전, 민주주의의 확산, 의약과 삶의 질의 개선, 식량 문제의 해결 등 과거의 인간이 꿈꿀 수 없는 삶의 조건을 건설하였으나, 21세기에 접어들면서 인간은 더욱 곤혹스러운 문제들에 직면하고 있다.

그런 21세기 현대인의 곤경감 가운데 한 가지 특성을 한병철은 『피로사회』에서 이렇게 고발한다.

과잉활동, 노동과 생산의 히스테리는 바로 극단적으로 허무해진 삶, 벌거벗은 생명에 대한 반응이다. 오늘날 진행 중인 삶의 가속화 역시 이러한 존재의 결핍과 깊은 관련이 있다. 노동사회, 성과사회는 자유로운 사회가 아니며 계속 새로운 강제를 만들어낸다. 주인과 노예의 변증법은 모두가 자유롭고 빈둥거릴 수도 있는 그런 사회로 귀결되지 않는다. 그것은 오히려 주인 스스로 노동하는 노예가 되는 노동사회를 낳는다. 이러한 강제사회에서는 모두가 저마다의 노동수용소를 달고 다닌다. 그리고 그 노동수용소의 특징은 한 사람이 동시에 포로이자 감독관이며 희생자이자 가해자라는 점에 있다. 그렇게 인간은 자기자신을 착취한다. 이로써 지배 없는 착취가 가능해진다.[1]

19세기에서 20세기를 거치며 인간 사회는 제국과 식민지, 자본가와 노동자, 노동 착취와 인간 소외로 인해 전쟁과 혁명, 민주화 투쟁 등 여러 가지 갈등을 어렵사리 극복해 나가는 듯싶었지만, 21세기를 맞이하면서 전혀 새로운 차원의 문제들에 직면하고 있다. 신자유주의 확산으로 인한 경제 불평등의 심화, 환경파괴와 같은 심각한 전 지구적 문제는 물론 경제적으로나 정치적으로 비교적 풍요롭고 안정된 사회에서조차 개인들은 심각한 사회성 질환으로 시달리고 있다고 한병

1 한병철, 김태환 역, 『피로사회』(서울: 문학과지성사, 2012), 43-44.

철은 고발한다.

이런 현실에 대한 고발은 한병철이 거주하는 독일 사회의 문제로서 한국의 현실과 동떨어진 문제가 결코 아니다. 이미 그의 책이 소개되기 전에 사회학자 서동진은 이렇게 한국의 현실을 서술하고 있다.

> 지난 20년간 한국에서 베스트셀러 목록의 수위를 차지한 책들은 대부분 '자기계발'이란 이름으로 분류되는 서적들이었다. 스티븐 코비의 『성공하는 사람들의 7가지 습관』은 1990년대 내내 매년 빠짐없이 베스트셀러의 지위를 차지했다. 그리고 이에 곁들인 맞짝인 '프랭클린 플래너'라는 시간 관리를 위한 '일지'는, '자기 경영'에 관심을 갖는 이라면 누구나 가져야 할 필수품처럼 여겨졌다. 1980년대부터 기하급수적으로 늘어나기 시작했던 자조自助 지침서는 이제 헤아릴 수 없이 많은 종류로 불어났다. 직장인 예절과 같은 문제들을 다루는 간단한 예법서(직장에서의 에티켓이나 매너 등)이거나 직장인으로서 성공하는 법에 관한 실용적인 자조지침서들에 불과했던 자기계발서들은 이제 삶의 모든 영역을 망라한다고 해도 과언이 아닐 만큼 세부적인 문제들을 다룬다.[2]

아마도 대형서점에 한번이라도 가본 사람이라면 서동진의 이러한 기술은 충분히 공감이 될 것이다. 한병철의 '성과주체'는 서동진의 '자

---

2 서동진, 『자유의 의지 자기계발의 의지-신자유주의 한국사회에서 자기계발하는 주체의 탄생』(파주: 돌베개, 2009), 263.

기계발하는 주체'와 같은 의미로써, 1980년대부터 우리 사회에서 꾸준히 형성되어 온 한국인의 자화상에 해당한다. 오늘날의 헬조선에서 취업을 위해 대학 진학을 위한 입시 전쟁, 대학에서의 스펙 경쟁과 취업 후의 끊임없는 자기계발은 오늘날 대다수 사람들이 겪고 있는 일상의 모습이며, 개개인의 삶 그 자체라 할 수 있다.

노동과 생산, 창조와 혁신이 인간의 삶을 질적으로 개선할 것이라는 전망과 달리 성과사회의 확산은 인간 개개인이 무엇이든 할 수 있다는 과도한 긍정을 통해 스스로를 착취하는 끔찍한 현실의 포로가 되고 있다는 것이다. 이제 개인은 스스로가 희생자이자 가해자가 되어 버려, 자유롭고 의미 있는 삶을 살아가기는커녕 갖가지 신경성 폭력에 시달리고 있다는 것이다. 이를 한병철은 이렇게 진단한다.

> 21세기의 시작은 병리학적으로 볼 때 박테리아적이지도 바이러스적이지도 않으며, 오히려 신경증적이라고 규정할 수 있다. 신경성 질환들, 이를테면 우울증, 주의력결핍 과잉행동장애, 경계성 성격장애, 소진증후군 등이 21세기 초의 병리학적 상황을 지배하고 있는 것이다. 이들은 전염성 질병이 아니라 경색성 질병이며 면역학적 부정성이 아니라 긍정성의 과잉으로 인한 질병이다. 따라서 타자의 부정성을 물리치는 것을 목표로 하는 면역학적 기술로는 결코 다스려지지 않는다.[3]

---

3 한병철, 『피로사회』, 11-12.

우울증이나 주의력결핍과잉행동장애와 같은 병리학적 용어는 우리에게 친숙한 용어가 된 것처럼, 현대인은 항생제로 퇴치하거나 외과수술로 제거할 수 없는 새로운 신경증 질환들을 안고 살아간다. 이와 같은 현실적 상황은 현대인에게 만연한 정치적 무관심이나 정치적 소외의 중요한 원인이 되기도 한다. 따라서 한 개인이 건전한 시민이 되기 위해서는 또 다른 인간의 삶의 모습에 주목해야 한다. 그것은 인간은 먹고 자야 살아갈 수 있는 존재임을 받아들이는 것이다.

이 글은 생물학적 한계로 인해 언제나 활동과 휴식이 반복적으로 가능할 때 생명을 유지할 수 있다는 차원에서, 인간을 생활인으로 규정하고자 한다. 인간이 생활하는 존재로서의 면모를 있는 그대로 받아들일 때 건전한 시민이 될 수 있다. 한 개인이 공공의 삶(public life)에 참여하기 위해서는 경제적으로 자립하고 정치적으로 자각된 존재가 되어야 한다는 점에 앞서 충분한 휴식을 통해 신체와 정신이 건강을 유지해야 한다.

낮의 활동을 위해 밤의 수면이 필요한 것처럼, 인간은 경제적, 사회적, 문화적, 정치적 삶 이전에 생물학적인 차원에서 휴식과 여유가 필요한 존재이다. 일상의 생활은 이러한 조건이 충족될 때 가능할 수 있다. 생활인은 경제적 자립으로만 가능한 것이 아니라, 신체적 휴식과 정신적 여유가 가능할 때 지속적으로 유지될 수 있다. 달리 말해 우리가 삶을 향유할 수 있을 때 시민적 삶 또한 가능하다.

2. 삶의 향유, 노동과 놀이

그렇다면 삶을 향유한다는 것은 어떤 의미일까? 삶을 향유한다는 것은 오늘날 현대인에게는 '행복한 삶'을 산다는 뜻으로 풀이된다. 그런데 다시 '행복'이 무엇인가라는 물음을 던지게 되면 질문을 꼬리에 꼬리를 물면서 정확한 답변하기가 어려워진다. 따라서 이 글에서는 추상적인 행복의 정의를 제시하지 않고 현대인의 일상의 삶에서 두드러진 두 측면, 즉 노동과 놀이를 살피면서 삶의 향유라는 주제에 접근해 보고자 한다. 왜냐하면 노동(labor)과 놀이(play)야말로 근대 산업사회가 형성되면서 가장 주목되는 인간의 활동이기 때문이다.

근대 자본주의 산업사회가 등장하면서 노동은 인간의 창조적 활동의 상징이자 가치 생산과 소유관계를 규정하는 근거가 되었다. 노동이 인간의 사회 전반의 구성과 경제 활동에서 핵심적인 토대가 된다는 사상, 즉 노동이 가치를 창조하고 소유의 근거가 된다는 사상은 산업혁명이 일어난 영국의 17-8세기 사상가들, 즉 존 로크(John Locke, 1632-1704), 애덤 스미스(Adam Smith, 1723-1790), 데이비드 리카도(David Ricardo, 1772-1823) 등을 통해 확립되었고, 독일의 철학자 헤겔(G. W. F. Hegel, 1770-1831)에 의해 지고한 가치를 갖는 의미로까지 격상되었다.[4]

---

4 박영균, 『노동가치』(서울: 책세상, 2009) 참조.

노동이 인간의 창조, 즉 자연물을 변형하여 인간의 필요에 맞게 첨가되는 어떤 것으로서 언제나 생산적이라면 놀이는 이와 성격을 전혀 달리하는 문화적 행위이다. 로제 카이와(Roger Caillois, 1913–1978)는 『놀이와 인간』에서 놀이의 성격에 대해 이렇게 규정한다.

> 놀랍게도 변함없는 것은 놀이라는 말이 항상 자유로움, 위험 또는 능란함이라는 관념을 불러일으킨다는 것이다. 특히 그것은 확실한 휴식이나 즐거움의 분위기를 가져다준다. 그것은 쉬게 하고 즐겁게 해준다. 그것은 구속받지 않을 뿐만 아니라 현실 생활에 영향력이 없는 활동을 상기시킨다. 그것은 현실 생활의 진지함과 반대되며, 따라서 경박한 것으로 간주된다. 다른 한편에서 그것은 잘 활용된 시간과는 반대인 낭비된 시간으로서, 노동과 반대된다. 사실 놀이는 아무것도 생산하지 않는다.[5]

오늘날 인간의 특성을 '노동하는 인간'과 대비되는 차원에서 '놀이하는 인간'(*homo ludens*)으로 규정한 것은 네덜란드의 역사가 요한 하위징아(Johan Huizinga, 1872–1945)로부터 비롯된다. 하위징아는 비생산적인 놀이 활동이 인간의 위대한 문화인 법, 지식, 예술 등이 놀이 정신에 의해 생겨나거나 풍부해졌다는 점에서 놀이의 문화적 창조력을 강조하였다.[6]

---

5 로제 카이와, 이상률 역, 『놀이와 인간』(서울: 문예출판사, 1994), 9.

6 요한 하위징아, 이종인 역, 『호모 루덴스–놀이하는 인간』(고양: 연암서가,

하위징아의 연구를 뒤이은 카이와 또한 마찬가지로 비생산적 활동으로서 "노동과 반대되는" 놀이가 성스러운 종교생활과도 다르며 세속적인 일상생활과도 다른 차원을 갖는다고 설명한다. 그래서 놀이는 자유롭고 구속이 없으며, 진지하지 않고 시간 낭비 활동에 불과하지만 인간에게 휴식과 즐거움을 안겨준다고 본다. 이러한 맥락에서 보면 '놀이'는 일차적으로 인간의 창조적 활동인 '노동'의 생산적인 성격과 대비되는 차원에서 의미가 규정되고 있다. 달리 말해 '노동'과 '놀이'는 17-18세기 산업혁명의 등장과 노동 행위의 특화를 통해 인간의 활동을 범주화한 결과라 할 수 있다.

이와 같이 노동과 놀이라는 활동 범주는 역사적, 사회적, 문화적 성격을 갖는 것이다. 그런데 인간의 활동 전체를 이런 단순한 범주로 환원하여 이해할 수는 없다. 특히 인간이 자신의 삶을 향유한다는 것이 과연 노동과 놀이라는 두 가지 차원과 얼마나 관련되는가는 심히 회의적이다. 인간의 활동은 매우 다차원적이며 복합적이다. 예컨대 우리는 '놀이'의 중요한 번역어로 쓰는 '노닐다'(遊)라는 행위를 통해 조금은 다른 시각에서 인간의 활동이 갖는 다면적 성격의 하나를 살펴볼 수 있다.[7]

2010) 참조.

7 이어지는 논의에서 〈월하탄금도〉와 관련된 논의는 김시천, 『노자의 칼 장자의 방패』(서울: 책세상, 2014)의 내용을 일부 가져온 것이다. 다만 이 글의 논의 맥락에 맞게 일부를 수정하였다.

이경윤(李慶胤), 〈월하탄금도(月下彈琴圖)〉

희뿌연 달빛이 서린 어느 밤, 한 선비가 낚시를 하기에 제격인 바위 위에 앉아 홀연히 거문고를 뜯고 있다. 그의 시선은 저 멀리 다른 세계를 관조하는 듯이, 아득한 어딘가를 향하고 있는 모양이 은근하다. 하지만 그런 중에도 은은한 옷깃의 선을 타고 내려가면 거문고를 뜯고 있는 손이 분명하다. 그는 조용히 연주를 하고 있다. 그런데 이것이 웬일인가! 비스듬하게 얹혀 있는 거문고에는 줄이 없다.

그래서 이 그림은 '무현금도'(無弦琴圖) 라고 불리기도 한다. 그림을 그린 화가가 꿈꾸는 세계인지 아니면 옛 선인(仙人) 가운데 누군가를 그린 것인지 정확히 알 수는 없지만, 그림 속의 주인공은 줄 없는 거문고를 연주하고 있다. 줄 없는 거문고를 연주하는 것이 가능할까? 아니 어쩌면 그는 정말 거문고를 연주하고 있다고 말할 수나 있는 것일까? 하지만 진지한 분위기로 보면 그가 장난을 치며 노닥거리고 있는 것은 아닌 듯하다.

우리는 이런 경우에 '놀다'라고 표현하기 보다는 '노닐다'라는 조금 다른 뉘앙스의 말로 표현한다. 선비들이 즐겼던 풍류는, 전적으로 그렇다고 할 수는 없지만 단지 할 일 없어 '노는' 행동이기보다는 '노니는' 행동으로 여겨진다. 노는 것과 노니는 것은 차이가 있다. 사전에서는 '노닐다'에 대해 "(사람이나 동물이) 한가하게 이리저리 왔다 갔다 하며 놀다"라고 풀이한다. 그리고 그 어법 설명은 다음과 같다.

> '노닐다'는 「용비어천가」(1447, 52장)에 '노니다'의 형태로 처음 나타난다. 이 '노니다'는 '놀-(遊)+니-(行)+-다(어미)'로 분석된다. '니-'는 '가다'의 뜻이었던 중세 국어의 '녀-'가 선어말 어미 '-거-' 앞이나 합성어의 성분으로 쓰일 때의 변이형으로 알려져 있다. 중세 국어에서 '니-'가 포함된 합성어로는 '노니다' 이외에 'ᄂᆞ니다, 걷니다, ᄐᆞ니다' 등이 있었는데, 'ᄃᆞ니다(>다니다)'를 제외하고는 현대어에서는 '나닐다, 노닐다, 거닐다' 등으로 어간에 'ㄹ'이 첨가되었다.[8]

8 http://dic.daum.net/word/view.do?wordid=kkw000050740&supid=kku000065101. 인터넷 포털 사이트 Daum 〈국어사전〉 '노닐다' 항목 참조.

설명에 따르면 '노닐다'라는 말은 '놀다'(遊)의 뜻과 '다니다'(行)의 뜻 모두를 가진 합성어이다. 간단히 말해 '놀러 다니다'의 뜻이다. 약간 특수한 의미를 갖는 것으로 설명되고 있다. 중요한 것은 '노닐다'라는 말이 한자 '유'(遊)의 의미와 관련되며 또한 '길을 가다', '행하다', '다니다'의 뜻을 가진 '행'(行)의 의미까지 연결되어 있는 점이다. 결국 '노닐다'는 말은 '놀다'의 의미와는 일정하게 다른 차원을 갖는다.

문제는 이러한 '유'(遊)가 'play'나 'spiel' 등 외래어의 번역어로서 '유희'(遊戱)와 같이 쓰임으로써 본래의 '노닐다'는 말의 뜻보다 '놀이'의 의미를 갖는 것으로 이해된다는 점이다. 즉 '유'는 '놀다'의 뜻과 동일하지 않다는 점은 그다지 주목되지 않는다. 그것은 놀이를 수반하지만, 모종의 길 떠남 혹은 무언가로부터 '거리두기'와 관련이 있고, 더욱 중요하게는 그러한 과정에서 겪게 되는 새로운 만남과 그로 인한 어떤 정신적 상태나 변화와 관련이 있다.

특히 동아시아의 고전 『장자(莊子)』에서 표현되는 '유'(遊)의 개념은 놀이와 구분되는 '노닒'의 뜻으로서 일차적으로는 모종의 삶으로부터의 떠남, '거리두기'와 같은 요소로 이루어지지만[9] 결국 일상성으로의 회귀라는 의미를 갖는다. 그래서 '노닌다는 것'은 어떤 활동이기도 하지만 보다 넓은 차원에서 삶의 향유와 관련되는 의미를 갖는다.[10] 그런데 이러한 『장자』의 '노니는 삶'은 한나 아렌트(Hannah Ar-

---

9 김희, 「장자의 遊를 통해 본 문화향유 주체에 관한 소고-장자의 遊와 호이징하의 놀이 개념 비교」, 『동양철학연구』 제69집 (동양철학연구회, 2012) 참조.

10 김시천, 『노자의 칼 장자의 방패』 제6장 참조.

endt, 1906–1975)가 말하는 활동적 삶과 사색적 삶 어디에도 속하지 않는다.

3. 실천적 삶과 사색적 삶

한병철은 20세기의 저명한 정치철학자 한나 아렌트가 『활동적 삶(*vita activa*)』의 마지막 장에서 노동하는 동물의 승리를 다루고 나서 불쑥 사유의 활동을 강조하며 글을 마무리하는 것이 어색하다고 꼬집는다. 왜냐하면 아렌트가 말하는 "사유는 활동적 삶의 활동 가운데서도 가장 활동적인 것이며 순수한 활동성의 면에서 모든 활동을 능가하는"[11] 것인데, 이런 식으로 강조되는 "활동성은 오히려 후기 근대적 성과사회의 활동과잉과 히스테리를 많이 닮은 것처럼 보인다"[12]고 본다.

달리 말하면 한병철은, 사색적 삶을 상실한 것은 활동적 삶을 절대화했기에 일어난 것으로서 히스테리와 신경증을 낳은 요인의 하나라는 점을 아렌트가 깨닫지 못했다고 비판한다. 따라서 활동적 삶이 강조되는 맥락에서 사유를 강조하는 것은 결국 긍정성의 과잉을 벗어

11 한병철, 『피로사회』, 45.

12 한병철, 『피로사회』, 45.

나지 못하고, '우울한 자아-피로'[13]를 낳거나 '탈진'[14]에 이르게 된다고 비꼰다. 이러한 피로감과 탈진에서 벗어나는 데에서 노니는 삶은 가능해진다.

인간의 삶은 노동과 놀이 혹은 생산과 소비의 활동에 그치지 않는다. 인간의 일상적 삶은, 하루의 일과 휴식, 주중의 노동과 주말의 놀이라는 반복적 순환 관계로 이루어지지 않는다. 우리는 일하는 틈틈이 커피를 마시기도 하고, 아무 생각 없이 친구나 지인과 수다를 떨기도 하고, 클래식이나 대중가요에 귀 기울이다 잠시 졸기도 한다. 마치 시간의 틈새 사이사이에는 아무 목적도 없고, 어떠한 생산도 하지 않으며, 특별히 무언가를 소비하지도 않으면서 빈둥거리기도 한다.

빈둥거림이나 게으름으로 비난받던 이 시간은 피로한 사회에서 탈진하지 않고, 삶을 향유하려는 전혀 다른 삶의 시간일 수 있다. 노동도 놀이도, 생산도 소비도 실상 현대인에게는 모두 피로감을 준다. 한병철은 바로 이 지점에서 '무위'(無爲), 즉 그만두는 것, 쓸모없는 것의 쓸모가 생겨나는 막간의 시간을 말한다.

> 탈진의 피로는 긍정적 힘의 피로다. 그것은 무언가를 행할 수 있는 능력을 빼앗아간다. 영감을 주는 피로는 부정적 힘의 피로, 즉 무위의 피로다. 원래 그만둔다는 것을 뜻하는 안식일도 모든 목적 지향적 행위에서 해방되는 날, 하이데거의 표현을 빌리면 모

---

13 한병철, 『피로사회』, 58.

14 한병철, 『피로사회』, 63.

> 든 염려에서 해방되는 날이다. 그것은 막간의 시간이다. 신은 창조를 마친 뒤 일곱째 날을 신성한 날로 선포했다. 그러니까 신성한 것은 목적 지향적 행위의 날이 아니라 무위의 날, 쓸모없는 것의 쓸모가 생겨나는 날인 것이다. 그날은 피로의 날이다. 막간의 시간은 일이 없는 시간, 놀이의 시간으로서 본질적으로 염려와 노동의 시간이라고 할 수 있는 하이데거의 시간과도 구별된다. 힌트케는 이러한 막간의 시간을 평화의 시간으로 묘사한다.[15]

유대교에서 안식일은 어떠한 일도 금지되어 있다. 하이데거 식으로 염려도 없고 노동도 없는 그 시간을 한병철은 '막간의 시간' 혹은 '무위의 날' 그리고 "쓸모없는 것의 쓸모가 생겨나는 날"이라고 표현한다. 하지만 그 시간과 날은 결코 놀이의 시간 또한 아니다. 왜냐하면 한가로운 시간 혹은 여가를 뜻하는 놀이의 시간은 자본주의적 생산의 수레바퀴에 포함된 지 오래이기 때문이다. 한국 사회의 경우에도 1980년대 이후 콘도의 등장은 거대한 '레저 산업'의 신호탄이었다.

인터넷 포털 사이트 다음(Daum) 〈국어사전〉에서 '여가'는 "여가 시간. 또는 그 시간을 이용한 놀이나 오락. 즉 생계를 위한 필요성이나 의무가 따르지 않고 스스로 즐거움을 얻기 위한 활동이나 그 시간을 이르는 말이다"[16]라는 설명에 뒤이어 두 가지 예문을 소개하고 있

---

15 한병철, 『피로사회』, 71-72.

16 http://dic.daum.net/word/view.do?wordid=kkw000079071&q=%EB%A0%88%EC%A0%80&supid=kku000098417.

다. 이 두 예문은 여가 혹은 놀이가 현대인에게 어떤 것인지를 잘 보여준다: (1) "승마를 레저로 즐기기에는 그 비용이 만만치 않아요." (2) "우리 출판사에서는 낚시나 여행 등 주로 레저에 관한 내용의 책을 만든다." 여가와 놀이도 결코 생산의 시간, 노동의 시간 바깥에 있지 않다.

현대인이 꿈꾸는 행복한 삶, 스스로의 삶을 향유할 수 있는 삶은 자본주의적 삶이 허락하는 삶이 아니다. 그래서 현대인은 살아있지도 않고 죽지도 않은 삶을 살고 있다고 한다.

> 자본주의 경제는 생존을 절대화한다. 자본주의 경제의 관심은 좋은 삶이 아니다. 이 경제는 더 많은 자본이 더 많은 삶을, 더 많은 삶의 능력을 낳을 거라는 환상을 자양분으로 발전한다. 이때 삶과 죽음의 엄격한 분리는 삶 자체마저도 섬뜩한 경직성을 띠게 한다. … 이들의 생명은 완전히 죽지 않은 자들의 생명과 비슷하다. 그들은 죽을 수 있기에는 너무 생생하고 살 수 있기에는 너무 죽어 있는 것이다.[17]

자본주의적 삶의 시간은 생존의 시간으로서 모든 것을 자본의 양적 소용돌이로 빨아들인다. 그래서 생산과 노동은 물론 여가와 놀이까지 '더 많이'라는 능력과 돈의 양에 의존하게 된다. 돈이 없으면

---

17 한병철, 『피로사회』, 112-114.

여가를 즐길 수 없고, 능력이 없으면 아무 것도 할 수 없는 무기력 상태에 처하기 때문이다. 그래서 죽기에는 너무 생생하고 살기에는 너무 죽어 있는 삶을 살게 되는 것이다. 심지어 현대 사회의 노동은 인간의 내면마저 피로감에 지치게 만든다.

> 벽지 공장에서 소년이 하는 일은 정신과 팔, 정신과 손가락, 정신과 어깨를 함께 움직여야 하는 일이다. 우리는 이것을 간단히 '육체노동physical labor'이라고 한다. 항공기 승무원은 기내 복도 사이로 무거운 기내식 카트를 끄는 동안에는 육체노동을 하고, 비상착륙이나 비상탈출에 대비하거나 실제로 그런 상황이 발생하는 경우에는 '정신노동mental labor'을 해야 한다. 그렇지만 이런 육체노동과 정신노동을 하는 과정에서 승무원들은 또 하나의 노동을 수행한다. 나는 이것을 '감정노동emotional labor'이라고 부른다. 감정노동은 사람으로 하여금 다른 사람들의 기분을 좋게 하려고 자신의 감정을 고무시키거나 억제하게 한다.[18]

앨리 러셀 혹실드는 『감정노동』에서 현대인이 처한 노동의 현실을 새롭게 설명한다. 인간의 노동은 육체와 정신이 언제나 함께 움직인다. 손가락, 팔, 어깨를 움직일 때 우리의 정신은 함께 움직인다. 어떤 동작, 어떤 활동도 정신은 언제나 함께 한다. 하지만 달리 말하면 우

---

18 앨리 러셀 혹실드, 이가람 역, 『감정노동-노동은 우리의 감정을 어떻게 상품으로 만드는가』(서울: 이매진, 2009), 21.

리의 '정신mind'과 '신체body'는 공동으로 노동한다. 이에 더하여 혹실드는 또 하나의 극심한 노동을 구분해야 한다고 본다. 그것은 우리의 감정을 통제하고 장악해야 하는 극한의 노동이다. 이것을 혹실드는 '감정노동'이라 부른다.

혹실드의 구분에 의할 때 우리는 아렌트의 두 가지 삶에 대해 기묘한 회의에 도달하게 된다. 인간의 '실천적 삶'과 '사색적 삶'이 마치 구분되고 분리되는 다른 종류의 무엇처럼 이야기하는 것은 애매하고 모호하다. 실천은 사색을 요구하고, 사색은 실천을 통할 때에만 현실화되기 때문이다. 물론 사색과 실천이 언제나 동시적인 것은 아니지만 그렇다고 두 가지가 명확히 분리된 채 이루어지는 것도 아니다.

사실 실천적 삶도 사색적 삶도 우리에게는 매우 피곤한 일이다. 현대인이 공적인 일에 무관심하고 사적인 향락이나 내면의 고립에 침잠하려는 경향을 갖는 것은 노동과 일에서 오는 극단적인 피로감 때문이다. 단순히 정치나 공적인 삶에 관심이 없기에 그런 것만은 아니다. 노동과 일, 놀이와 여가가 삶 전체를 지치게 만들었기 때문이다. 지친다는 것은 무관심도, 무능력도 아니다. 지친 자는 아무리 중요한 일이라 해도 시큰둥하다.

무능력은 새로운 능력의 개발을 통해 극복할 수 있고, 무관심은 자극을 통해 환기할 여지가 있다. 그러나 삶에 지친 사람은 개발의 노력도 자극도 통하지 않는다. 놀이나 여가와 같은 즐겁고 재미있는 활동도 그에게는 부담스럽다. 다만 그에게 필요한 것은 오직 하나이다. 바로 정신도 몸도, 마음도 영혼도 잠시 쉬어야 한다는 것이다. '정신精神'은 언제나 일정한 활동 뒤에 휴식을 요구한다. 정신이 지친다는 것은 곧 삶이 소진되고 있다는 뜻이다.

휴식은 공적인 삶도 아니고 사적인 삶도 어디에도 포함되지 않지만, 오히려 그 아래에서 두 가지 삶을 지탱하는 기둥이다. 휴식은 생산도 소비도, 실천도 사색도 아닌 그거 가만히 있음이다. 아무 것도 하지 않은 채 졸기도 하고, 어슬렁거리며 빈둥거리는 그 때 우리는 진정으로 쉴 수 있다. 충분한 휴식을 취할 수 있을 때 우리는 다시 쟁기와 곡괭이를 메고 논밭으로 일을 나갈 수 있는 것처럼, 적당한 휴식을 취할 때 우리는 실천과 사색의 삶을 누릴 수 있다.

4. 정신과 휴식

인간은 음식을 먹고 잠을 자야 살 수 있는 생명체이다. 음식을 섭취해야 우리의 정신과 몸은 활동을 할 수 있다. 즉 음식을 먹어야 우리는 손가락을 움직이고 뇌신경을 연결하여 사색을 하며, 의미 있는 어떤 활동을 할 수 있다. 먹는다는 것은 의미의 논리 이전에 생명의 논리에 포함된다. 마찬가지로 잠을 자는 것 또한 생명의 논리에 속한다. 잠은 멈추는 것이고, 정신도 몸도 아무런 활동 없이 그저 쉬는 것이다.

휴식의 시간은 생산과 소비가 멈추는 시간, 노동과 놀이가 멈추는 시간, 실천과 사색이 멈추는 시간이다. 휴식은 그래서 무의미의 시간이고 무가치의 시간이다. 휴식은 따라서 그냥 '무'(無)일 뿐이다. 하지만 그 '무'로 인하여 '유'(有)가 가능하고, 삶이 지속된다. 말하자면 쓸모없음 그 자체가 쓸모가 있는 그런 것이다. 『장자』는 이런 쓸모 없음이 쓸모가 되는 역설을 이렇게 설명한다.

> 혜시(惠施)가 장자에게 말했다. "그대가 하는 말들은 쓸모가 없소."
>
> 장자가 말했다. "쓸모 있음에 대해 이야기하는 것이 의미가 있으려면 쓸모없음에 대해 잘 아는 자와 이야기해야 합니다. 하늘과 땅이 아무리 광대하다고 해도 한 사람에게 쓸모가 있는 곳은 그가 발 딛고 있는 공간뿐이지요. 그러나 그렇다고 해서 발 딛고 있는 곳만 남겨두고 그 주변 땅을 저 지하 황천(黃泉)에 이를 때까지 다 파내버린다고 해봅시다. 그러고도 그곳이 여전히 그 사람에게 쓸모 있는 것일 수 있겠습니까?"
>
> 혜시가 말했다. "쓸모없을 것이오."
>
> 장자가 말했다. "그렇다면 쓸모없음이 쓸모 있음에 도움이 된다는 건 분명합니다."[19]

혜시와 장자의 대화를 기록하고 있는, 『장자』는 유의미한 삶, 가

---

19 『莊子』「외물(外物)」: 惠子謂莊子曰: "子言無用." 莊子曰: "知無用而始可與言用矣. 天地非不廣且大也, 人之所用容足耳. 然則廁足而墊之致黃泉, 人尙有用乎?" 惠子曰: "無用." 莊子曰: "然則無用之爲用也亦明矣."(앤거스 그레이엄 해설 및 편역, 김경희 역, 『장자-사유의 보폭을 넓히는 새로운 장자 읽기』(서울: 이학사, 2014), 266).

치 있는 삶을 부정하지 않는다. 인간이 추구하는 고상한 가치와 의미는 언제나 무가치, 무의미한 것으로 치부되는 어떤 것을 전제로 한다. 즉 우리는 쓸모 있는 것은 쓸모가 없는 '무용'(無用)을 알아야 그 쓸모를 제대로 알게 되고, 의미 있는 활동(有爲)은 의미 없는 활동(無爲)을 제대로 알 때에 그 진정한 의미를 알게 된다는 것이다. 이러한 태도는 분명 동시대의 유가 철학자 『맹자』와는 일정한 점에서 구분된다.

맹자는 '마음을 수고롭게 하는 것'(勞心者)과 '육신을 수고롭게 하는 것'(勞力者)을 구분하는데, 이는 한 때 정신노동과 육체노동으로 해석되기도 했는데, '마음'과 '몸'이 마치 치자와 피치자의 분업 관계를 설명하는 틀로 자주 인용되기도 했다. 하지만 눈여겨봐야 할 것은 바로 그 '수고로움'에 있다.

> 그러므로 '머리를 썩히는 사람도 있고, 골신(骨身)을 부리는 사람도 있다. 머리를 썩히는 사람은 사람을 다스리고 골신을 부리는 사람은 남의 다스림을 받는다.'는 말이 있지. 남의 다스림을 받는 자는 남을 먹여 살리고, 남을 다스리는 사람은 남에게 얻어먹게 되는 것이 이 세상 어디나 있는 일이야.[20]

맹자가 '머리를 썩힌다'는 것이나 '골신을 부린다'는 것은 모두 피곤한 일이다. 혹실드가 구분했던 정신노동과 신체노동의 구분과 맹자

---

20 맹자, 이을호 역, 『한글 맹자』, 현암학술문화연구소(補)(서울: 올재클래식, 2012), 96.

의 구분은 같으면서 다르다. 왜냐하면 맹자는 비록 '정신'(精神)이란 말 대신 '마음'(心)을 언급하고 있지만, 그가 사용하고 있는 '수고롭다'(勞)는 말은 당시 인간의 몸을 이해하는 새로운 사고와 관련되기 때문이다. 몸이든 마음이든 활동이란 수고로운 것, 스트레스를 주는 것이다. 장자는 바로 이런 문제에 골몰했던 사상가였다. 삶의 수고로움, 스트레스로부터 벗어남을 장자는 '노니는 삶'(遊)으로 표현한다.

> 혜자가 장자에게 말하였다. "위왕이 나에게 큰 박씨를 주기에 내가 그것을 심어 열매가 열렸는데 그 열매는 용량이 오석 들이나 될 정도로 크다. 여기에 마실 물을 담으면 무거워 들 수가 없다. 그래서 이것을 둘로 쪼개서 표주박을 만들었더니 얕고 평평하여 아무 것도 담을 수가 없었다. 공연히 크기는 하지만 아무 쓸모가 없기 때문에 나는 그것을 부숴버리고 말았다."
>
> 장자가 말하였다. "선생은 참으로 큰 것을 쓰는 데 졸렬하다. … 이제 그대에게 오석 들이의 큰 박이 있다면 어찌하여 그것으로 큰 술통 (모양의) 배를 만들어 강이나 호수에 '떠다니며 노닐'(遊) 생각을 하지 않고 그것이 얕고 평평하여 아무 것도 담을 수 없다고 걱정만 하는가. 그대는 작고 꼬불꼬불한 쑥대 같은 마음을 가지고 있구나."[21]

---

21 《莊子》〈소요유(逍遙遊)〉: 惠子謂莊子曰: "魏王貽我大瓠之種, 我樹之成而實五石, 以盛水漿, 其堅不能自擧也. 剖之以爲瓢, 則瓠落無所容. 非不呺然大也, 吾爲其無用而掊之." 莊子曰: "夫子固拙於用大矣. (...) 今子有五石之瓠, 何不慮以爲大樽而

혜시가 박씨의 열매가 쓸모없음을 구태여 말하자 장자는 그 쓸모없는 박씨의 열매를 강이나 호수에 띄워 떠다니며 노닐 것을 말한다. 장자의 노님은 쓸모없는 시간, 비생산적이고, 무가치한 의미의 영역을 은유한다. 하지만 오히려 장자는 그것을 적극적으로 받아들일 것을 요구한다. 또한 그것은 사회가 인간에게 요구하는 가치 있는 삶, 유의미한 삶으로부터 거리를 두는 것과 관련된다.[22]

보다 적극적으로 해석하자면 장자의 '유'(遊)의 개념은 초월적이거나 종교적인 차원의 것과 관련되기보다 오히려 사회적인 것과 관련되며, 이로부터 기인하는 어떤 '정신적 해방'(心遊)의 의미를 갖는다. 즉 그것은 강고한 위계적 '질서'(治)의 세계로부터 물러나 '향유하는 삶으로 가는 과정'(世遊)을 묘사한다. 그래서 '유'는 일정하게 무엇으로부터 '떠남' 혹은 '거리두기'를 의미하지만, 그것은 다시 회귀하는 요소를 함축한다. 정신적 과정으로서 '유'는 마치 하나의 여행처럼 나갔다가 돌아옴이며, 결국에는 '일상성으로 회귀'한다.

삶으로의 회귀 혹은 일상성으로의 복귀라는 주제는 곧 삶을 지키는 것, 의미의 논리 이전에 생명의 논리에 기반을 둔 삶이라는 주제와도 연관된다.

浮乎江湖, 而憂其瓠落無所容? 則夫子猶有蓬之心也夫!"(번역은 필자의 것.)

22 이에 대한 자세한 논의는 필자의 《노자의 칼 장자의 방패》, 제6장 참조. 여기서는 이 글의 주제와 관련된 부분을 초점으로 하여 설명하는 데에 그치고자 한다.

혜자가 장자에게 말하였다. "나에게 큰 나무가 있는데 사람들은 그것을 가죽나무라고 말한다. 그런데 그 줄기는 울퉁불퉁하여 직선을 그릴 수가 없고 그 잔가지는 비비 꼬이고 구부러져 동그라미나 네모꼴을 그릴 수가 없다. 그래서 이 나무가 길 옆에 서 있기는 하지만 목수가 쳐다보지도 않는다. 지금 그대의 말이 크기만 하고 쓸모가 없는지라 뭇사람들이 모두 버리고 떠나 버리는 것이다."

장자가 이에 대해 말하였다. "그대로 살쾡이를 본 일이 있을 것이다. 몸을 바짝 낮추고 엎드려서 나와 노는 작은 짐승들을 노리고 또 먹이를 찾아 동으로 서로 이리 뛰고 저리 뛰면서 높고 낮은 데를 가리지 않는다. 그러다가 덫에 걸리기도 하고 그물에 걸려 죽기도 한다. 그런데 지금 저 이우(斄)는 그 크기가 하늘에 드리운 구름과 같으니 이 소는 크기는 하지만 쥐 한 마리도 잡을 수 없다. 이제 그대에게 큰 나무가 있으면서도 그 나무의 쓸모없음이 걱정이 된다면 그것을 아무것도 없는 허무의 고을, 끝없이 펼쳐진 광원막대한 들판에 심어 놓고 그 옆에서 자유롭게 거닐면서 아무 하는 일 없이 지내고 그 아래에서 유유자적하면서 낮잠이라도 자는 것이 좋지 않겠는가. (이 큰 나무는) 도끼에 잘릴 염려도 없고 아무도 해칠 자가 없을 것이니 세속적인 쓸모가 없긴 하지만 괴롭게 여길 것 하나도 없다."[23]

이 긴 인용문에서 『장자』는 현실의 모순을 비판하거나 변화시키려는 변혁적(變革的) 실천도 아니다. 그것은 정치적, 사회적 태도이기보다 단지 한 생명 주체가 겪는 갈등과 억압의 승화를 의미한다. 쓸모없는 나무를 비유하며 장자를 힐난하는 혜시에게 장자는, 그 쓸모없는 나무를 너른 들판에 심어 놓고 "그 옆에서 자유롭게 거닐면서 아무 하는 일 없이 지내고 그 아래에서 유유자적하면서 낮잠이라도 자는 것"을 권유한다. 여기서 노니는 삶으로서 유(遊)는 무가치한 활동인 무위(無爲)와 같은 것임이 드러난다.

물론 『장자』가 말하는 '유'(遊)는 오늘날 현대인에게 일정한 의미를 갖는 만큼 일정한 한계 또한 갖는다. 이러한 '유'(遊)가 예술적 영감이나 활력은 줄 수 있을지언정, 우리 삶을 변혁하고 삶의 조건을 개선하여 삶 그 자체를 향유하게 하는 변화의 힘을 가질 수 있을지에 대해서는 회의적이다. 또한 『장자』가 권하는 '노니는 삶'은 노동의 재충전을 위해 놀이를 권장하고, 여가마저 하나의 산업으로 포섭되는 자본주의 사회에서 불가능한 것으로 여겨질 수 있다. 하지만 휴식이 아무런 의미가 없고 비생산적이라 하더라도 휴식이 불가능한 삶은 반생명적이고 삶에 대립되는 것이다.

프랑스의 철학자 프랑수아 줄리앙은 『장자』가 발견해 낸 이런 삶

23 『莊子』「소요유(逍遙遊)」: 惠子謂莊子曰: "吾有大樹, 人謂之樗. 其大本擁腫而不中繩墨; 其小枝卷曲而不中規矩, 立之塗, 匠者不顧. 今子之言, 大而無用, 衆所同去也." 莊子曰: "子獨不見狸狌乎? 卑身而伏, 以候敖者; 東西跳梁, 不辟高下; 中於機辟, 死於網罟. 今夫斄牛, 其大若垂天之雲. 此能爲大矣, 而不能執鼠. 今子有大樹, 患其無用, 何不樹之於無何有之鄉, 廣莫之野, 彷徨乎無爲其側, 逍遙乎寢臥其下. 不夭斤斧, 物無害者, 無所可用, 安所困苦哉!"(번역은 필자의 것.)

의 영역에 대해 이렇게 말한다.

> 산다는 것 자체는 어떠한 의미도 갖고 있지 않고(만약에 그것이 투사와 허구에 의한 것이 아니라면), 부조리하지도(그것의 실재를 믿지 않음으로서) 않다. 그것은 단지 의미를 넘어서 있을 뿐이다.[24]

삶은 언제나 의미의 영역과 관련되지 않는다. 때로 무의미하고 무가치한 삶의 영역처럼 보이는 것도 있다. 그러나 노동도 생산도 아니고 사색도 실천도 아닌 것, 토론도 아닌 웅성거림, 산책도 아닌 어슬렁거림, 일도 놀이도 아닌 빈둥거림과 같은 일상의 영역은 마치 무의미, 무가치, 무활동처럼 보일 수 있다. 그러나 그런 것들은 삶 그 자체이며, 우리의 생명으로서 의미를 넘어서 있다. 개인이 스스로의 삶을 돌보고, 공동체가 시민의 삶을 존중한다는 것은 휴식이 가능한 삶, 빈둥거리고 웅성거리는 삶의 영역이 가능할 때에야 비로소 그 말의 의미를 다하는 것이 아닐까 싶다. 시민에게는 때로 휴식이 필요하다.

---

24 프랑수와 줄리앙, 박희영 역, 『장자, 삶의 도를 묻다』(파주: 한울아카데미, 2014), 29.

참고문헌

그레이엄, 앤거스 해설·편역. 김경희 역. 2014. 『장자-사유의 보폭을 넓히는 새로운 장자 읽기』. 서울: 이학사.

김시천. 2014. 『노자의 칼 장자의 방패』. 서울: 책세상.

김희. 2012. 「장자의 遊를 통해 본 문화향유 주체에 관한 소고-장자의 遊와 호이징하의 놀이 개념 비교」. 『동양철학연구』 제69집. 동양철학연구회. 2012.

맹자. 이을호 역. 2012. 『한글 맹자』. 현암학술문화연구소(補). 서울: 올재클래식.

박영균. 2009. 『노동가치』. 서울: 책세상.

서동진. 2009. 『자유의 의지 자기계발의 의지-신자유주의 한국사회에서 자기계발하는 주체의 탄생』. 파주: 돌베개.

줄리앙, 프랑수와. 박희영 역. 2014. 『장자, 삶의 도를 묻다』. 파주: 한울아카데미.

카이와, 로제. 이상률 역. 1994. 『놀이와 인간』. 서울: 문예출판사.

하위징아, 요한. 이조인 역. 2010. 『호모 루덴스-놀이하는 인간』. 고양: 연암서가.

한병철. 김태환 역. 2015. 『심리정치』. 서울: 문학과지성사.

______. 김태환 역. 2013. 『시간의 향기』. 서울: 문학과지성사.

______. 김태환 역. 2012. 『피로사회』. 서울: 문학과지성사.

혹실드, 앨리 러셀. 이가람 역. 2009. 『감정노동-노동은 우리의 감정을 어떻게 상품으로 만드는가』. 서울: 이매진.

5장 세대와 문화생활*

유병래

1. 사회갈등과 세대 문제

생명체들이 노닐며 살아가는 대자연의 호수군이 지구에는 존재한다. 그곳의 크고 작은 호수들은 때때로 한 몸으로 변신하는 장관을 연출한다. 그렇지만 어쩌다가 연결 수위에 닿지 못한 작은 호수는 물이 말라감에 따라 바닥을 드러내고 이내 쩍쩍 갈라져 경계(境界)들로 나뉜다. 그렇게 고립된 봉역(封域)들 위에서는 아무것도 살지 못한다.

* 이 글은 『철학·사상·문화』 제19호(2015)에 실린 필자의 「세대갈등과 문화생활–시민성 구현과 관련하여」를 수정·보완한 것이다.

원천이 고갈되거나 유입수가 막혀 균열된 바닥은 어떠한 생명체도 품을 수 없다. 호수에는 바닥을 알 수 없을 만큼의 물이 있어야 생명체들이 깃들고, 그래야 호수다워진다. 물 자체는 유연하여 봉역을 긋지 않기에 모든 것들을 이어주고 살려준다. 양질의 물이 넉넉할 때 다종다양한 물고기들은 호수 자체를 잊은 채 무리지어 이곳저곳을 노닌다. 그런 물고기들은 물이 고갈되기 전에 서로에게 거품이라도 품어주는 게 함께 생존하는 도리라는 것쯤은 알고 있다. 평형을 이루는 호수는 날아가는 새도 품고 밤하늘의 은하수도 보듬어 물고기의 친구로 만들어주는 우주적 우애의 장(場)이다.

물이 생명체 존속의 터전이라는 진실을 생명체라면 모두가 직관하고 체현한다. 그런데 오늘날 인간사회는 어떠한가? 경제의 저성장과 빈부의 양극화뿐 아니라 저출산·고령화 사회로 급속히 이행함에 따라 경제·사회·문화가 정체(停滯)되거나 분리·분열되어가는 것에 대해 많은 국가들은 우려한다. 그런 가운데 인간사회의 토대가 갈라지는 파열음은 어떻게 표출되고 있으며 그 모습은 또 어떠한가? 역으로 인간사회를 형성하여 지속시키며 안정적인 활력을 갖게 하는 원천과 동력 그리고 윤활유는 과연 무엇일까? '문명(문화)을 만들고 역사를 만드는 일에 참여함으로써 자기 자신을 만들어 살아가는 존재가 인간'[1]이

---

1 이는 다음 글의 문맥을 따른 표현이다. 「'후마니타스(humanitas)'란 누구인가? 문명을 만들고 역사를 만드는 일에 참여함으로써 자기 자신을 만들어가는 자, 그가 후마니타스다」(도정일 편찬, 『문명 전개의 지구적 문맥 I: 인간의 가치 탐색』(경희대학교 출판문화원, 2013년 개정3판, 「책머리에」, xiv－xv).

라고 할 때, 오늘날 '인간의 호수' 곧 문화는 어떠해야 할까?

많은 사람들이 한국사회는 국내외적 요인들에 의해 비교적 심각한 갈등상태에 있다고 말한다. 그런 격동의 과정이 다음과 같이 갈파되고 있다. '압축성장'으로 표현되는 1960년대 이후의 한국사회는 엄청난 변화를 겪었다. 서구사회는 이익갈등에서 가치갈등으로 서서히 이행해온 반면, 한국사회는 상대적으로 짧은 기간에 다양한 종류의 갈등이 집중적으로 발생하는 '압축갈등'의 양상을 보인다. 또한 이익갈등(계층·지역갈등)과 가치갈등(이념·환경·세대갈등)이 동시에 분출하는 '복합갈등'의 양상을 띠기도 한다. 갈등관리 인프라가 극히 미비하고 대화와 타협을 통해 갈등을 해결하려는 성숙한 시민의식이 부족한 현 상황에서, 한국사회가 경험하는 압축적이고 복합적인 사회갈등의 문제는 심각한 도전이며 한국사회가 선진사회로 발전하기 위해 반드시 극복해야만 하는 과제이다.[2]

현재 한국사회는 가족·학교·직장 등 일상생활에서의 갈등은 물론, 경제적 불평등으로 인한 거시적 차원에서의 사회집단들 간의 갈등도 경험하고 있다. 그 양태들로서 경제(계층)·노사·이념·지역·남녀·문화·환경·세대갈등 등이 거론된다. 님비시설이나 위험물 처리 시설의 건립을 둘러싼 입지적 갈등이 표출되고 있으며, 도로·철도·전력 시설 등과 같은 국책사업들도 갈등상태로 얽혀든다. 이런 속에서 전통규범을 체질화한 자와 서구적 가치관을 추구하는 자, 가진 자와 못

---

2 윤인진, 「한국인의 갈등의식의 특성과 변화」, 윤인진 외 5인, 『한국인의 갈등의식의 지형과 변화』(고려대학교출판부, 2012), 16.

가진 자, 환경보호자와 환경개발자, 진보주의자와 보수주의자, 친북세력과 반북세력, 청년세대와 노인세대가 상호 대립한다.

그런데 사회갈등이라는 차원에서 접근할 때, 한국사회의 갈등 총량에서 세대갈등이 차지하는 비중은 그리 크지 않다는 주장들이 있다. 심각도 면에서 계층갈등 〉 지역갈등 〉 노사갈등 〉 이념갈등 〉 세대갈등 〉 남녀갈등의 순위를 이루는데, 이는 대체로 일관되게 나타나는 한국사회의 갈등지형도인 것으로 인정된다. '세대갈등'은 이 지형도에서 말단에 위치하며, 더욱이 한국사회의 세대를 둘러싼 논쟁이 갈등을 유발하는 실제적 비중보다 훨씬 과도하게 논의되고 있다는 우려의 목소리도 있다. 그들은 특히 상업적·정치적·저널리즘적 기획에 의해 세대담론이 과잉 양상을 띠는 것은 문제가 아닐 수 없다고 한다.[3]

그렇지만 한국사회의 세대갈등 논쟁 및 갈등지형도를 어떻게 바라보고 해석하느냐에 따라 세대갈등의 심각성은 매우 다르게 이해될 수도 있다. 급격한 사회적 변동 속에서 상이한 성장과정으로 인한 의식·행동·생활양식이 괴리되는 데서 야기되는 세대 차이는 오늘날 한국의 부모-자식 간에서 확연히 드러나고 있다. 현재 한국사회가 드러내는 세대갈등의 심각성을 알아보는 한 설문조사에서도 모든 세대들이 '대체로 심각하다'고 답하고 있으며, 기성세대에 비해 신세대가 더

3 박길성, 「한국사회의 세대갈등-연금과 일자리를 중심으로-」, 『한국사회』 제2집 1호 (2011), 5-9 참조; 윤인진 외 5인, 『한국인의 갈등의식의 지형과 변화』, 40 참조.

심각성을 느끼고 있는 것으로 나타난다.[4] 그렇다면 한국사회의 세대갈등 논쟁 및 갈등지형도를 보다 심층적으로 읽어야 하는 이유는 무엇인가?

한완상은 일찍이 한국사회의 세대문제에 주목하여 "당면한 여러 사회적·정치적·경제적 문제를 해명함에 있어 계급·지역·성별 등의 변수들의 예견력에 견줄만한 독립적 예견력을 세대변수가 지닐 수 있고, 현실적으로 계급갈등과 지역갈등에 못지않은 심각한 구조적 갈등이 세대갈등"[5]이라고 보았다. 이에 앞서 서구에서 세대문제를 처음으로 본격적이고 체계적으로 연구한 만하임(K. Mannheim, 1893-1947)은 이렇게 주장하였다. "세대문제는 다른 무엇보다 먼저 손을 대고 고찰해야 할 만큼 아주 중요한 문제이다. 세대문제는 사회 운동과 지적 운동의 구조를 이해하는 데 꼭 필요한 안내자들 가운데 하나이다. 당면한 현재의 급속한 변화 현상을 정확히 이해하려고 시도하자마자, 세대문제의 실천적인 의미가 즉시 명백해진다."[6] 이들의 견해에 따르면, 세대문제는 사회적·문화적 현상에 부수하는 지말적 차원에 불과한 것이 아니라, 오히려 모든 사회갈등 현상과 직접·간접으로 연루되는 근원적인 토대라고 할 수 있는 것이다. 그리하여 세대문제는 때로 일정한 사회적 국면에서 사회갈등을 격렬하게 주도하기도 한다. 세부

---

4 서용석, 『세대 간 갈등이 유발할 미래위험 관리』(한국행정연구원, 2013), 97.

5 한완상, 「한국사회에서 세대갈등에 대한 한 연구」, 『계간사상』 (1991년 봄호), 284·251-252 참조.

6 카를 만하임, 이남석 역, 『세대 문제』(서울: 책세상, 2013), 39.

적으로는 물질적 이해(利害)의 상충, 권력과 통제를 둘러싼 충돌, 문화적 차이 혹은 편견에 따른 대립, 사회적 고립과 소외에 따른 저항 등이 세대문제와 관련하여 갈등을 일으키는 것들이다.[7]

거시적으로 조망할 때, 세대문제는 한국사회뿐 아니라 세계적 범위의 인류사적 문제로서 매우 복합적인 성격을 지니고 있는 것으로 드러난다. 그것은 인류의 생존 조건에 맞닿아 있는 것으로서 복잡하고 다양한 의미 층위를 갖는다. 세대문제는 근본적으로 인간이 생로병사에서 자유롭지 못한 한계적 존재이면서도, 동시에 다양한 욕구와 욕망을 지니며 게다가 자기의식을 바탕으로 스스로 느끼고 생각하고 아울러 그것을 표현하고 실천하는 가운데 '의미를 추구'하는 존재라는 인간의 특성에서 발생한다. 사람에 따라 느끼고 생각하고 표현하고 행위를 하는 것은 각기 다를 수 있는데, 이를 기초로 하여 형성되는 세대 차이는 인간 생활의 모든 영역에서 대립하거나 길항할 요소를 잠재적으로 지닌다. 이러한 세대 차이는 인구학적 변동과도 뗄 수 없는 관계에 있는 것이므로, 한 사회의 현재 상태는 물론이거니와 그 미래적 성격까지도 형성하고 규정하는 기초가 된다. 그리고 세대 차이는 인간의 모든 의식과 가치를 표출하도록 만드는 원천이라는 점에서 세대문화와도 직결되는 특성을 지닌다. 따라서 세대문화의 성격이 어떠하며 또한 그들 간의 차이가 어떻게 발생하는지를 이해하기 위해서도 세대 차이에 유의해야 한다. 이런 점들에서 세대 차이에 따

---

7 구자숙 외 2인, 「세대 격차와 갈등의 사회심리적 구조」, 『심리과학』 8(1)(1999), 123-139 참조.

르는 세대문제는 여타의 사회갈등들과는 차원을 달리 하는 근원성과 보편성을 지니는 것이라고 할 수 있다. 그렇기에 세대연구가들은 사회적 갈등이 일어나는 가장 기초적인 장(場)이 다름 아닌 세대라고 주장한다.

세대문제 자체는 보편성을 갖지만, 그 양상은 시대·사회·문화에 따라 매우 다양한 모습을 띤다는 것이 일반적인 견해이다. 근현대에서 세대문제는 서양 근대의 위기상황과 더불어, 그리고 두 차례의 세계대전에 따른 정치적·사회적 격변과 더불어 프랑스·독일·영국 등지에서 논의되기 시작했다. 그리고 1960년대 학생들의 체제 저항운동(프랑스의 '68혁명')이 세대문제에 대한 관심을 촉발시켜 청년세대와 기성세대 간의 관계가 한동안 연구의 초점이 되었다. 최근에는 인구고령화 추세를 반영해 노년층과 청·중년층 간의 세대갈등에 대한 연구도 활발히 이루어지고 있다.[8] 오늘날 한국사회에서 세대문제는 가족·마을·학교·직장 그리고 정치·경제·사회·문화·교육의 영역은 물론, 정보격차문제·직업문제·노년문제·의료문제·생태문제 등과 관련해서 공개적으로 논의되는 다면적인 시사성 논제로 부각되었다. 세대갈등은 더 이상 잠재적 수준으로 있거나 사회적으로 '가벼운 변증법적 긴장' 정도에 불과한 것이 아니다. 따라서 세대문제 및 세대갈등에 관한 탐구는 그 어느 때보다도 현시점에서 큰 의의를 갖는다.

---

8 박재홍, 「세대연구의 이론적·방법론적 쟁점」, 『한국인구학』 제24집 2호(2001), 47-78 참조.

유치원이 졌다. 그리고 양로원이 이겼다. … 청년 정책은 졌고, 노인 비전은 이겼다. 양로원이 대한민국을 쥐락펴락하는 사이 유치원은 아등바등 난리 천지다.[9]

이토록 극단적인 표현을 하지 않을 수 없게 만드는 한국사회의 세대정책은 대체 어떻게 이루어지고 있는가? 자녀 양육과 부모 부양을 둘러싼 재원의 배분에서 국가가 조세에만 의존하고 그 부담률을 높여가는 고비용 정책을 시행하는 것은 세대갈등을 해결하기보다는 오히려 더 극명하게 대립시키는 결과를 낳는 것으로 보인다. 물론 복지정책에서의 조세 의존 자체를 부정하는 것은 민주주의 국가에서는 생각하기 어려운 일이다. 이런 딜레마적 상황에 처하여, 오늘날은 이미 세대갈등을 넘어 '세대전쟁'으로 접어든 시대라고 주장하는 자들이 국내외적으로 급증하고 있으며 관련 저술도 줄을 잇고 있는 실정이다.[10] 더욱이 세대문제가 애초부터 전쟁으로 시작된 것이라고 상기된 목소리를 내는 이도 있다.

세대갈등은 '전쟁'이라 불러도 전혀 손색이 없을 정도로 투철하고 혁명적인 힘을 발동시킨다. … 생물학적으로 프로그래밍되어

9 전영수, 『세대전쟁』(서울: 이인시각, 2013), 13.

10 로런스 J. 코틀리코프·스콧 번스의 『세대충돌』, 베르나드 스피츠의 『세대 간의 전쟁』, 프랑크 쉬르마허의 『고령 사회 2018』, 전영수의 『세대전쟁』, 박종훈의 『지상 최대의 경제 사기극, 세대전쟁』 등이 그렇다.

> 있기에 역사가 가장 깊은 전쟁이며, 수천 년 전부터 심리전으로, 말과 모욕의 전쟁으로만 치러졌기에 가장 현대적인 전쟁이다. 젊은이들은 노인들의 정체성을 파괴해 노인들을 죽인다. 그리고 그 과정에서 거의가 언어와 이미지만 사용한다. … 이러한 영혼의 전쟁 배후에는 노화와 경제의 갈등이 숨어 있다.[11]

사회학적·인류학적 입장에서 바라보는 이러한 세대전쟁론이 '노화'·'경제 갈등'·'언어'·'이미지'를 키워드로 한다는 점을 일단 기억해두자. 그리고 '이러한 영혼의 전쟁 배후에는 노화와 경제의 갈등이 숨어 있다'는 주장에 대해 물음표를 달아놓자. 위와 같은 주장에 앞서 미국의 세대문제 전문가 토레스 길(Fernando Torres-Gil, 1992)은 21세기 인류가 직면할 화두로서 '세대 간 공존'을 제시했는데, 이 역시 세대전쟁으로 치달아갈 가능성이 높다는 상황판단에서 내놓은 예견이었다. 앞으로는 다세대사회가 되어 4세대가 공존하는 것은 기본이고 5세대 이상의 공존 가능성도 예측된다. 그렇게 되면 세대문제는 사회 각 부문의 급변하는 여러 문제들과 얽혀들면서 유례없이 복잡한 양상으로 전개될 것이며, 그에 따라 세대문제의 해법도 패러다임의 혁신 속에서 모색되어야 할 것이다.[12]

---

11 프랑크 쉬르마허, 장혜경 역, 『고령 사회 2018』(서울: 나무생각, 2005), 84-86.

12 함인희, 「세대갈등을 넘어 세대 공존을 향해」, 『계간 사상』 (2000년 봄호), 188-189 참조.

세대문제는 현대사회의 각 부문에서 구성원들 간의 불소통·부조화를 야기해 사회갈등을 일으키고 있다. 민주주의 시민사회에서 이런 매듭을 풀어내는 것은 시민 모두의 공통된 과제이다. 보다 '탁월한 인간'이면서 동시에 더 '좋은 공동체'를 지향하는 성숙된 시민성(civility)을 갖는 것은 오늘날의 시민이라면 누구나가 추구해야 할 자발적인 의무이다. 이런 자명감(自命感)에 의거한 의무의 실천을 통해 세대 간의 상보·상생을 이루는 것은 '좋은 인간 세계'를 형성하는 데서 관절적인 기능을 발휘할 것이다. 우리의 현재적 화두는 시민성 형성 및 그 구현을 통한 세대 간의 상보·상생이라고 할 수 있다.

필자는 한국의 기존 사회현상에서 가시화된 세대 차이 및 세대갈등에 대한 다양한 선행 연구를 수용하면서, 오늘날 한국사회에서 요구되는 시민성과 관련한 가치관·사유방식·행위양식이 어떠해야 할지에 관해 탐구하고자 한다. 기존의 사회과학적 연구 성과에다 인문학적 측면에서의 원인 진단 및 해법을 연결시키는 방식을 취할 것이다. 이것은 일정 정도 학제 간 탐구의 성격을 지닌다. 그렇게 하여 상생의 세대문화를 이루어갈 수 있는 가능성의 방향을 제시하고자 하는데, 전반적으로 '청년세대[13]와 노년세대'의 상보·상생의 방안에 초점을 두어 논의를 전개할 것이다.

---

13 이 글에서 '청년세대'는 '젊은 세대'와 같은 의미로 사용된다. 단지 문맥이나 인용에 따라 다르게 표현할 따름이다.

2. 세대의 연속성과 단절적 요소

1) '세대'의 정의와 의미

한자어 "'世代'에서의 '세'는 사람의 한 평생을 뜻하고, '대'는 대신하여 잇는다는 뜻이다. 본래 '세'와 '대'는 전통사회에서 가계(家系)의 체계를 구성하는 핵심개념으로서 앞서 있는 선대와 뒤를 잇는 후대의 연속성을 그 중요한 의미로 하였다. 이러한 것이 오늘날 일반적인 연령층별 현상을 설명하는 '세대'로 학술화된 것은 구미의 사회학 이론이 본격적으로 도입된 1960년대부터이다."[14] 그리하여 오늘날 『국어사전』(네이버)에서는 "같은 시대에 살면서 공통의 의식을 가지는 비슷한 연령층의 사람들"이라고 '세대'를 다르게 정의한다. 서구의 경우에도 그 어원상에서는 동아시아의 전통과 공통점을 지니고 있는 것으로 보인다. 세대의 어원을 추적한 나쉬(Nash, 1978)에 따르면 세대〔generation〕는 그리스어 'genos'에서 유래하는데 그 주요 의미는 자녀의 출산, 보다 일반적 의미로는 '새로운 존재의 출현〔to come into existence〕'이었다. 세대라는 용어는 어떤 존재를 전제로 하여 그와 다른 새로운 존재의 출현이라는 상대적인 의미〔부모세대에 대한 자녀세대〕로 사용되었는데, 그 용어에는 자신이 속한 '어느 집단과의 공통점과

14 한국학중앙연구원, 『한국민족문화대백과』(네이버 지식백과), 「世代」, 1 참조.

그 밖의 다른 집단과의 차이점'이라는 함의(含意)가 내재해 있다.[15]

이러한 기본적인 특성을 기초로 하여 우리의 일상생활에서는 다양한 방식으로 세대를 구분한다. 대략 35세 또는 40세를 기준으로 하여 '기성세대/젊은세대', '성인세대/청소년세대', '구세대/신세대'로 이분하는 경우가 있다. 또한 '청소년세대/중년세대/노인세대', '젊은세대/중간세대/기성세대', '과거세대/현재세대/미래세대'로 삼분하는 경우도 있다. 생애주기를 적용하여 유년기·소년기·청년기·장년기·노년기세대로 구분하기도 한다. 언론과 광고업체들은 1318·2030·3040·5060세대라는 구분을 한다. 그런데 이들은 다소 모호한 개념들이어서 각 세대가 지닌 정체성이나 가치관을 뚜렷이 반영하지는 못한다. 물론 이런 개념들이 세대를 범칭하는 데 편리성을 준다는 점은 인정되지만, 다양한 성격을 지니고 있는 오늘날의 사회에서 연령집단(age cohort)에 의거해서만 세대를 구분하는 것은 학술상 한계를 드러낸다. 학문적으로 세대를 논하는 데서 정형화된 것으로서 APC효과, 즉 연령(age)과 시대(period)와 출생 시기(cohort)를 갖추는 것이 있다. 여기서 특정 세대의 출생 혹은 사회화 과정에서의 경험이 다른 세대와 구분되는 것은 코호트(C) 효과이고, 생애주기에 따른 연령별로 세대가 구분되는 것은 연령(A) 효과이다. 예컨대 '386세대'라는 표현은 30대라는 연령(A)과 1980년대를 겪었다는 시대(P)와 1960년대에 출생했다는 코호트(C)를 반영한 명칭이다.[16]

---

15 박재흥, 『한국의 세대문제』(파주: 나남출판, 2005), 73.

16 김재한, 「정치적 세대갈등의 오해와 이해」, 『의정연구』 제22권 (한국의회발전

'세대'에 대한 정의는 학문 분야들뿐 아니라 학자들에 따라서도 각기 다르게 이루어져왔다. 사실 '세대'에 대해 정의내리는 일은 난제일 수밖에 없다. 인간은 안팎으로 즉 육체적, 정신적 또는 생물학적, 사회학적, 문화적으로 다양한 변화를 겪으면서 '살아 움직이는〔活動〕' 존재이기 때문이다. 이처럼 세대의 기반인 인간 개체들은 끊임없이 변화·변모하는 과정상에 있는 '과정적' 존재이다. 그리고 세대의 '차이'는 세대들의 가치의식 및 사유방식과 행위양식을 기준으로 하여 성립하는데, 이들 역시 근본적으로는 가변적이며 생성적인 것이다. 인간이 부모-자식 관계를 맺고 게다가 사회를 형성하는 존재인 한 반드시 갖게 되는 것이 세대문제인데, 한 사회에서 세대는 기본적으로 독립적이거나 고립적이지 않고 마치 연속적으로 짚을 매겨 새끼를 꼬아가는 것처럼 여러 세대가 중첩(重疊)하여 공존하고 연속한다. 따라서 세대 정의의 문제는 다차원적인 중층성(重層性)을 띠며 인간생활의 지극히 광범위한 영역들과 관련되는 것일 수밖에 없다. 본래 고정적이지도 않고 단일하지도 않은 것을 인간사회를 이해하고 새롭게 구성해가기 위해 부득이 고정화하고 한정시켜보려는 데서 인간의 이성과 언어는 어려움을 겪는 것이다.

갖가지 어려움이 있지만, 우리는 기존의 연구들을 일별하고 종합하는 방식을 통해 오늘날 어느 정도 합의할 수 있는 '세대' 정의를 찾아볼 수는 있다. 물론 그것은 분과 학문들에서의 단일한 정의가 아니

연구회, 2006), 142.

라 학제적 관계에 의거하는 융섭적(融攝的)인 것이다. 우선 "그동안 세대연구가들이 사용해온 세대의 의미를 크게 네 가지로 분류해 볼 수 있다(Kertzer, 1983). 첫째 '부모세대'와 '자식세대'로 구분〔상호간 관계 위치〕하는 것처럼 가계(家系) 계승의 원리로서 '세대'를 사용하는 경우, 둘째 나이를 먹음에 따라 연령층을 함께 이동하는 동시출생집단〔cohort〕을 의미하는 경우, 셋째 '청소년세대'나 '노인세대'라고 부를 때처럼 생애주기〔life cycle〕의 어느 단계에 있는 사람들을 통틀어 지칭하는 경우, 넷째 '전후세대'나 '4·19세대' 등과 같이 어떤 특정한 역사적 경험을 공유한 사람들을 총칭하는 경우이다. 어떤 경우에서든 세대라는 개념은 '나이'와 밀접한 관련이 있다."[17]

첫째 의미로서의 인간의 일대기적 관점에서 보면, '세대'란 어떤 사회에서 여성이 출생하여 자녀를 처음 낳을 때까지의 기간을 평균화한 것을 지칭한다. 오늘날 가족에서의 한 세대는 대략 15년에서 30년 사이에 걸치는 것으로 조사된다. 그런데 이런 관점은 개인이 경험하게 되는 생물학적 발달과정과 사회구조적 변화 간의 관계를 고려하지는 못한다. 그래서 만하임(1952년)은 실제 세대를 '역사적 경험과 의식을 공유하는 집단'이라고 보았다. 그런데 서구사회가 애초에 세대에 관심을 갖게 된 것은 세대 간의 계승문제였다. 즉 역사적 시간의 흐름에 따른 사회적 성원들의 교체에도 불구하고 어떻게 일정한 문화적·제도적 요인들이 안정적으로 유지되는가에 대한 관심이 세대문제를 주목

17 한국사회학회, 『한국사회의 세대문제』(파주: 나남출판, 1990), 12.

하게 만들었던 것이다. 그리하여 만하임은 한정된 생명력을 갖는 인간 공동체가 생물학적 생식을 통해 구성원의 재생산을 이루어낸다는 사실이, 인류의 문화적·제도적 요인들의 지속과 유지를 위한 세대 간의 계승을 만들어내는 배경이라고 주장하였다. 그렇지만 사회 변동의 속도가 지나치게 빠를 경우 세대를 통한 계승에 문제가 발생한다. 세대 간 경험의 격차가 커지면서 세대계승이 순조롭지 못하게 되는 것이다.[18] 여기에서 세대 간의 단절적 요소가 무엇인가라는 물음, 그리고 그것에 어떻게 대처할 것인가라는 고민이 야기된다.

만하임의 위와 같은 주장을 라이더(N. Ryder, 1966)는 '동시출생집단' 또는 '동년배〔cohort〕' 개념으로 바꾸어 보았다. 즉 동년배 집단이 동일한 역사적 경험에 노출된다는 사실을 강조하는 것이다. 코호트 효과〔cohort effect〕는 연령적으로 동질집단을 의미하는 동시에, 그 동년배 집단들은 서로를 포용하기 때문에 굳이 세대만의 공유된 의식을 상정하지 않고서도 동년배 집단이 사회변화 과정 속에서 일정한 역할을 할 수 있으리라고 보는 것이다. 그러나 릴리(M. Riley, 1988)와 그의 동료들은 다시 연령이 사회조직의 핵심 원리라고 주장했다. 즉 사회는 연령에 따라 구조화되고, 사회구성원은 연령에 따라 층화되며, 자원과 기회의 분배방식을 조작하는 과정에서 연령이 매우 중요한 구분 기준이 된다는 '연령계층론'을 발전시킨 것이다.[19] 이런 연령집

18 이창호, 「세대 간 갈등의 원인과 해결방안」, 〈한국청소년학회〉 학술발표논문집 (2002), 134-135.

19 함인희, 「세대갈등을 넘어 세대 공존을 향해」, 193-195 참조.

단[age cohort]에 의거한 세대구분은 초기 세대 연구에서부터 오늘날에 이르기까지 주요한 구분법으로 자리 잡았다. 연령을 주요 기준으로 삼게 된 데에는 연령에 따라 '경험하는 바'가 다르다는 점과 10년 정도의 간격이라면 경험의 차이에서 오는 충돌의 지점이 분명히 있을 것이라는 가정이 크게 작용하였다.[20]

이러한 연령계층론에 길을 터준 것이 생애주기접근법이다. 이는 개인적 시간과 역사적 시간이 교차하는 과정에 주목한다. 아울러 개인적 시간 또한 사회적으로 구조화되고 사회구성원들에 의해 공통적으로 인식되는 사회적 시간표에 따라 짜인다는 점을 주목한다. 사회적 시간표에는 새로운 역할을 담당하게 되는 시기의 순서가 나타나고, 그 시기를 언제 지나는 것이 가장 적합한지에 대한 규범이 존재한다. '사회적이고 역사적인 시간'이란 한 시대의 획을 긋는 사건이나 사회구조적 변화와 문화적 격변 등을 의미하는데, 서로 다른 역사적 시간을 통과해온 세대는 각기 다른 역사적 경험으로 인해 다양한 가치관으로 채색된 안경을 끼고 세상을 바라보게 된다. 이런 점에서 세대란 개인의 생물학적 성숙과정과 사회구조적 변화가 상호작용하는 지점에서 형성되는 사회현상이라고 할 수 있다. 생물학[자연]과 역사[문화]가 만나는 지점에서 형성되는 세대야말로 사회구조와 개인 행위를 연결하는 지점인 동시에 미시적 관계와 거시적 구조가 함께 작용하는

---

20 조성남·박숙미, 「한국의 세대관련 연구에 나타난 세대개념의 구분과 세대갈등을 이해하는 방법에 관한 일 고찰」, 『사회과학연구논총』 제9권 (사회과학연구소, 2002), 50.

장이라고 할 수 있다.[21]

세대라는 개념을 규정하는 가장 중요한 기준은 '차이[격차]'이다. 출생 시기의 차이, 특정한 사건 경험의 차이, 집단 내 위치의 차이 등과 같은 일련의 차이가 전제되지 않고서는 세대의 의미가 존재할 수 없다. 이들 개념이 공유하는 특징은, 일정한 무리의 사람들을 지명하는 집단적 개념이라는 것이다.[22] 여기에 더해서 생각해야 할 것은, 세대들이 서로를 어떻게 인식하고 대할 것인가라는 점이다. 즉 '다른 세대와의 관계' 역시 고려해야 할 중요한 사항이다. 로젠탈(Rosenthal, 2000)이 지적한 바와 같이, 실제 세대는 다른 세대와의 상호작용과 어떤 생애단계에서 공통적으로 경험한 사회적·역사적 사건과 가치관의 공유를 통해서 형성된다. 세대형성 과정에 대한 과학적 이해와 설명은 이런 대외적 구별[다른 세대와의 상호작용]과 대내적 결속[경험과 가치관의 공유]의 양 계기를 모두 포함해야만 한다. 세대 간 구별은 세대 내의 결속을 전제로 하고, 또한 그 결속은 구별을 필요로 하는 것이다.[23]

지금까지의 논의에 부가하여 종합하자면, '세대'란 동일한 문화권에서 비슷한 시기에 출생하여 역사적 사건과 사회적·문화적 경험을 공유하고, 그에 의거해 비슷한 가치관 및 사고방식·행위양식을 지닌 사람들의 집단[age groups]을 뜻한다. 세대는 청소년기의 경험을 바탕

21 함인희, 「세대갈등을 넘어 세대 공존을 향해」, 188−189.

22 이창호, 「세대 간 갈등의 원인과 해결방안」, 134.

23 서용석, 『세대 간 갈등이 유발할 미래위험 관리』, 24.

으로 성층화되는데, 이로써 환경, 연령, 학습, 경험, 습관, 취향, 인식, 지식, 사유, 사상, 감정 등을 바탕으로 한 정치적, 경제적, 사회적, 문화적 측면에서 가치상의 세대 차이가 발생한다.[24] 따라서 세대연구가들은 특히 '청년기의 경험'에 큰 관심을 갖는다. 오랜 시간을 통해 경험되는 많은 사건들 중에서도 청년기에 경험한 거시 사회변동적 요소가 세대 의식의 형성에서 매우 중요한 조건이 된다고 보는 것이다.[25] 이러한 견해의 일반화는 딜타이(Wilhelm Dilthey)가 "세대는 감수성이 예민한 시기에 동일한 거대 사건과 변화를 경험한 개인들의 긴밀한 집단으로 이루어진다"(「인간, 사회, 국가에 대한 학문의 역사 연구에 관하여」, 1875)라고 한 것에서 연원한다.[26] 이런 세대의 특성은 세대갈등 해결의 접근 방식에 대한 가이드라인을 일정 정도 내포한다.

---

24 다음의 논의에서는 이러한 세대 정의를 바탕으로 하면서, 논의를 포괄적으로 하기 위해 청년세대·중년세대·노년세대의 삼분 방식을 기반으로 한다. 물론 사안에 따라 '청년과 중년'·'청년과 노년'·'중년과 노년', '청년·중년과 노년'·'청년과 중년·노년'이라는 상호 관계의 경우들을 고려할 수 있다. 필자는 대개의 경우 이들 가운데의 청년세대와 노년세대의 관계를 위주로 논의를 전개할 것이다.

25 박경숙 외 5인, 『세대 갈등의 소용돌이』(서울: 다산출판사, 2013), 15-17 참조.

26 고유경, 「세대의 역사, 그 가능성과 과제」, 『서양사론』 제93호 (2007), 91-192 참조.

2) 세대 차이와 세대갈등 그리고 세대이동

'세대 차이'란 가치관이나 의식형태 등의 면에서 세대 간에 발생하는 차이 즉 격차를 뜻한다. 사람들은 동일한 문화권에서 비슷한 시기에 출생하여 역사적·문화적 공유 경험에 따라 유사한 가치관과 사유방식과 행위양식을 갖게 된다. 그런데 상이한 사회적 경험은 서로 다른 심리적 구성을 내면화하고, 결과적으로 삶의 양식과 문화를 상이하게 형성하여 세대 차이를 드러낸다. 그러한 차이가 특정한 언행으로 표출되면서 세대 간에서 빚는 갈등이 곧 '세대갈등'이다. 세대 차이는 인류가 생물학적 재생산의 과정을 통해 역사와 문화를 이어가며 지속적으로 변화하는 한 언제나 존재할 수밖에 없는 자연스러운 현상이다.[27] 이것을 '자연스러운 현상'이라고 말하는 이유는, 이것이 세대 구분의 기초인 '연령'의 특성에서 기인하기 때문이다. 연령분화는 성별분화와 함께 인간사회에 최초로 출현한 자연적인 분화의 한 형식이다. 기본적으로 생물학적 성격을 갖는 연령에 따라 권리와 의무, 지위와 역할, 일의 종류와 성격에 차이가 발생하는데, 때로는 이러한 분화에 기초해 동일 연령집단 내의 연대와 다른 연령집단 간의 갈등이 일어난다.[28]

세대 차이 문제는 사회변화 성격과 직결되는 것이기 때문에, 급속

---

27 최원기, 「세대격차와 세대갈등에 대한 성찰적 논의」, 『한국인간관계학보』 제11권 1호 (2006), 86－87.

28 박재홍, 『한국의 세대문제』, 49 참조.

한 사회변화에 의한 세대 간의 큰 격차는 세대갈등의 가능성을 심화시킬 수 있는 개연성을 갖는다. 그렇지만 거기에는 세대를 대하는 자세와 방식의 조율이라는 다른 요소들이 개입될 수 있는 까닭에, 모든 세대 차이가 필연적으로 세대갈등으로 치닫는 것은 아니다. 세대 차이로 인한 세대갈등에는 단번에 잠그기도 하고 또 열기도 하는 자물통과 열쇠라는 것이 없는 셈이다. 사회의 부조리하고 불합리한 문제를 해결하는 데서 정당한 문제제기〔비판과 저항〕[29]가 결정적인 역할을 하는 경우를 볼 수 있는데, 이는 세대 차이가 갈등이나 적대로 치닫지 않을 수 있는 가능성을 시사한다. 더 나아가 보면, 현상적 차원에서의 세대 차이는 사회 구성원의 다양성을 확보하여 생활에 활력을 줄 수 있고, 본질적 차원에서의 세대의 통일성은 사회통합으로 이어지는 질서를 가능케 한다. 여기서의 '사회통합'이란 지배체제를 유지하기 위한 것이라든가 사회를 거대하고 조밀하게 조직화하고 관리하는 것을 의미하는 것이 아니라, '더 좋은 삶을 함께 구현하는 것'을 뜻한다. "소극적인 뜻의 통합은 예외성과 주관성이 없음을 뜻한다. 다시 말해 부드럽게 기능을 다하는 사회가 통합성이 있는 사회이다. 그러나 적극적인 뜻의 통합성은 '개인의 욕구와 가능성'이 '사회의 요구와 조건'에 일치하는 이상적인 경우를 의미한다."[30] '통합(integration)'은 전제(專制)나 획일화〔unifying〕 및 강제나 희생과는 거리가 먼 개념이다.

29 필자는 이것을 갈등이나 적대, 즉 '불화하여 다툼'이라는 의미로 여기지 않는다.

30 드류스·립손, 정태위 역, 『삶과 가치관』(고양: 제이앤씨커뮤니티, 2010), 170.

우리는 여기서의 개인을 '세대'로 대치하여 확장적인 의미를 생각을 해 볼 수 있다.

이제 사회와 문화에 변화를 일으키는 원동력이 무엇인지에 관해 생각해보자. "서로 다른 가치관·규범에 따라 형성된 행동양식을 지닌 집단 간에는 긴장이나 경쟁이 존재할 여지가 있다. 그리하여 개인이나 집단 간에 경쟁이 부재한 사회는 정체되며 올바른 발전을 기대하기 어렵다. 경쟁은 자칫 집단 간에 갈등과 투쟁적 양상을 초래하게 되지만, 코저(Lewis Coser, 1956)는 갈등도 잘 관리되면 사회에 바람직하게 작용될 수 있음을 지적한 바 있다."[31] 이는 칡이나 등나무의 덩굴처럼 얽히고설키는 사회적 갈등(葛藤)이 있기에 그것을 풀고 조정하는 정치 행위라는 것이 존재하며, 그런 과정을 통해 사회가 발전한다는 입장이다. 한편 문화적인 측면과 관련하여 이렇게 주장하는 학자도 있다. "세대 간의 역사적 경험과 사회화 경험의 차이 때문에 빚어지는 문화갈등은 불가피한 것이며 또한 그것에는 순기능적인 측면이 있다. 의식과 정서, 행위양식이 개인/집단/코호트가 처한 상황과 경험으로부터 크게 영향을 받는다고 전제할 때, 상황과 경험이 다른 세대 간의 문화갈등은 자연스러운 현상이다. 또한 젊은세대가 기존의 규범과 가치관·세계관에 의문을 제기하지 않고 앞선 세대의 방식을 그대로 답습할 때 사회가 활력을 잃고 정체될 것임을 상상한다면 문화갈등의 순기능도 이해할 수 있다."[32]

31 한국사회학회, 『한국사회의 세대문제』, 86.

32 박재홍, 「한국사회의 세대갈등」, 『한국인구학』 제33권 3호 (2010), 94.

그러나 사회의 발전이나 활력을 위한 문화갈등이 '불가피한 것'이라거나 '자연스러운 현상'이라고 주장하는 데는 동의하기 어렵다. 갈등 자체를 '자연스러운 현상'이라고 인정할 경우, 인간이 사회적 차원에서 할 수 있는 일 또는 해야만 할 일이 과연 있을까? 그것이 자연스러운 것이라면 굳이 관리하거나 조절하려 들 것이 아니라 그대로 놔두는 게 최선일 터이다. 자연스러운 것은 선택지들에 직면하여 고민하고 적실성을 갖는 세밀한 해법을 모색하는 일이지 갈등을 일으키거나 조장하는 게 아니다. 어떻게 고민하고 모색하는가에 따라 서로 다른 것들이 조화하기도 하고 갈등하기도 하는데, 갈등은 인간의 욕망들이 충돌하는 상태로 접어든 데서 비롯되는 작위(作爲)이기에 인위적 조절의 대상이 되는 것이다. '갈등'이라는 말 자체가 모호한 것이어서 이론의 여지가 있기는 하지만, 필자는 적대와 전쟁을 자연적이며 정상적인 현상이라는 식으로 보는 갈등이론이라면 수용하지 않는다. 그렇지만 한 사회에 새로운 차이를 지닌 세대가 충원되는 것은 '신선한 사회적 시각'과 '역동적(逆動的)인 활력 관계'를 가능케 하는 기반을 제공한다는 점에서 긍정적이고 창조적인 의미를 갖는다고 본다. 이런 점에서 세대 차이는 사회가 바람직한 방향으로 변화해가는 계기 내지 원동력이 되는 것이라고 말할 수 있다.

그런데 세대 차이에 관한 대개의 연구들은 그것이 세대갈등을 형성하고 종국에는 불신·적대·대결·충돌·전쟁·단절 등으로 치달을 것이라는 점을 예상하는 데 주안점을 둔다. 이는 세대갈등이 사회의 통합을 저해하여 사회를 첨예하고 전면적이며 장기적인 불안정 상태로 몰아가서는 안 된다는 우려를 표명하는 것이다. 이런 입장은 당장의 현실만이 아니라 미래에 대한 예측과 더불어 그에 대한 대안을 미리 마련하는 예비적인 측면, 즉 일종의 미래학적인 특성을 지닌다. 한 시대의 인구학적 변동은 장기간에 걸쳐 그 작용력을 갖기 때문에, 그에 대한 미래학적 통계와 예측은 비교적 높은 객관성과 신뢰성을 지닌다.

이처럼 세대 차이 및 세대갈등의 심각성에 대한 서로 다른 이해와 입장들이 있다. 과거와 현재를 놓고 볼 때, 세대 차이가 세대갈등으로 심화되어 어떻게 가시화되느냐에 따라 그 심각성을 다르게 인식하고, 그에 대응하는 자세와 방법을 달리 하는 것은 상식이다. 일반적으로 세대 간 갈등은 이해(利害) 관계의 상충에서라기보다는 가치관·의식구조·행위양식 등 사회적·문화적 조건의 차이에서 발생하는 경우가 대부분이었다.[33] 그런데 오늘날 격변하는 사회에서 세대문제는 정치·경제·사회·문화·교육·정보 등의 측면에서 복잡성을 띠어가면서 상호경쟁을 심화시키고 있다. 전통적으로 세대문제는 가정에서의 부모-자녀 관계를 주축으로 하여 단순한 반발·반항과 길들이기 간의 갈등 차원의 것이었다. 이에 비해 오늘날에는 세대 간에서는 물론 세대 내에서도 다양한 분화가 진행됨에 따라 갈등의 축이 다변화하고 있으며, 그 내용에서도 희소한 사회적 자원과 기회의 통제를 둘러싼 권력투쟁의 성격이 전면화되고 있다.[34] 특히 경제의 저성장과 관련하

---

33 조성남·박숙미, 「한국의 세대관련 연구에 나타난 세대개념의 구분과 세대갈등을 이해하는 방법에 관한 일 고찰」, 40.

34 함인희, 「세대갈등을 넘어 세대 공존을 향해」, 188-189 참조.

여 저출산·고령화의 문제, 일자리 부족의 문제, 연금과 복지혜택의 문제 등이 오늘날 세대갈등의 중심에 놓여 있는 주요 과제이다. 한마디로 "전통사회가 세대연속성을 구조적으로 가능하게 한 사회라면, 현대의 산업사회·정보사회는 세대단절성을 구조적으로 촉진하는 사회"[35]라고 할 수 있다. 오늘날의 이런 상황에서 세대갈등이 심화될 것으로 예견되는 일부 문제들에 대해 입법화하여 규제하거나 방지하려는 움직임이 일어나고 있기도 하다. '효도법' 제정 문제와 같은 것이 대표적인 예이다. 그러나 그런 방법이 근본적인 해법이고 바람직한 것일지는 의문스럽다.

끝으로 '세대 순환 모델'을 통해 세대이동의 한 특성에 관해 살펴보자. 이 관점은 기본적으로 세대갈등이 사회발전의 원동력이라는 입장을 취한다. 그리고 '세대'는 한 시대의 역사적 사건이나 사회·문화의 변동에 의해 형성되지만, 사회 역시 세대이동에 의해 변화될 수 있다고 본다. 따라서 세대는 사회 변화를 투영하는 시대적 반영물이면서도 '미래 사회를 변화시킬 주요 동인'이라고 주장한다. 미국의 세대이론가인 Strauss와 Howe(*Generations: The History of America's Future*, 1992)는 지난 500년간의 미국 역사를 분석하여, 네 가지 성향의 세대가 존재했고 그것들이 주기적으로 순환해왔다고 보았다. 그들은 그런 세대 성향들의 순환주기 패턴이 다소의 차이를 보이지만 세계적으로 나타나는 보편적 현상이라고 주장한다. 그들에 따르면 먼저 이상주의자

35 한국학중앙연구원, 『한국민족문화대백과』(네이버 지식백과), 「世代」, 4.

〔Idealist〕 세대가 새로운 비전과 사고를 가지고 그 이념을 사회에 관철시키려고 노력하는데, 이들은 생전에 비전을 성취하지는 못한다. 반동주의자〔Reactive〕 세대는 이상주의세대가 제시한 이념과 비전에 대해 반발하고 거부하면서, 이상주의세대 이전의 세대가 제시했던 전통에 집착한다. 구현주의자〔Civic〕 세대는 반동주의세대에 대립하여 이상주의세대가 제시한 비전을 당면한 과제로 받아들이면서, 그 비전이 현실화되도록 노력한다. 순응주의자〔Adaptive〕 세대는 이상주의세대가 제시한 비전이 수명을 다해가지만, 새로운 비전이 아직 부재한 관계로 새로운 비전에 대해 냉소적일뿐 아니라 전통적인 것에 대해서도 거리를 둔다. 바로 이때 다시 이상주의세대가 새로운 사고를 치며 등장한다는 것이다.[36] 단기적이고 국부적인 관계 측면에서 보면 세대이동은 순탄하지 않고 반발과 길항 속에서 단절적인 면모를 보이는 것으로 읽히기도 한다. 이는 앞에서 필자가 취한 입장이기보다는 필자가 비판한 견해에 가까운 것이라고 할 수 있다. 그러나 여기에서 초점을 두는 것은 거시적으로 세대들의 순환·반복성을 통찰할 때, 어떤 경계들 간의 대립은 그저 대립으로만 그치지 않고 보다 큰 사이클 속에서는 도리어 전통의 계승과 발전으로 나아가는 계기가 된다는 역설이 성립한다는 점이다. 따라서 세대이동에서의 작은 단절적 요소들마저 오히려 세대들의 강력한 연속성을 목적으로 하는 것이라고 할 수 있다. 요컨대 세대이동이 조화 속에서 이루어지든 표면적인 갈등을

36 서용석, 『세대 간 갈등이 유발할 미래위험 관리』, 44-47 참조.

통해서 이루어지든, 세대이동에서 본질적인 것은 '계승과 연속성' 이다.

3. 세대문화 간의 갈등 양상

1) 세대문화의 경계(境界)와 갈등의 축

세대갈등의 양상들 가운데 생활양식이나 정서·의식·가치관 등의 차이로 빚어지는 갈등을 '문화갈등'이라 일컫는다. 한 사회에서 보이는 세대 간 가치관의 차이는 곧 그 사회의 문화지형을 이루게 되는데, 한국사회에서 심화되고 있는 정치적·경제적 세대갈등을 위시한 모든 '세대갈등'은 문화갈등에 그 뿌리를 두고 있다. 정치의 경우, 사람들은 자신의 가치관을 근거로 삼아 정당과 선거후보자 그리고 정치제도를 인식하고 평가하는 준거를 마련한다. 경제의 경우, 사회 구성원들의 경제 행동양식은 그 사회의 경제문화로 발전하며 문화적 가치지향성이 그 사회의 경제가치관이 되고, 따라서 경제가치관은 경제문제에서 생각하고 행동하는 기준으로서 경제활동의 목적과 그 행동양식 및 조직양식을 규제하는 종합적인 가치의식을 의미한다.[37] 이처럼 세대와

---

37 이희숙 외 4인, 「한중 대학생의 돈에 대한 태도와 경제윤리의식에 대한 비교」, 『생활과학연구논총』 14(1) (2010), 95-111 참조.

관련한 모든 문화에서 바탕이 되는 것은 기술이나 조직 차원의 문제이기보다는 관념으로서의 가치관 차원이라고 할 수 있다.

세대문화에서 바탕이 되는 것은 가치관인데, 특히 세대문화 간의 갈등 해결에서 핵심이 되는 것은 '관계' 가치라고 할 수 있다. 즉 세대들이 서로를 어떤 자세로 대할 것이냐 하는 태도상의 가치가 문제시된다. 이는 개개인의 인간관계에 기반을 두는 것으로서 한 세대 내에서도 중요한 것이지만, 세대 간에서는 더더욱 중요한 문제가 된다. 오늘날 한국사회에는 청소년세대와 부모세대 간에 사회문화적 변화, 가족구조의 변화, 연령발달의 차이, 정보의 격차, 의식과 가치관의 차이에서 빚어지는 갈등이 복합적으로 존재한다.[38] 이들 가운데 특히 문화에서 나타나는 세대갈등의 경계 및 그 기저가 되는 것, 즉 한국인 내면의 핵심적인 의식과 가치관이 무엇인지를 살펴볼 필요가 있다. 관계 가치와 관련한 세대 간의 견해·태도의 차이 및 갈등이 어떻게 일어나는가 하는 것이 주안점이다.

우선 20세기 이후로 한국사회에 영향을 끼친 역사적 사건이 무엇이었는지를 살펴볼 필요가 있다. 일제의 식민통치, 6·25 전쟁, 4·19 의거, 5·16 군사혁명, 5·18과 6·29 민주화항쟁, 88 서울올림픽, 1997년 IMF 경제위기, 2002년 월드컵, 2008년 촛불시위 등이 주요 사건으로 꼽힌다. 그리고 이들은 각각 하나의 세대로서 명명된다. 한국은 이런 역사적 사건들 속에서 고도의 경제성장과 민주주의의 성취 그리고

---

38 박영균, 「청소년과 부모세대 간 문화갈등에 관한 이론적 고찰」, 『청소년문화포럼』 21 (한국청소년문화연구소, 2009), 110 참조.

시민사회의 성장을 이루어왔는데, 그 갈등의 요소들 역시 그림자로 따라왔다. 그리하여 한국인의 내면에는 '전통적'인 문화적 맥락과 서구문화가 유입되는 과정에서 독특한 양식으로 발전한 '근대적'인 문화적 맥락이 엉기어 있을 뿐 아니라, '포스트모던'의 특성까지 공존하는 복잡한 양상을 보인다. 게다가 테크놀로지에 의해 새롭게 구성되고 있는 사회적·문화적 특성은 개인들에게 예전과는 비견할 수 없을 정도의 차이와 다양성을 경험하게 하고 있다.[39] 사회가 급변하는 속에서 신·구 가치관들이 혼재하고, 그에 따라 다문화적 현상들도 공존하게 되었다는 것이다.

세대연구가들은 이런 사회적 변화 및 문화적 특성을 압축하여 한국사회의 세대를 유형화하기도 한다. '산업화세대', '민주화세대', '정보화세대'로 삼분하는 논의가 최근 일반화되고 있는 것으로 얘기된다. 한편 서용석은 한국사회의 구성원이 청소년기에 경험했던 주요 역사적·문화적 경험과 그에 반응하는 공통된 세계관과 가치의 공유 여부를 기준으로 삼아 '산업화세대(1935-1953)', '민주화세대(1954-1971)', '정보화세대(1972-1989)', '후기정보화세대(1990-)'의 네 단계로 구분한다. 그리고 한국사회는 앞의 세 세대들의 등장과 그들의 핵심 가치관 및 의식구조에 의해 변화해왔고, 세대들의 특성이 그 사회의 성격을 규정하게 되었다고 분석한다.[40] 또한 박재흥은 한국사회의 문화갈등

39 조성남·박숙미, 「한국의 세대관련 연구에 나타난 세대개념의 구분과 세대갈등을 이해하는 방법에 관한 일 고찰」, 61.

40 서용석, 『세대 간 갈등이 유발할 미래위험 관리』, 53-59.

이 대략 1970년 경 이전과 이후에 출생한 두 세대들 간에 형성된 것으로 보고, 그 축을 '성장주의 대 소비주의', '집단주의 대 개인주의', '권위주의 대 탈권위주의'로 설정한다. 이에 따르면, 문화격차의 견지에서 볼 때 세대균열의 깊은 골은 출생시점 1970년경을 중심으로 형성된 것이다. 70년대에 출생한 '탈이념·정보화세대'는 집합적으로 볼 때 큰 경제적 어려움 없이 자랐으며 또한 이들은 정보화와 지구화, 국내 민주화와 동구 사회주의권 붕괴, 대중소비 사회의 출현이라는, 그 이전과는 질적으로 구분되는 거대한 변동과정을 청소년기에 겪었기 때문이다.[41] 이처럼 한국사회의 세대구분 및 문화갈등에 대한 분석에서 다양한 견해가 제시되고 있지만, 크게는 구세대와 신세대의 관계로 정리할 수 있다.

오늘날 한국사회에서 구세대와 신세대 간의 차이와 갈등이 예상되는 가치관의 경계로서 주로 논의되는 것은 '공동체주의[42]와 개인주의', '권위주의와 탈권위주의', '위계주의와 능력주의〔성과주의 또는 평

41 박재홍, 「한국사회의 세대갈등」, 88-94.

42 필자는 이 글에서 편의상 '집단주의'와 '공동체주의'의 의미를 구분하지 않고 같은 것으로 사용한다. 그러나 '집단'과 '공동체'의 경우, 문맥에 따라 그 의미를 구분한다. 그리고 '집단'·'집단주의'·'공동체'·'공동체주의'가 사적 이기심과 연관될 경우에는 모두 부정적 의미로 사용하고, 시민사회가 추구하는 의미일 경우에는 모두 긍정적 의미로 사용한다. 시민사회가 요구하는 공동체의 의미는 '호혜성'이라는 가치를 기반으로 하는데, 이는 개인·인권·민주·평등·배려·연대·협동 등의 가치들과 연결되는 개념이다. 시민사회의 '공동체성'에 관해서는 박연규, 「시민인문학에서의 자율과 자유, 그리고 공동체성의 경험」, 『철학·사상·문화』 제12호 (2011), 112-133을 참고할 수 있다.

등주의〕', '폐쇄주의와 개방주의' 등이다. 이들은 서로 긴밀한 연관성을 갖는데, 특히 '집단주의 대 개인주의'와 '권위주의 대 탈권위주의' 문제에 주목해보자. 사실 많은 학자들이 '집단주의문화 대 개인주의문화'가 세대 간 문화갈등의 핵심 축인 것으로 인정하고 있다.

이와 관련하여 조성남은 한국사회의 세대들을 '유교적 규범과 가치관을 내면화한 세대와 서구적 가치관에 익숙한 세대', '나〔개인〕보다는 우리〔공동체〕의 지향이 중요한 세대와 나의 안녕이 전체의 행복과 양자택일되는 것을 참을 수 없는 세대', '권위주의적 통제 속에서 안정을 추구하는 세대와 사회변혁을 추구하는 세대'로 대립시킨다. 그리고 이러한 양상을 통해 세대 간의 정서 및 시각 차이가 현저하여 세대갈등도 점차 심각한 양상으로 전개될 것으로 예측한다.[43] 한편 박재홍은 한국사회에서 기성의 집단주의문화는 젊은세대들의 반발을 일으킨다고 본다. 물질적 풍요 속에서 등장한 1990년에 출생한 '신세대'는 자아실현, 다양성, 자유분방함 등을 기치로 내걸기 때문이다. 이들은 개인의 이익과 관심을 중요시하고, 개인의 자유를 침해하고 억압하는 권위를 인정하지 않으며, 자아실현을 최고의 목표로 삼는다고 한다.[44] 이처럼 오늘날 한국사회의 청년세대는 구세대에 비해 집단주의보다는 개인주의적 가치를 추구하는 성향이 강할 것으로 추측되

---

43 조성남·박숙미, 「한국의 세대관련 연구에 나타난 세대개념의 구분과 세대갈등을 이해하는 방법에 관한 일 고찰」, 40－41.

44 최항순·송용찬, 「정치·경제·문화적 가치의 세대 간 인식 격차에 관한 연구」, 『국가정책연구』 제25권 4호 (2012), 116.

거나 단정되었다.

그러나 최근의 실제 설문조사 결과들에서는 한국의 모든 세대에서 개인 가치보다 집단 가치를 더 중요시하는 경향이 유사하게 나타나고 있다. 공동체 지향과 관련하여 젊은세대는 기성세대와 마찬가지로 집단 가치를 중시하고 타인과의 관계를 깊이 유지하고자 한다.[45] 한국갤럽조사연구소에서는 '한국인의 가치관'을 조사하면서 '인생의 가치순위'로 8개의 보기 항목을 제시하였는데, 한국인들은 인생에서 가장 중요한 가치로서 '가족(47%)'과 '마음의 평안(20%)'을 꼽았다. 그 다음으로 '재산(13%)'과 '좋은 직업(7%)' 순이었으며, '명예'와 '종교'는 각각 5%, '남을 돕는 일'은 2%였다. 이 조사를 통해 한국인들은 가족 즉 집단을 우선시하고 그 다음으로 개인의 안정을 생각한다는 점을 확인할 수 있다.[46] 개인주의적·공동체주의적 가치관과 관련한 조사에서 모든 세대가 그들이 속한 집단의 의사결정에 따르는 편이며, 집단 내에서 개인 의사를 적극적으로 주장하지 않는 것으로 나타난다. 기성세대는 공동체적 문화를 유지하는 데 반해 젊은세대는 개인주의문화를 향유한다는 이분법적 도식이 성립하지 않는다.[47] 젊은세대가 구세대에 비해 자아실현을 중요시하며 자유분방한 태도를 취한다는 것도 단순화의 오류에 불과한 것으로 보인다. 젊은세대가 개인의 의사보다는 소속 집단의 의사결정에 순응하는 것은 '모난 돌이 정 맞는다'

---

45 박경숙 외 5인, 『세대 갈등의 소용돌이』(서울: 다산출판사, 2013), 130.

46 한국갤럽조사연구소, 『한국인의 철학』(한국갤럽, 2011), 59-60.

47 박경숙 외 5인, 『세대 갈등의 소용돌이』, 134.

는 식의 가치관을 그대로 따르는 것이라고 할 수 있다. 이런 사실은 한국사회의 세대들이 관계를 중시하는 집단주의문화를 기반으로 생활한다는 유사성을 보여준다. 그렇다면 공동체[집단주의]문화냐 개인주의문화냐 하는 것은 세대갈등과 관련하여 문제시될 이유가 전혀 없지 않은가?

그럼에도 불구하고 현실적으로는 부모와 자식 간, 구세대와 청년세대 간의 문화갈등이 가족·학교·직장 등에서 자주 표출되고 있는데, 그 이유는 과연 무엇일까? 청년세대가 자기 이익과 관련하여 내면적 의식과 실제 행위 간에 괴리를 일으키기 때문인가? 그리하여 오늘날의 청년세대는 상황이나 처지에 따라 개인주의와 집단주의에 양다리를 걸치거나 가치관적 아노미 상태에 있는 것이라고 이해해 볼 수 있을까? 최원기의 이해에 따르면, 청년세대는 기성세대의 가치관보다는 개인주의적 성향을 비교적 강하게 지니고 있지만, 여전히 기성세대로부터 받은 집단주의 성향을 내면에 지속하고 있다. 집단의 가치보다는 개인의 가치가 중요해졌지만, 그들은 개인의 가치가 실현되기 위해서는 여전히 집단적 가치의 존중이 선행되어야 함을 인지하고 있다. 그래서 학교를 통한 선후배 관계의 강조, 동호회의 폐쇄성 잔존, 집단 내 상하 위계성의 강조, 유행의 집단적 추종 등과 같은 집단주의가 개인주의적 가치와 혼재하는 것이라고 한다.[48]

최근 정보화 사회로의 급속한 이행이 사회는 물론 개인의 의식구

---

48 최원기, 「세대격차와 세대갈등에 대한 성찰적 논의」, 92 참조.

조까지 획기적으로 바꾸어 놓고 있음에도, 집단주의 가치관은 한국사회에서 세대를 불문하고 추수되고 있다. 이런 현상에는 어떤 문제가 있는 것으로 생각되는데, 임희섭은 한국사회가 '압축적 근대화'를 경험하였기에 전통사회·대중사회·계급사회·시민사회의 여러 특성들을 복합적으로 지니고 있기 때문이라고 본다. 현대 한국인은 전통적인 공동체를 상실하고서 그것을 대체할 새로운 시민공동체를 형성하지 못한 채 여전히 혈연·지연·학연 등과 같은 전통적인 연고관계 즉 집단주의에 의존하고 있다는 것이다. 그래서 한국인은 자신의 이익만을 배타적으로 주장하는 개인적·'집단적 이기주의'에 의해 경쟁적인 사회환경에 대응해 나가고, 공공의 문제나 쟁점에 대해서는 평소에 정치적 무관심이나 냉소주의적 태도로 일관하다가 자신의 이해관계가 직접 결부된 쟁점에 대해서는 극도로 이기적이고 극단적인 반응을 보이는 이중적이고 모순적인 행동양식을 취한다고 진단한다.[49] 표면적으로는 공동체주의를 지향하지만 실질적으로는 사익을 꾀하고 사회적 불안정을 조장하는 집단적 이기주의를 추구하는 자세라면 지양되어야 한다. 세대 집단 간의 관계 차원에 있어서 각 세대들이 취하는 자세에서도 마찬가지이다. 오늘날 시민사회에서 요구하는 것도 공동체적 삶이지만, 이는 한국사회의 세대들이 취하고 있는 부정적인 의미의 이기적 공동체주의 즉 집단이기주의와는 다른 차원의 것이다. 시민사회가 요구하는 공동체는 무엇보다도 '호혜성'이라는 가치를 기

---

49 윤인진, 「한국인의 갈등의식의 특성과 변화」, 22–23.

반으로 하는데, 이는 개인·인권·민주·평등·배려·연대·협동 등의 가치들과 하나로 연결되는 것이다.

여기에서 탐구해야 할 것은, 개인과 공동체를 조화시킬 수 있는 방법이 무엇인가 하는 점이다. 개인의 권익을 보장 받으면서 동시에 공동체를 안정적으로 유지할 수 있는 구체적인 해법을 찾아야 한다. 공동체주의가 가족·혈연·지연·학연·직장 및 세대의 범위에서 집단이기주의로 연결되면, 그것은 사회적 불합리·불평등을 초래하는 철옹성으로 역기능할 것이기 때문이다. 동아시아 전통의 철학사상 및 문화에서 강조해온 인간의 '관계성' 문제에서도 관건이 되는 것은 평등이냐 불평등이냐, 사익[私利]을 추구할 것이냐 공익[公義]을 확보할 것이냐 하는 점이었다. 원시유가의 인본주의적 공동체주의는 본래 가족에 기초한 집단주의 윤리와 공동체에 대한 연대성, 도덕성의 추구, 지행일치 등을 모색한 것으로서 공적인 요소를 지닌 것이었다. 그러나 후대로 오면서 실천상에서 변질되어 공적 윤리가 부재해진 유가적 공동체주의는 자유민주주의와 자본주의의 한국사회에서 혈연·지연·학연 등을 중시하는 관계주의 정경유착과 사회비리를 낳았다.[50] 이렇게 오용된 것이 세대 차원에서는 각각 자기 문화 내에서의 집단주의 내지 공동체주의를 표방하면서 세대갈등을 일으키게 되었다. 이는 한국의 세대들이 작은 공동체에 연연할 뿐 보다 큰 공동체의 안정을 위한 연대의식을 갖는 데는 매우 인색하다는 점을 보여준다. 사적인 유착

---

50 최문형, 『갈등과 공존』(파주: 경인문화사, 2007), 123-125 참조.

(癒着)은 진정한 연대가 아니다.

다음으로 '권위주의 대 탈권위주의'의 경우는 어떠한가? 권위주의는 일반적으로 나이·신분·지위의 차이를 근거삼아 개인 간의 관계를 상명하복의 수직 관계로 보는 문화를 의미하지만, 경우에 따라서는 정치적 권위주의 즉 민주주의를 왜곡·부정하는 전제적 통치의 의미로 사용되기도 한다. 유교질서의 핵심인 수직적 권위주의문화를 자연스럽게 내면화한 기성세대와는 달리 젊은세대는 그러한 권위주의적 억압으로부터 해방되고자 한다.[51] 물론 여기서의 '유교질서의 핵심인 수직적 권위주의문화'라는 것 역시 후대의 실천상에서 왜곡·오용된 것을 가리킨다. 기성세대는 전통적 권위주의문화를 어려서부터 학습하여 내면화하고 재생산해왔다. 반면에 최근의 탈이념·정보화세대는 권위주의적 억압에 못 견뎌 하고 강한 거부감을 갖는다. '하라면, 해'라는 식의 강압에 대한 이들의 탈권위주의 성향은 거시 수준에서는 정부나 조직체의 권위주의적 통제에 대한 저항으로, 미시 수준에서는 수직적 인간관계에 대한 거부감 및 전통 예절과 격식에 대한 반감으로 나타난다.[52] 미시 수준의 문화갈등이 일어나는 대표적 현장은 가정과 학교와 직장 그리고 대중교통 수단 등이라고 할 수 있다.

현실에서 발생하는 세대갈등의 많은 사례는 '권위주의문화 대 탈권위주의문화'로 설명될 수 있다. 남성의 권위 중시와 관련되는 가부

---

51 박재흥, 「한국사회의 세대갈등」, 91-92.

52 최항순·송용찬, 「정치·경제·문화적 가치의 세대 간 인식 격차에 관한 연구」, 117.

장권이나 성 역할 등에 대한 의식에서 청년세대는 성 평등을 지지함으로써 구세대와 갈등한다. 부모와의 의견 차이가 있을 경우에도 연령이 낮은 세대일수록 부모의 권위에 순종하지 않는 비율이 높은 것으로 나타난다. 부모의 '지위적 권위'가 약화되고 있는 것이다. 직장의 부서 내 의사결정 과정에서 의견이 상충할 경우, 나이·직급·관습·경험 등의 권위를 우선시하는 구세대와 대화·토론·다수결의 평등을 주장하는 청년세대가 갈등한다. 청년세대를 주도하고자 하는 구세대와 굴종하지 않으려는 청년세대 간에 충돌이 일어나는 것이다. 아이러니한 것은 자기가 속한 집단의 '윗사람'이 옳지 않은 일을 지시할 경우, 그의 지시에 따르는 태도를 보이는 비율이 세대 간에 큰 차이를 보이지 않는다는 점이다. 20대는 30·40대보다도 더 권위에 순응하는 태도를 보인다.[53] 집단주의문화에 대한 선호의 경우에서와 마찬가지로 여기서도 청년세대는 다소 모순적인 행태를 취하는 경향을 보인다. 이는 무엇보다도 청년세대의 경제적 생활기반이 취약하다는 현 실정과 밀접한 관계에 있을 것이다.

그러나 이익관계가 아닌 경우에는 매우 다른 현상을 보인다. 20대의 경우 '타인의 잘못된 행동이라도 자신이 모르는 사람이라면 질책해서는 안 된다'는 것이 '질책해도 된다'는 의견보다 높게 나타나는데, 이는 타 세대들의 경우에서와는 큰 차이를 보이는 것이다.[54] 요즘 세대갈등으로 이슈화된 것 가운데 하나가 '윗사람의 훈계와 그에 대한

---

53 박경숙 외 5인, 『세대 갈등의 소용돌이』, 132 참조.

54 박경숙 외 5인, 『세대 갈등의 소용돌이』, 131-132 참조.

아랫사람의 반항'이다. 2010년에 할머니와 머리채를 잡고 싸운 '지하철 패륜녀 사건'은 그 대표적 사례이고, 2011년 핫팬츠를 입은 여학생에게 장시간 성희롱적 폭언을 해 파문을 일으킨 '지하철 할아버지 막말 사건'도 구세대가 젊은세대에게 무리한 훈계와 간섭을 해 빚어진 사건이었다.[55] 이처럼 자신의 나이나 지위를 권위로 여기는 노인세대와 그러한 권위의식을 거부하는 청년세대 간의 갈등이 폭언과 폭력으로 이어지기도 한다. 물론 어느 사회 어느 분야에서든 연령과 무관하게 진정한 권위는 존중되어야 하지만, 그것이 부당한 권위라면 부정되어야 한다. 오늘날 청년세대는 자기의 직접적인 이익과 무관한 집단이나 개인의 권위에 대해 맹종하지 않을 뿐 아니라 반발·거부하는 경향을 보인다. 이것은 청년세대가 권위와 자기 이익 간의 상관성을 어떻게 자리 매김하고 있는지를 시사한다.

2) 문화갈등의 양상과 담론

집단이기주의·권위주의문화와 관련한 노인세대와 청년세대 간의 문화갈등 양상 및 상호 편견의 문제, 그리고 이런 것들에 관한 미래적 담론을 정치문화·경제문화의 측면을 위주로 하여 살펴보자.

오늘날의 대중교통 수단, 특히 지하철은 남녀노소를 막론하고 누

55 박경숙 외 5인, 『세대 갈등의 소용돌이』, 64 참조.

구나가 이용하고 함께할 수 있는 대중문화 공간이기도 하다. 한국의 대중교통 수단에는 '경로석'이 있어왔는데, 지하철의 경우 그것이 최근 '노약자석(장애인·노약자·영유아석)'으로 바뀌었다. 또한 지하철에는 '임신부 자리'도 새로 지정되어 있다. 이는 '나이 많음'이 아니라 '약자 우선', 즉 몸이 불편한 사람이라면 나이에 관계없이 배려해야 한다는 합리성·평등성의 기준이 세대를 초월하여 작용하게 되었음을 보여준다. 이러한 제도적 변화가 있지만, 지하철에서는 여전히 세대갈등의 표출로 보이는 현상을 목격할 수 있다. 단편적인 사례에 불과한 것으로 치부해버릴 사람도 있겠으나, 어쨌든 젊은이가 의도적으로 스마트폰 삼매경에 빠져듦으로써 서 있는 노인을 퇴치하거나 아예 노인과 자리차지 경쟁을 벌이는 경우가 있고, 노인이 일반석에 앉을라치면 옆에 앉게 된 젊은이는 쫓기듯 자리를 털고 일어나는 경우도 있다. 이런 일은 상대가 '우리자식'이거나 '우리부모'인 한에서는 일어나지 않을 것들이다. '우리'라는 집단에 속하지 않는 자라면 그가 젊은이든 노인이든 타인일 뿐이고 경쟁하거나 회피해야 할 대상에 다름 아니다. 물론 다른 한쪽에서는 노인에게 선뜻 자리를 양보하는 젊은이의 모습도 볼 수 있다. 그럼에도 필자가 전자의 사례를 굳이 언급하는 이유는, 그런 현상이 세대갈등의 어떤 메커니즘을 반영하는 것이 아닐까 생각되기 때문이다.

지하철에서의 세대갈등적 모습을 주시하는 것은 그와 연관되는 다른 심각한 모습이 있기 때문이다. 2012년에 노인의 지하철 무임승차 제도를 문제시하는 익명의 논쟁이 벌어진 적이 있다. 대선 직후 포털사이트 다음 아고라에 '지하철 노인 무임승차 폐지해주세요!'라는 청원의 글이 올라오자, 1만 명에 육박하는 네티즌이 그에 동의하였다. 일부 노인들이 선택적 복지를 지지하거나 학생 무상급식 안을 반대하는 것에 대해, 그렇다면 노인 무임승차 제도 역시 폐지되어야 마땅하다는 것이 쟁점이었다.[56] 나이가 아니라 평등성을 전제하는 속에서의 '공정성'을 기준으로 제기한 반론이라는 점에 주목하면, 이런 현상도 그 자체로는 크게 문제시 될 게 없다고 보는 이도 있을 것이다. 그러나 그 논쟁이 '기초노령연금제' 폐지와 '노인에게 투표권을 주지 말자'라는 극단적인 주장으로까지 번져갔다는 데서는 문제의 심각성이 드러난다. 정치문화적 측면에서 보자면, 이미 2004년 국회의원 선거에서 노인폄하 논쟁이 세대 간의 대결로 불거진 바 있는데, 그것이 2012년에 들어서면서 한국사회 세대갈등의 핵심이 무엇인지를 뚜렷이 보여주게 되었다. 연금·복지·일자리 등의 경제적 이해를 둘러싼 세대 간의 갈등이 본격적으로 대두된 것이다. 그리하여 한국사회의 세대갈등은 이제 정치적 현상을 넘어 사회적·경제적 문제로 불붙어가는 일련의 메커니즘을 형성하고 있다. 지하철에서 볼 수 있는 세대갈등 현상을 언급하는 것을 단지 일반화의 오류나 파국에의 오류인 것으로만 간주할 수 없는 심각성이 여기에 있다.

사실 이러한 문제는 선진국들에서 이미 심각한 정치적 이슈로 일반화된 것인데, 한국사회도 지금 그 길을 똑같이 밟아가고 있다는 것은 한국사회 세대갈등의 미래적 심각성이 어떨지를 예상케 한다. "일

56 http://news.donga.com/3/all/20121224/51799840/1.

찍이 Turner(1975)는 제한된 자원을 세대 간에 배분하는 과정에서 필연적으로 세대 차이와 갈등이 야기된다고 보고, 그것을 '사회적 경쟁'이라고 불렀다. 세대 간에 이익을 위해 다투게 되며 상반된 목표가 세대집단 사이에 부정적인 태도와 갈등을 발달시키게 된다는 것이다. 한국사회에서도 청소년 실업과 정년 연장에 관한 상반된 주장이나, 임금체계 개혁과 정년폐지 등에서 사회적 경쟁 현상이 나타나고 있다."[57] 그런데 경제문화적인 면에서 종합적으로 바라보면, 한국사회 세대들의 불안정한 삶은 '경제구조'의 문제점에서 야기되는 것으로 읽힌다. 그리하여 노인세대의 가난과 청년세대의 일자리 부족뿐 아니라, 중장년세대의 양육·부양 부담에도 주목하게 된다. 실정이 이렇다면, 청년세대와 노인세대가 경제문제로 대립하는 것은 자본주의 경제구조가 지닌 한계를 무비판적으로 수용한 채 서로에 대한 편견을 만들어서 갈등하는 것이라고 할 수 있다. 삶을 열악하게 만드는 근원을 직시하지 않고 회피하는 것이 문제이다.

그러면 인간의 삶을 열악하게 만들고 세대갈등을 유발하는 근원이 불합리한 경제구조나 복지정책의 미숙함에 있다고 그대로 단정해도 좋을까? 그 근본적인 원인을 찾기 위해서는 인간 이해의 차원으로까지 들어가 보아야 한다. 인문학적 인간 이해가 요구되는 지점이다. 인문학적 측면에서 바라보면, 세대 상호 간의 편견과 선입견, 무지와 몰이해, 서툰 대화법 등이 소모적 세대갈등을 유발하고 상호 소외를

57 박영균, 「청소년과 부모세대 간 문화갈등에 관한 이론적 고찰」, 113.

일으키는 경우가 많다. 이런 문제들에 대한 검토로부터 시작하여 인문학적 인간 이해의 방법으로 나아가보자.

세대들이 서로에게 취하는 일반적인 편견은, '구세대는 항상 보수적'이고, '신세대는 항상 진보적'일 것이라 간주하는 것이다. 그러나 만하임에 따르면 "청년세대는 진보적이며 구세대는 그 자체로[eo ipso] 보수적이라는 가정만큼이나 허구적인 것은 없다. 청년들이 보수적일지, 반동적일지, 진보적일지는 현존 사회구조와 그 구조 안에서 청년들이 차지하고 있는 지위가 청년 자신들의 사회적 목적들과 지적 목적들의 촉진에 기여할지 안할지에 달려 있다."[58] 그런데 현재 한국의 20대에게는 '희망고문 세대'·'배틀 로열 세대'·'88만원 세대'라는 이름이 걸맞다는 주장이 있다. 이 명칭들은 최근 한국의 청년세대에게 두 명의 기성([중년]세대가 보낸 장문의 메시지에 등장한다. 그들은 경제적 관점에서 구세대가 신세대를 부당하게 대우하고 있다고 진단한 후, 20대에게 이렇게 주문한다. "지금 우리나라의 88만원 세대에게 가장 필요한 것은 그들만의 바리케이드와 그들이 한 발이라도 자신의 삶을 개선시키기 위해 필요한 짱돌이지, 토플이나 GRE 점수는 결코 아니다. … 20대를 희생양으로 몰아가는 흐름 앞에서 도대체 바리케이드와 짱돌 없이 어떻게 최소한의 자신들의 자존심과 존재감이라도 지킬 수 있겠는가?"[59]

지금 한국사회의 일자리 부족 문제가 갖는 실존적·사회적 심각성

---

58 카를 만하임, 『세대 문제』, 144.

59 우석훈·박권일, 『88만원 세대』(서울: 레디앙, 2007), 289-291.

을 모르는 사람은 없을 것이다. 그렇지만 한국의 20대들은 자신을 위해 '바리케이드'를 치고 '짱돌'을 던지지 않으면 살아남을 수 없는 배수진을 쳐야만 하는가? 그런 경제적 불균형의 원인이 기득권을 잡은 구세대에게만 있는 것이며, 그것을 해결할 방법도 첨예한 전쟁밖에 없는 것일까? 이렇게 접근하는 것은 문제의 본질을 호도하는 것이 아닌가. 이들 기성세대의 주문은 자기네의 특정한 관점과 방법을 20대에게 투사해 '꼭 그렇게 해야만 한다'고 강요하는 독단이 아닐까.[60] 꼭 청년기에만 해당하는 것은 아니겠으나, 청년들이 아직 사회의 복잡성·애매성에 대한 이해가 부족하여 사회문제에 대응하는 데 다소 서툴다 할지라도, 그들이 주체적으로 사유하고 행위를 하는 자발적·자율적 존재라는 점은 누구도 무시할 수 없다. 현실의 청년들은 획일적인 존재가 아님에도 기성세대 가운데는 언론이나 매스컴을 통해 의도적으로 그들을 '88만원 세대', '삼포세대', '사회적으로 잉여', '정치적으로 개XX'라는 낙인을 찍는 자들이 있다. 이처럼 특정한 세대에게 부정적인 이름표를 달아 정치적·경제적 측면에서 세대격차를 조장해 대립하도록 만드는 것은 불신과 분열을 심화시킨다. 세대에 대한 편견이나 선입견을 지니게 되면 의사소통의 기본자세가 결여되기 때문에, 대화의 자리를 어렵사리 마련한다고 해도 도리어 더 큰 오해를 일으키고 서로에게 치명적인 상처를 가할 따름이다.

60 그 메시지(책)를 읽고도 바리케이드를 치고 짱돌을 들지 않는 20대에게 격분한 나머지, 저자 가운데 한 사람이 책의 절판을 선언했다. 그러면서 그는 20대를 '막장세대'라고 개명시켰다.

그러면 노인에 대한 편견과 선입견은 어떻게 표출되고 있는가? 막강한 영향력을 지닌 대중매체들은 고집불통이고 보수적이고 이기적이며, 쇠약하고 느리고 추하고 염세적이라는 등의 노인에 대한 부정적인 이미지를 생산하기도 한다. 이는 노인세대가 비생산적인 무기력·무능력한 집단이라는 획일화된 선입견에서 비롯되는 것이다. 물론 노인에 대한 편견을 깨뜨리기 위한 문제의식을 지닌 드라마가 있는가 하면, 소설·영화·연극과 같은 예술 작품들도 늘어나고 있는 추세이다. 노인에 대한 대학생들 의식의 일단을 반영하고 있는 영화(「수상한 그녀」, 2014)의 한 장면을 살펴보자. 노인문제 전문가 교수(중년)의 「노인에 대한 차별」이라는 주제의 수업시간이다. "노인을 떠올렸을 때 제일 먼저 생각나는 편견과 선입견, 그리고 그 이유를 말해 볼 사람?" 흥미 없는 질문인지 침묵이 흐르지만, 학점 인센티브가 주어지자 학생들은 속내를 드러내는 답변을 쏟아낸다. '주름과 검버섯', '탑골공원', '느림보 거북이', '마귀할멈', '퀴퀴한 냄새가 난다', '뻰뻰하다', '걱정이 많다' 등이 답변의 골자를 이룬다. 이런 답변들에 대해 교수가 일갈한다. "이놈들 너무하네. 너희들은 안 늙을 것 같아?" 이렇게 '역지사지'라는 구식 무기를 휘두르자, 수업시간에조차 화장을 하고 있던 한 여학생이 기다렸다는 듯 "저는 안 늙을 건데요. 저는 서른 넘으면 자살할 거예요. 뭘 구질구질하게 칠팔십까지 살아요"라는 핵무기로 반격한다. 이어지는 장면은 '그땐 내가 그랬거든'이라고 고백하는 교수의 어머니 곧 70대 할머니의 청춘 회상이다. 세계 노인들의 공통어라고 말해지는 '마음은 언제나 청춘'이 진리인 것으로 확인되는 순간이다. 영화에서는 결국 그 70대 할머니를 '영정 사진'을 찍는 것을 계기로 하여 20대의 꽃다운 처녀로 회춘시켜 놓는다. 영화는 상대 세대에 대한 편견이나 자기 세대에 대한 집착에서 벗어나기가 얼마나 어려운 일인지를 상징적으로 보여준다.

이제 세계화시대의 세계적인 세대문제로 시야를 넓혀 보자. 앞으로 세대문제는 다양화되기보다는 '노인세대와 청년세대 간의 충돌'로 압축될 것으로 예견하는 학자들이 있다. 이들의 담론은 대개 세대구성의 미래 지형도를 바탕으로 전개된다. 한국의 세대구조 변화 추이가 어떨지를 보자. 한국은 이미 2000년도에 노인 인구가 총 인구의 7%를 넘어서 고령화 사회에 접어들었는데, 인구고령화 속도가 가속되어 2018년이면 고령사회로, 2026년에는 초고령사회로 진입할 것으로 전망된다. 통계청 발표에 의하면, 2060년에는 65세 이상의 인구가 전체 인구의 40%를 차지할 전망이다. 「UN미래보고서」에는 이런 추세로 간다면 한국의 인구가 2050년엔 3천만 명으로, 2200년이면 500만 명으로 줄어들고 2800년에는 완전히 없어질 것이라는 예측이 담겨 있다.[61] 이런 세대구조의 변화는 우선 노인 부양 문제를 발생시킨다. 인구학적으로 부양인구에 대한 피부양인구의 비율이 높아지면 '경제적 활동'을 하는 부양인구의 부담은 높아진다. 미국사회의 사회보장 연금을 둘러싼 논란이 그 예이다.[62]

노인부양 부담과 관련한 복지체계에서 세대 간 불평등이 일어난다. 급격히 늘어나는 노인복지를 위한 재원 조달에서 앞으로는 청년

---

61 《한겨레신문》, 「'충격 보고서' … 2800년에 한국인 멸종?」 (2006. 9. 21).

62 박영균, 「청소년과 부모세대 간 문화갈등에 관한 이론적 고찰」, 116-117.

세대 1명이 노인세대 2-3명의 부양을 책임져야 하는 사회구조에 직면할 것으로 예견된다. 이에 반해 정치적으로 강력한 영향력을 지니게 된 노인층은 어떤 자세를 취하게 될까? 국가부채가 늘어나는 것을 조정하기 위해 의료보험과 같은 노인복지 비용을 축소시키려고 해도 노인층의 반대로 무산돼버린다. 일본의 경우 노인층의 표가 워낙 많은 데다 결집력까지 높기 때문에 노인층에 대한 복지를 축소하려는 정책을 내놓은 정당은 선거에서 매번 참패했다.[63] 그런데 집권당이 노년층의 이익을 편들어 청년층을 희생시키면, 그렇게 소외된 청년층을 이용해 집권하려 드는 또 다른 정치 세력이 나타날 수도 있다. 그리하여 각자 자기 세대의 집단 이익을 위해 투표하고, 노인당·청년당이 그런 집단 이기심을 이용할 때 어떤 사태로 이어질까? 노인들이 수적 우세를 무기로 삼아 정치적 투표로써 청년층을 지배하려는 행태가 지속되는 것에 대해 청년층은 또 어떻게 대항할까? 그리고 다시 그런 대항에 대한 노인층의 역대응책은 과연 무엇일까? 상상력을 발휘하고 있는 소설로 나아가보자.

단편소설 「황혼의 반란」은 바로 그 첨예한 갈등의 접점을 겨냥하고 있다. 초고령 사회가 된 프랑스에서 어느 날 한 사회학자를 TV뉴스에 출연시켜 사회보장제도에 의한 엄청난 적자는 70세 이상의 노인들 때문에 발생하는 것이 사실이라는 점을 증명하게 만든다. 그 일을 빌미로 정치인들은 노인 공격을 본격화하기 위해, 인구 과밀·실업·세

63 박종훈, 『지상 최대의 경제 사기극, 세대전쟁』(파주: 21세기북스, 2014), 39.

금 등이 모두 '자기들 몫의 회전이 끝났음에도 회전목마를 떠나지 않고 있는 노인들' 탓인 것으로 확정하고 노인 척결을 법제화한다. 효율성만을 중시할 때 고령화는 생산성과 근로 의욕을 감퇴시키는 요인으로 인식될 수밖에 없다.[64] 베르나르 베르베르는 양로원을 방문한 후이 소설을 썼다고 하지만, 실상 소설의 내용은 양로원 수준을 훨씬 넘어서 노인세대와 타 세대들 간의 '전쟁상태'로 그려지고 있다. 20세 미만의 청년들로 구성된 체포조가 노인들을 붙잡아 '휴식·평화·안락센터(CDPD)'에 가두고 독극물 주사를 놓아 죽이자, 노인들은 산속으로 들어가 반정부 투쟁에 돌입하지만 결국 정부가 살포한 독감 바이러스에 감염되어 죽어간다. 소설은 주인공인 프레드 노인의 저주[훈계]로 종결된다. "주사를 맞고 죽기 전에 자신에게 주사를 놓은 자의 눈을 차갑게 쏘아보면서 이렇게 말했다고 한다. '너도 언젠가는 늙은이가 될 게다.'" 이 모든 일은 표면적으로 경제적인 이유에서 벌어지는 것이고, 정치에 의해 합법적으로 집행되는 것이다. 그러나 작가는 '역지사지'에 의한 배려야말로 근본적인 해법이라는 심층적인 메시지를 '벼랑 끝에서의 대면 대화'를 통해 전해준다. 말하자면 작가는 사회학·정치학이 문학·철학과 손을 잡지 않으면 안 될 절실한 이유가 무엇인지를 제시하고 있는 것이다.

그러면 고령화가 세계에서 가장 빠르게 진행되고 있는 한국사회는 지금 어떤 상황에 처해 있을까? 한국사회에서도 이미 노인은 잉여

---

64 베르나르 베르베르, 이세욱 역, 「황혼의 반란」, 『나무』(파주: 열린책들, 2011), 76–96 참조.

를 넘어서 방해세력인 것으로 규정되기 시작했고 '노인 암살단'이라는 표현까지 등장했다. 2012년 연말에 한 역사학자가 '노인이야말로 사회적 비용만 늘리는 잉여인간이 아니냐'라는 의미로 2030년엔 노인 암살단이 생길지도 모른다고 발언해 논란에 휩싸였다. '나이가 들수록 자기중심적이고 사회 정의에 대한 인식이 박약해진다'는 말도 적잖은 비난을 받았다.[65] 이는 '늙은이들이여, 자리를 비켜라'고 외쳤던 한 나치 운동가〔Gregor Strasser〕의 슬로건에 다름 아니다.

이런 독단적 사유와 적대적 자세를 반성하지 않는 한, 인류가 고대해온 오늘날의 100세인(百歲人) 시대는 노인세대에게만이 아니라 청년세대·중장년세대에게도 전면적으로 닥쳐오는 불행 사회의 늪일 수밖에 없다. '「나라야마 부시코(楢山節考)」'〔70세가 된 부모를 산에다 버리는 풍습을 묘사한 일본 영화〕든, '고려장'이든, 중세 유럽에서의 '여물통과 삼베설화'든, 이들이 실화인가의 여부를 따지는 것보다 더 중요한 것은 그런 공통적인 관념이 인류의 과거로부터 세대문제에 투영되어 왔다는 점이다. 그 관념은 겉으로 보기에 먹을거리가 부족한 상황이라면 부모〔노인〕를 인위적으로 제거하는 것이 정당화될 수 있다는 것인데, 이런 원시적 방법은 오늘날과 같은 경제 수준에서는 더 이상 인간적인 해결책일 수 없다. 노인을 단지 잉여인간 내지 방해세력으로 규정하는 획일적이고 표피적인 판단과 일방적인 희생을 강요하는 대응은 비인간적이다. 우리는 이제 그 이면에 내재한 절규, 즉 인간

---

65 전영수, 『세대전쟁』, 52.

으로서는 결코 그럴 수 없다는 반어적인 목소리에 귀 기울여야 한다. 그리하여 '영혼의 전쟁 배후에는 노화와 경제의 갈등이 숨어 있다'라는 주장을 '노화와 경제의 갈등 배후에 영혼의 전쟁이 있다'라고 뒤바꿔 보아야 할 것이다.

우리는 오늘날 어떤 관점과 자세를 취할 것인가? 자식세대를 생매장해버리는 '손순매아'(孫順埋兒)[66]의 방법을 여전히 미덕으로 찬양할 것인가, 부모세대를 내다버리는 고려장 방법을 묵수할 것인가? 부모를 부양한다는 미명으로 자식을 생매장하는 일도, 자식을 양육한다는 명목으로 부모를 유기하는 일도 모두가 인간으로서는 차마 할 수 없는 것들이다. 그리고 그것은 진퇴양난의 딜레마인 것만도 아니다. 이들이 모순관계가 아니라 반대관계에 있는 것으로 바라보는 관점의 전환을 이루어 그 중간 항을 허용하는 지혜를 갖출 때 조화의 실마리를 찾을 수 있다. 청소년 인구가 감소하는 반면에 고령화되어 가는 사회에서 노인과 청년 간의 경제적 혜택문제로 세대갈등이 맞물리고 있지만, 이는 단지 누가 더 많이 소유하고 소비할 것인가를 위주로 하는 경제 문제이기에 앞서 근본적으로 인문학적 과제인 것이다. 즉 인간의 가치를 어떤 위상에 놓을 것인가라는 가치관 정립의 문제인 것이다. 그 밑바탕에는 '인간'과 '생명'이라는 원초적 가치를 어떻게 바라보고 구현할 것인가라는 중차대한 문제가 놓여 있다. 물질적 경제가 우선인가, 인간의 존엄성이 먼저인가라는 고전적 문제를 다시

66 一然, 『三國遺事』 卷5 第9 「孝善」 孫順埋兒 興德大王.

묻고 재성찰해야 한다. 노인세대와 청년세대가 서로를 어떻게 대할 것인가라는 문제에 실제적으로 접근하기 위해서는, 조세제도나 법제화의 문제보다도 각 세대의 가치 탐구를 선행하는 일이 절실하다. 인생의 각 시기들에 관한 가치 탐구는, 그들 각 시기가 제 나름의 독특한 의미를 지니면서도 서로 연결된다는 사실을 깨닫게 해 줄 것이다. 세대 간의 '방법적 접촉'과 '진정성 있는 대면 대화'가 그런 전환을 이루어내는 첫걸음이며, 이를 기반으로 서로가 상대를 위해 자기가 지닌 뭔가를 기꺼이 내놓는 실천을 수행하는 것은 그들이 함께 가는 길을 보다 평탄하게 만들 것이다.

4. 문화의 양면성과 세대상생

1) 문화의 상대성과 통일성

세대 간의 문화격차는 각 세대들의 가치관과 행위 양식에 의해 좌우된다. 따라서 세대문화 간의 갈등은 각 세대들이 추구하는 기본 가치와 행위 목표가 서로 충돌할 때 발생하는 것이다. 여기서 '문화'란 "일반적으로 생활 속에서 일상적으로 경험하는 다양한 형태의 의식·가치관·라이프스타일 등을 모두 포괄하는 매우 폭넓은 개념"[67]으로 사용된다. 그리고 세대문화라는 범위에서의 문화는 세대들의 집단적인 가치관, 삶의 양식, 정체성의 경계를 드러낸다. 세대문화 간의 격차가 심화되면 세대 간의 의사소통과 상호교류에 장애가 발생하고 공동체적 삶을 영위하기 어려워진다. 그런 결과로 문화의 전달과 계승이 순조롭지 않아 사회의 존속마저 위협받게 된다. 그러므로 세대문화의 다양성이 갈등으로 치닫지 않고 조화하기 위해서는 어떤 공통적인 상위 가치가 존재해야 한다. 즉 인간이 목적으로 삼고 성취하는 모든 물질적·정신적인 문명과 문화에 있어 보편적인 고등가치를 요구하게 되는 것이다. 그런 것이 확보되어야 인간은 시공을 넘어서는 연대를 도모하고 또한 연합을 이룰 수 있다.

개개인의 독자성과 고유성만을 고수한다면 '세대'라는 말 자체를 부정하게 된다. 다양성을 인정하면서도 동시에 어떤 통일성을 확보해야만 세대집단의 성립도 가능하다. 나아가 한 시대의 사람들은 각각의 세대로 무리무늬를 이루어 살아가면서도, 모두가 같은 시대상황에서 적어도 표면적으로는 동일한 경험을 하게 된다. 각 세대가 자기네의 가치관에 따라 제각각의 삶을 살아간다고 생각할지라도, 거시적으로는 그들이 타 세대들과 공유하는 사회상황을 함께 느끼고 인지하면서 동류적(同類的)인 삶을 살아간다는 점을 결코 부정할 수 없다. 인간이 제아무리 독존(獨存)을 원한들, 인간의 생명이라는 것 자체가 부모에게 절대적으로 의존하는 것이며, 인간은 무인도에서조차도 홀로가 아니라 그가 살았던 과거 사회에서의 경험 관계 속에서만 생존할 수 있는 존재이다. 상호의존성, 즉 관계성은 인간의 동류적 '보편성'인

67 박영균, 「청소년과 부모세대 간 문화갈등에 관한 이론적 고찰」, 112.

것이다.

오늘날 수많은 분과 학문이 있지만 근본적으로 그 모든 것들은 인간이 하는 것이고 인간을 위한 것이라는 공통성을 갖는다. 인간이 생각하고 행하는 일상에서의 각종 의례를 비롯한 윤리도덕도 시대와 사회에 따라 다양한 색깔을 띠지만, 거시적으로 보면 그것들에는 어떤 통일성이 내재해 있다. 법적인 면에서 보더라도 수많은 판례와 법조항들은 다양하고 심지어 상충하기도 하지만, 그들 모두는 궁극적으로 헌법이라든가 '법의 정신'이라는 하나의 통일성에 맞닿아야 한다. 전자가 변동성·특수성·다양성·상대성을 지님에 비해, 후자는 항상성·보편성·통일성·절대성을 지닌다. 전자가 구체성을 띤다면, 후자는 추상성을 갖는다. 전자가 '어떻게'·'어떤'이라는 물음과 연관된다면, 후자는 '무엇'·'왜'라는 물음에 연결된다. 인간이 스스로 만들어서 향유하는 모든 문화 역시 이들과 동일한 양면성을 지닌다.

옛 사람들 삶의 고난과 기쁨을 담고 있는 많은 닮은 이야기들을 세계 곳곳에서 찾아볼 수 있다. 각 국의 민담과 동화들, 즉 이야기문화에는 공통된 모티프를 취하는 것들이 있다. 동서를 막론하고 가장 널리 알려진 대표적인 신데렐라(Cinderella; 재투성이 부엌데기) 형 이야기를 예로 들자면, 콕스(Cox, 1893)는 유럽을 중심으로 345개의 이본을 가지고 연구했고, 스웨덴 민속학자 루트(Rooth, 1951)는 700여 개의 이본을 분석하여 논문을 썼다. 전 세계적으로 신데렐라 형 이야기는 1,000종이 넘을 것으로 추정되는데, 이것을 과학적으로 생각하고 연구하는 첫걸음은 '닮은 것에서 다른 것을 발견하고 다른 것에서 닮은 것을 찾아내는 일'이다. 그 결과 신데렐라 이야기는 시대와 장소를 초월하는 인류 보편의 이야기인 동시에, 시공의 변화에 따라 다양하게 변할 수 있는 특성을 지닌 옛이야기이자 오늘의 이야기이며, 외국의 이야기인 동시에 우리의 이야기라는 점을 알 수 있다.[68] 이것은 문화의 상대성과 보편성이 논리적·정서적으로 하나로 연결되는 것이라는 점을 실증한다. 이렇게 볼 때, "모든 문화 간의 차이는 지리적·기후적·역사적·지적 수준의 차이에서 오는 피상적인 것일 수밖에 없고, 근본적인 차원에서는 유사할 수밖에 없다."[69] 따라서 우리는 문화생활에서의 다양성과 그에 터한 상대성만이 아니라, 그의 통일성도 적극적으로 견지해야 한다. 그럴 때 상대성은 통일성을 지향하고, 통일성은 상대성을 포용할 수 있다. 결국 문화의 생명력은 다양성 자체에 있다기보다는 다양한 것들이 통일성을 견지하는 가운데서 서로 '어우러짐'에 있다고 보아야 한다. 이러한 것을 단지 거대담론이라고 치부하는 것은 문화의 정신을 부정하는 것이 되고, 그럴 때 각 문화는 지리멸렬해져 갈등을 일으키게 된다.

세대의 경우에서도 다양한 세대들이 서로 대립하든 소통하든 궁극적으로 그들의 어우러짐은 문화의 통일성, 즉 문화일 수 있게 만드는 어떤 정신으로 귀결된다. 그렇다면 문화의 정신을 어떻게 확보할 수 있는가? 문화를 만드는 '인간'에 관한 이해가 없고는 이에 대한 답을 찾기가 어려울 것이다. 다양한 세대들은 모두가 인간이다. 그럴진

---

68 김정란, 『신데렐라와 소가 된 어머니』(서울: 논장, 2004), 12-27, 272 참조.

69 박이문, 「문화다원주의의 타당성과 그 한계」, 『철학과 현실』 제52호 (2002년 봄호), 23-29.

대 그들에게 공통적으로 적용되는 밑바탕이라는 것이 없을까? '모든 사람은 평등하게 창조되었기에 평등한 대우를 받을 권리를 갖는다'라는 명제를 자명한 진리로 인정하는 자라면, 그는 문화의 보편성을 인정하는 셈이다. 인간으로서의 권리나 존엄성 같은 것들은 보편성을 갖는다. 그 공통되는 것을 '인간다움' 또는 인간성이라고 상정할 때, 현실적으로 '인간다움'이라는 것을 찾아내기가 그리 쉽지는 않겠으나, 우리는 적어도 공유할 수 있는 어떤 가치와 문화를 탐색할 수는 있을 것이다. 하여튼 인류 공통의 핵심[근본] 가치는 무엇인가? 이 물음에 답하기 위해서는 인간성과 그에 터한 문화의 통일성을 견지하는 통찰을 가져야 한다.

인간성에 대한 통찰은 한편으로 자기에 대한 성실한 반성과 성찰을 하고 다른 한편으로는 감수성을 통한 타자들에 대한 관심, 비판적 사고와 합리적 판단, 포괄적 이해와 창조적 연상, 그리고 진정어린 상호 존중을 거듭해나갈 때 가능하다. 이러한 것들이 융섭될 때 고등한 가치관이 형성될 것이다. 그리하여 인간이라면 그가 어떤 세대문화에 속하건 인간으로서 인간다운 대우를 받고 또한 타인을 그렇게 대우할 수 있어야 한다. 만물의 제일성(齊一性)을 주장한 장자는 공자를 연출시켜 다음과 같이 말하였다.

> 중니(공자)가 이렇게 말했다. '제가 전에 초나라에 사신으로 간 적이 있는데, 때마침 새끼돼지들이 죽은 어미돼지의 젖을 빨고 있는 것을 보았습니다. 얼마 지나지 않아 새끼돼지들이 놀라면서 어미돼지를 버리고 달아나버렸습니다. 어미돼지가 자기들을 이전

처럼 보아주지 않기 때문일 뿐이며, 어미돼지가 자기들과는 같지 않다고 느꼈기 때문일 따름임에도 말입니다. 새끼돼지들이 어미돼지를 사랑함은, 그의 외적인 형체가 아니라 그의 형체를 움직이게 하는 다른 어떤 것〔생명·정신 또는 德〕을 사랑하는 것입니다.'[70]

짐승에게서든 인간에게서든 어미가 제 자식을 아끼고 돌보는 것이야말로 생명체들이 드러내는 가장 강력한 유대감이라는 점을 부정하기 어렵다. 그럼에도 불구하고 어미〔노인세대〕와 자식〔청년세대〕 간에 서로 사랑을 주고받지 못하는 불소통의 벽에 부딪히는 현상이 발생하는 것은 왜일까? 유적(類的)인 통일성을 상실하면 서로 분열되고 분리되며 종국에는 단절된다. 부모-자식 간일지라도 그들의 통일성을 잃게 되면 그럴 수밖에 없다. 그렇지만 인간은 스스로 자연 상태에는 있지 않은 물질적이고 정신적인 성취를 하는 문화〔문명〕적 존재라고 자부하지 않는가! 그럴진대 인간이라면 보이지 않는 정신적인 어떤 것, 타인과 소통할 수 있는 어떤 바탕이나 가능성을 지니고 있을 것이다. 외모가 어떠하고 성격이 어떠하든, 지위와 세대를 불문하고 그럴 것이다. 서로 갈등하는 세대들 가운데도 눈으로는 볼 수 없고, 손으로는 잡을 수 없는 어떤 통일성〔정신 즉 공유가치〕이 있을 것인데, 그런 통일성을 통찰하고 견지한다면 세대 간에는 단절이 아니라 연결성이 살아날 것이다. 그리하여 비록 현상적으로는 세대문화 간에

---

70 『莊子』「德充符」: 仲尼曰: 丘也嘗使於楚矣, 適見㹠子食於其死母者, 少焉眴若皆棄之而走. 不見己焉爾, 不得類焉爾. 所愛其母者, 非愛其形也, 愛使其形者也.

갈등이 일어난다고 해도 그것이 제로섬 게임이라는 나락으로 떨어지지는 않을 것이다.

사회변화에 따라 문화의 차이가 발생하지만, 모든 사회에서 공통적으로 추구하는 문화 즉 보편적 가치가 있는 것도 사실이다. 예컨대 인간은 각기 다른 방법과 범위에서 행복을 추구하지만, 행복 추구 자체는 인류의 영원한 가치이다. 이와 마찬가지로 세대문화 간에서 차이를 보이는 것은 외피적인 것이고, 삶의 실질을 구성하는 내적인 기본 요소의 추구는 모든 세대에서 일관될 수밖에 없다. 따라서 자신이 속한 세대 집단을 고집하고 장벽을 치기보다는 자신의 위치를 인류의 범위로 확장시킬 때 자기세대의 문화가 통일성으로 연결되고 존중받을 가능성은 높아진다. 말하자면 성숙된 문화상대주의 입장을 취할수록 그와 모순되는 것이기에 결코 만날 수 없을 것이라고 생각되었던 문화보편주의에로 자연스럽게 이행(移行)하는 것이다. 이런 이행과 상호 연결성을 이해하는 것을 통해 세대들은 인간성이 무엇인지를 확인하고 그것을 수용할 필요가 있다. 이것은 당연히 세대 간의 차이나 세대 내의 어떤 차이도 민멸하고 방기(放棄)하는 것이 아니라, 반대로 그 모든 것들을 끌어안고 넘어서는 '포월(包越)'이다. 그렇기에 보편성과 특수성을 동시에 견지하고 구현할 수 있다. 이것이 타 세대에 대한 실질적인 배려와 관용을 가능케 한다.

인간성에 터한 보편적 고등가치의 확보는 개인과 공동체가 같은 방향으로 나아가는 데서 관절적인 기능을 한다. 사회환경이 개인에게 영향을 미치기도 하고 역으로 개인들이 새로운 사회를 만들어가기도 하지만, 이들 가운데 보다 근본적인 것은 무엇일까? 인본주의 심리학자이자 철학자인 매슬로(Abraham H. Maslow, 1908–1970)의 관점을 취해 보자. "하나의 사회 또는 문화는 (인간의) 성장을 장려하거나 성장을 방해할 수 있다. 하지만 성장과 인간성의 원천은 결정적으로 인간 내부에 있는 것이지, 사회가 고안하거나 창조하는 것은 아니다. 사회는 단지 인간성의 발달을 돕거나 저해할 수 있을 뿐이다. 이러한 인간성은 문화 이전에 인간 내부에 잠재성으로서 존재한다. 이런 점 때문에 이론적으로 문화적 상대성을 초월하고 포괄하는 비교사회학이 가능하다. '훌륭한' 문화는 인간의 모든 기본적 욕구를 충족시키고 자기실현을 허용한다. 하지만 '빈곤한' 문화에선 그렇지 않다."[71] 세대 간 상호 이해의 방책을 모색하여 '관계 가치'를 회복하고 세대문화의 통일성을 찾아낼 수 있는 가능성을 여기에서 볼 수 있다.

편협한 세대감정을 넘어서 인간의 보편적 감정을 지님으로써 공동체적 사회의식을 성숙시킨다면, 개인들 간에서건 세대집단들 사이에서건 호혜성·상보성을 구현할 수 있을 것이다. 이러한 일은 일차적으로 인간성을 탐구하는 데서 시작된다. 문화는 가치의 체계로서 개인·집단의 사고와 더불어 행위를 인도하는데, 그 가치의 토대에 인간성이 놓인다. 따라서 우리는 인간성의 가치부터 탐구해야 하며, 그런 활동에서 형성되는 정신적 가치들의 체계인 양질의 문화를 일구어가야 한다. 문화는 필연적으로 그것을 일구는 사람들의 의지와 태도에 따라 그 양태와 질을 달리 하게 된다. 상생하는 좋은 세대문화를 만

71 아브라함 H. 매슬로, 정태연·노현정 역, 『존재의 심리학』(서울: 문예출판사, 2012), 394–395.

들어가는 것도 사람들의 의식과 의지와 자세에 의거하는 것이다. 한마디로 인간이 스스로 만들어내고 그 속에서 함께 노닐 '인간의 호수' 곧 문화의 물꼬를 트는 것은 인간성에 대한 이해와 그 구현의 여부에 달려 있다. 물질적 자기 이익만을 추구하면서 개체로 분열되어 가는 봉역적(封域的)인 문명만이 인간의 정신적 가치와 양질의 문화를 허구적인 것으로 치부할 것이다.

2) 세대상생과 시민성 구현

한국의 현실에서 표면화되는 세대문화 간의 갈등 양상은 상호 편견과 선입견 및 가치관의 차이에서 야기되는 경우가 많은 것으로 보인다. 자기 세대의 고정관념에 갇혀 자기중심적 입장을 고수하는 한, 타 세대의 처지와 입장을 이해하기 어려움은 물론 서로 어우러짐은 기대할 수도 없다. 그러면 그런 협소한 봉역 곧 세대적 고정관념이나 편견의 프로그래밍으로부터 벗어날 수 있는 길은 무엇일까?

무엇보다도 먼저 인식의 지평을 넓히고 의식의 수준을 고양시켜야 한다. 우리가 선조들과도 자식들과도 관련을 맺듯, 한때 살았던 사람들과도 앞으로 살아갈 사람들과도 관련을 맺듯, 우리는 과거·미래와도 관련을 맺어야 한다. 자신의 유한성을 극복하려면 생명을 이어갈 사람들과의 관계 기초와 더불어 이미 죽은 사람들과의 관계 기초도 배워야 한다.[72] 우리는 현재의 시점에서 과거로 하여금 미래를 지향하게 하고, 미래로 하여금 과거를 견지할 수 있게 해야 한다. 끊임없이 자기의 의식을 고양시키고 인식의 지평을 확장하여 보편적인 관점을 형성해야만 타인·타자를 관용하고 포용할 수 있다. 시간의 흐름에 따라 사람의 연령·외모·경험·지식·감정 등은 변할 수 있지만, 이들이 자동적으로 이루어지거나 바람직하기만 한 것은 아니다. 따라서 사람인 한 갖가지 변화 속에서도 변해야 할 일과 변하지 말아야 할 일, 바꾸어야 할 것과 바꾸지 말아야 할 것이 있음을 분별하는 지혜도 지녀야 한다. 한마디로 시간과 공간을 넘나들고, 처지와 입장을 바꾸어 생각하는 속에서 삶의 변화성과 함께 항상성을 통관하는 일이 요구된다.

세대관계에서뿐 아니라 모든 인간관계에서도 그 관계를 가능케 하고 지속시키는 최선의 방안으로 제시되어온 것은 단연코 '역지사지'이다. 동양이든 서양이든 이것을 기반으로 한 '황금률'과 '신뢰〔信〕'라는 것이 예로부터 인간 행위의 기본 덕목으로 자리 잡아왔다. 역지사지는 인류가 겪어온 최고의 갈등 지점들에서 목숨을 걸고 찾아낸 정신적 공유자산이기에 변할 수 없는 것이며 바꿀 수도 없는 것이다. 다시 말해, 인류의 공통적 핵인 '인간성' 유지를 위한 최고의 방법이 '역지사지'라고 보는 데는 이론의 여지가 없을 듯하다. 그렇지만 이것을 실제 생활에 적용하는 데는 적잖은 난점이 있음도 간과할 수 없다.

그 난점은 인생의 특정한 시기에서 겪는 경험이 지니는 완고성과 관련이 있다. 생애연구자들에 따르면, 인간이 기억하는 주요 사건들은

---

72 프랑크 쉬르마허, 『고령 사회 2018』, 274 참조.

실제 그 사건이 인류역사에서 차지하는 비중이기보다는 자신의 특정한 시기, 즉 평균적으로 17세에서 25세 사이에 겪었던 일이다. 이 시기에 경험한 사건들은 그가 평생토록 유지하는 가치관과 세계관을 형성하는 핵심 요소가 된다.[73] 더욱이 그런 개인의 가치관은 한번 구축되면 쉽게 변화하지 않고 개인의 정체성으로 확립되는 경향이 있다. Inglehart와 Damico 등은 개인의 가치관이 학교 및 지역사회 활동에의 참여와 같은 인생 초기의 정치사회화 경험에 의해 형성된다고 주장했다.[74] 루소가 『에밀』에서 청소년기의 감정교육, 즉 청소년에게는 무엇보다도 타 세대에 대한 관찰과 상상력에 터한 연민·동정심을 키워주어야 한다고 역설한 것도 이런 맥락으로 이해할 수 있다. 주희(朱熹)가 초학자들을 교육하는 데서 『대학장구(大學章句)』를 주요 텍스트로 활용하였던 것도 청소년기의 가치관·세계관 정립을 위한 것이라는 차원에서 이런 맥락에 닿는다.

청년기는 감수성이 예민하기 때문에 가변적이며 유연성을 지니는 시기이지만, 동시에 그때 경험하는 사회적 사건이나 사회형태는 그들의 내면에 응어리〔자아〕로 자리 잡기가 쉽다. 문학평론가로 활동했던 김현은 그런 응어리의 완고성이 어떠한지를 고백한다. "내 육체적 나이는 늙었지만, 내 정신의 나이는 언제나 1960년의 18세에 멈춰 있었

---

73 장근영, 「정보격차와 세대 차이의 이해」, 『지역정보화』 제65권 (한국지역정보개발원, 2010), 10.

74 박희봉·이희창, 「세대별 정치 이데올로기 차이」, 『한국정책과학학회보』 제10권 1호 (2006), 126 참조.

다. 나는 거의 언제나 사일구 세대로서 사유하고 분석하고 해석한다. 내 나이는 1960년 이후 한 살도 더 먹지 않았다. 나는 내 자신이 조금씩 변화하고 있다고 믿고 있었지만, 그 변화의 씨앗 역시 옛 글들에 다 간직되어 있었다. 나는 변화하고 있지만 변화하지 않고 있었다."[75] 문제시되는 것은 청소년기에 형성된 가치관·세계관이 미숙한 것임에도 불구하고 오로지 그것에 의거해 인생의 방향을 결정하고 또한 그것을 고수하는 세대들이 만날 때 갈등을 빚게 된다는 점이다. 더구나 이런 말도 전해지고 있다. "어린아이는 아직 노년에 이르지 못하였고, 노년은 다시 어린아이 상태에 이를 수 없다."[76] 이 말을 세대문제에 결부시켜 이해할 때, 역지사지를 통한 세대 간의 소통이라는 것이 존재론적으로 가능키나 한가라는 의구심을 갖지 않을 수 없다. 이 정도는 아니더라도 쇼펜하우어의 '고슴도치들의 비유'[77]는 또 어떠한가. 서로 다른 가치관이라는 가시를 곧추세운 세대들이 과연 어떻게 공생할 수 있을까? 생텍쥐페리의 『어린 왕자』의 위대한 점 가운데의 압권은 그 동화책이 어린이에게 바쳐지지 않고 '어린 시절의 어른'에게 헌정되었다는 것이다. 그는 왜 그러한 구상을 하였던 것일까?

이 예들은 연령과 가치관을 달리 하는 세대들이 조화를 이루기가 쉽지 않다는 점을 실존적인 고민을 바탕으로 하여 말해준다. 그럼에

---

75 김현, 『분석과 해석』(서울: 문학과지성사, 1988), 책머리에 iv－v.

76 延壽禪師, 『宗鏡錄』 卷75: 童子不至老年, 老年不至童子.

77 쇼펜하우어, 김재혁 역, 「비유와 詩 20」, 『쇼펜하우어 인생론』(서울: 육문사, 2012), 391.

도 세대갈등과 관련한 문제들에 대해 많은 학자들은 '역지사지', '상호이해와 존중', '배려와 관용', '객관적 사실에 대한 합의' 등을 여전히 긴요한 해결책의 원론으로 제시한다. 그러면서 가정과 학교에서부터 회사와 사회생활에 이르기까지, 삶의 총체적인 면에서 세대 간의 물리적·심리적 격차를 좁히기 위해서는 기성세대와 청년세대가 서로 상대방의 가치관 및 행위양식을 이해할 수 있어야 한다고 강조한다. 그러나 실제 생활에서 이러한 주문을 실천하기란 용이치 않다. 어쩌면 이미 일반화되어 제시되는 방법이란 '돌아온 탕아'의 가르침일 수도 있는 것이기에, 극한적 상황에 처하지 않은 상태에서는 거꾸로 단지 추상적인 가르침으로만 느껴진다. 따라서 실제 상황에 직면해서는 상대에게 어디로부터 어떻게 접근해야 할지조차 막연하여 서로가 주저한다. 이론적 이해와 간접적 경험만으로는 세대 간의 실제적인 조화를 이루는 데에 여전히 한계가 있다. 역지사지가 궁극의 방법이라 할지라도, 그것이 이론으로만 가르쳐질 때 또 다른 주입이자 강요로 전락되는 자가당착에 빠질 수 있다.

현실적인 해법은 없는가? 사회학자 박재흥은 일찍이 세대갈등을 지양하기 위해서는 개인적·제도적 차원에서의 노력이 상호보완적으로 이루어져야 한다는 방안을 제시한 바 있다. 그는 세대 간 문화격차를 줄이고 상호이해의 폭을 넓히기 위한 세대통합 교육프로그램을 시행할 필요가 있다고 하면서 그 내용을 이렇게 제시하였다. 첫째 각 세대가 어떤 시대상황에서 성장해 어떠한 세대특성을 갖게 되었는지에 관한 내용, 둘째 청소년기·성년기·중년기·노년기 등 각 생애단계에서의 생물학적·사회적·심리적 특성에 관한 내용, 셋째 의사소통을 촉진하고 자신의 감정을 조절하는 커뮤니케이션 기술에 관한 내용, 넷째 중·고령층 대상의 평생교육으로서 정치·경제·문화·테크놀로지 발전에 관한 내용, 다섯째 정보격차 완화를 위한 중·고령층 대상의 정보화 교육을 포함하는 것이다. 그리고 그는 2000년대에 들어 교육학과 사회노년학 분야에서 세대통합을 위한 세대공동체 교육 프로그램에 관한 논의가 진행되고 있다고 하면서, 세대공동체교육이란 노인과 젊은세대 간의 상호이해와 결속을 돕기 위해 각 세대가 상대 세대를 도와주고 공동 활동을 하며 학습의 기회도 함께 갖는 프로그램을 뜻한다고 말한다.[78]

이러한 제안은 매우 체계적이고 통합적인 방안으로서 실행 가능성이 높은 것으로 보인다. 그렇지만 필자가 생각하기에, 이런 구체적인 교육에도 그 토대가 되는 것이 무엇인지를 탐구하여 더 보충할 필요가 있다. 말하자면 생물학적·사회학적·심리학적·정치학적·경제학적·문화적·정보적인 것만이 아니라, 근본적으로 인문학적 소양을 갖추게 하는 학습이 요구된다는 것이다. 세대문제는 궁극적으로 인간성의 가치에 대한 이해로 귀결되는 것이라고 보기 때문이다. 그리하여 세대들 스스로 가치관을 돌아보고 더 좋은 공유가치[79]가 무엇일지에 대해 깊이 성찰하고 판단할 수 있는 능력을 길러야 하는데, 공유가치를 위해서는 그것이 없으면 더 이상 인간이라고 말할 수 없게 만드는

---

78 박재흥, 「한국사회의 세대갈등」, 95.

79 여기서 '공유가치'란 보편적 가치에 해당하며, 세대가 형성하는 가치는 집단적 가치에 해당한다.

'그것'이 무엇인지를 탐구해야 한다. 곧 인간이 지닌 공통적 성향인 인간성이 무엇인지 또는 인간성이 어떻게 성숙되는지를 인문학을 통해 알아갈 수 있어야 한다. 인간에 대한 인문학적 탐구와 이해는 역지사지 방법을 일방적으로 가르치려고만 하거나 무작정으로 실천하라고 강요하는 데서 오는 역효과를 방지할 수 있다. 바꾸어 말해 역지사지 방법의 이론교육과 실천 간에 매개 역할을 하면서 관통하는 것이 곧 인간성의 가치를 탐구하는 일이다. 그렇다고 해서 '인간성의 가치 탐구', '이론교육', '실천'이 고정적인 선후의 과정상에서 이루어져야 한다는 말은 아니다. 역지사지의 이론교육에서나 실천에서나 항상 인간성의 가치 탐구를 견지할 수 있어야 한다는 뜻이다.

그런데 오늘날 한국사회는 민주주의를 표방하고 있다. 우리가 민주주의 시민사회에 살고 있다는 점을 부정하지 않을 때, 사람들의 가치관·의식구조·행위양식은 '시민성'과 직결되지 않을 수 없다. 이런 구도에서는 오늘날의 세대 차이란 곧바로 시민성의 차이를 드러내는 것이 되며, 세대갈등이란 다름 아닌 시민갈등의 지표가 되는 것이라고 보아도 큰 무리는 아니다. 여기에서 시민성이란 '시민적 인성'을 뜻한다. 분명한 사실은 교육이 시민의 자격으로서의 시민성을 생각하게 하는 가장 훌륭한 매개체가 된다는 점이다. 그러면 개인은 어떤 순간에 시민으로 변모하는가? 개인이 시민으로 변모하기 위해서는 시민적 인성을 갖추어야 한다. '시민적 인성'은 개인이 국가와 맺는 관계를 통해서보다는, 개인이 능동적이고 활동적인 일부로서 동참하게 될 시민사회와 자신 사이에서 세울 관계들을 통해서 획득하게 되는 자질이다. 민주주의의 근본 가치들을 지키면서 점차 사회적 공간의 주요 영

역들 속에 합류하고 성공적으로 동화되어갈 때, 개인은 시민적 인성을 갖추게 된다.[80]

그렇다면 역지사지 방법과 관련한 '인간성의 가치 탐구', '이론교육', '실천'들이 상호 어떤 관계를 지니며, 나아가 이것이 어떻게 시민성 및 세대교육과 연결될 수 있는가? 형식적으로 구분하자면 「인간성의 가치 탐구-이론교육」은 삶의 문제를 총체적으로 다루는 것으로서 이론적 성격이 강한 것이고, 「인간성의 가치 탐구-실천」은 시민성 구현의 방법이 되는 것으로서 실천적 성격이 강한 것이다. 시민성 형성과 구현, 그리고 세대갈등 해결을 위한 세대교육은 공히 이 둘이 긴밀하게 연결되는 속에서 이루어지는 것이라고 할 수 있다. 이렇게 형식적으로는 이론교육과 실천으로 구분해 볼 수 있지만, 삶이란 본래 과정적인 것이기 때문에 실제적으로는 서로가 끊임없이 영향을 주고받는 역동적(逆動的) 관계를 형성하는 것이라고 보아야 한다. 이 글에서 이에 대한 세밀한 설명이나 구체적인 교육 프로그램을 제시할 여유는 없다. 다만 그 시행방법의 대체를 예시적으로 구상해볼 수는 있을 것이다.

앞서 가치관과 세계관을 형성하고 세대문화를 이루는 데서 중요한 시기가 청소년기라는 점을 살펴보았던 바, 그중에서도 특히 청년기의 대학생활을 위주로 하여 시민성과 세대문화를 아울러 형성하고 구현하는 방법의 대체에 관해 생각해 볼 수 있겠다(물론 이 영역은 고등

80 제롬 뱅데 엮음, 이선희·주재형 역, 『가치는 어디로 가는가?』(서울: 문학과지성사, 2008), 341-342.

학교나 중학교로까지 확장되어가야 한다). 오늘날 대학의 역할 가운데 우선적으로 요구되는 것이 '시민성을 갖춘 시민을 길러내는 것'이라는 점에 동의할 때, 공통 교양교과목으로서 '시민성 형성 및 구현'을 목표로 하는 교과목 설치는 물론 세대갈등의 해법을 실질적으로 경험할 수 있는 공간이 대학 내에서부터 마련되어야 한다.

그런데 대학 공동체에서도 앞선 세대인 교수자의 자세는 '교육의 장'이라는 면에서 중대한 영향을 끼치게 마련이다. 시민성 형성과 세대교육은 인간성의 가치를 탐구하는 것을 기반으로 하는데, 여기에서 누군가가 인간의 본질적 가치라고 생각하는 것을 타인에게 일방적으로 제시한다면 그것은 강요이고 강제에 불과한 것으로서 교육의 본래 목적을 상실하게 된다. 따라서 교수자는 자기의 특수한 세대적 경험이나 사유방식을 학생에게 주입시키고자 하는 자세를 의식적으로 지양해야 한다. 교수자는 인간의 평등성을 전제로 한 수평적 대화를 통해 학생들 스스로 고등 가치가 무엇인지를 찾아낼 수 있는 토대를 마련해주는 역할을 해야 한다. 이것은 말로만 가르치려드는 언교(言敎)가 아니라 행위로 감통하는 '신교(身敎)'로서 기성의 가치관을 주입하려는 강요와는 전혀 다른 차원의 일이다. 말하자면 "살아갈 수 있도록 도움을 줄 뿐 소유하려들지 않고, 위해줄 뿐 보답을 바라지 않으며, 길러줄 뿐 주재하려들지 않는"[81] 실질적인 행위를 보임으로써, 교수자는 학생들로 하여금 삶의 중핵적 가치가 무엇인지를 스스로 찾

81 『老子』 제10장: 生而不有, 爲而不恃, 長而不宰, 是謂玄德.

아내게끔 해주는 것이다. 그리고 대학 공동체를 운영하는 면에서도, 학생들은 직원과의 상호 관계를 통해 대학이 자율적이고 조화로운 방식으로 운영될 수 있다는 점을 체험할 수 있어야 한다. 사회활동에 자발적이고 주체적으로 참여하는 청년세대는 이와 같은 체험적인 학습을 통해 '스스로' 태어나는 것이지 기계적으로 만들어지는 것이 아니다. 내실 있는 민주교육이라야 자율적이고 창조적인 대학문화, 세대들이 어우러지는 승화된 세대문화를 가능케 한다. 물론 대학공동체의 운영이 정치로부터 또는 다른 어떤 외압으로부터 자유롭지 못하다면, 이러한 필자의 논의는 공허한 이상론에 불과할 것이다.

이와 관련하여 박종훈의 다음과 같은 주장에 주목할 필요가 있다. 그는 독일과 북유럽 국가들에서 복지제도의 세대 간 균형이 이루어지기까지는 많은 청년들의 적극적인 도전과 활발한 사회참여가 있었기 때문이라고 말한다. 그 국가들의 청년이 사회에서 활발하게 자신의 목소리를 내는 것은 그들이 어렸을 때부터 다양한 민주주의 교육과 훈련을 통해 각종의 사회문제에 직접 참여해왔기 때문이다. 독일과 북유럽 국가들에서 청년은 활발한 사회참여를 함으로써 세대갈등을 해소하는 핵심 세력이 되었다.[82]

이제 논의를 대학 공동체를 넘어서 사회공동체 범위로 확장시켜보자. 각 세대들이 지니고 있는 가치관이나 의사소통 방식의 다양성을 인정하는 일은, 세대들이 서로를 상대적으로 인식하는 데서 시작

---

82 박종훈, 『지상 최대의 경제 사기극, 세대전쟁』, 297-302 참조.

된다. 그리고 여기에서 타자에 대한 관심과 타자를 대하는 유연성이 생겨난다. 따라서 '상대적'이란 무질서 상태로 빠져든다는 뜻이 아니라 창조적인 관계를 맺을 수 있게 하는 토대를 의미한다. 이를 바탕으로 "협소하게 규정된 시야의 한계를 뛰어넘어, 이질적인 것으로 드러나는 것들을 가능한 한 융합시키고, 또 서로가 타자에 속하게 함으로써 우리의 삶의 지평을 확장해야 한다. 무언가 이질적이고 친숙하지 않은 것과의 만남이 그 시작점이라면, 자아와 타자의 상호연관 속에서 경험과 지식을 풍부하게 하는 것은 도달해야 할 그 궁극적 목적지이다. 이해의 과정은 배움, 혹은 자아 수양의 과정이다. 그 속에서 우리의 지식의 보고(寶庫)는 더욱 풍성해지고, 낯선 것은 친밀해지며, 이질적인 것은 우리의 일부가 될 때까지 흡수되는 것이다."[83] 요즘처럼 창의성을 절실히 요구하는 사회, 새로운 문화 창조에 골몰하는 사회에서는 세대 차이를 인정하는 것이 필수적이다. 이런 시대적 요구를 인지하고 수용한다면, 세대들은 서로를 인정하는 수준을 한층 높여갈 수 있다. 그리하여 세대 차이는 도리어 인간들이 서로를 이해하고 존중하게 만드는 더없는 계기가 된다.

세대 차이를 인정하는 것이 공적인 창조 차원으로 나아가려면, 그런 차이를 연결하고 통합하는 실질적 '행위'가 뒤따라야 한다. 타세대의 입장을 일반화해서 아는 것만이 아니라 실제로 그들에게 다가가 들여다보고 손을 맞잡는 경험을 하는 것, 즉 실천력을 갖는 역지천

---

83 짱 롱시, 백승도 외 역, 『도와 로고스』(서울: 강, 1997), 14.

지(易地踐之)가 수반되어야 한다.[84] 구체적인 접촉을 통해야 상대 세대가 지니고 있는 삶의 경험적이고 실존적인 특수성을 이해할 수 있다. 형식적인 겉치레 악수가 아니라 생활인들의 피가 통하는 손이 맞잡힐 때 어떤 변화가 일어날까? 타 세대의 존엄성을 지켜주는 것이 인간된 의무라는 점을 깨닫게 된다. 그런 경험을 말하는 진솔하고 잔잔한 목소리가 있다.

> 노인은 내게 '타인'이었다. 내 또래 상당수가 그렇겠지만, 나는 노인과 함께 살아본 기억이 거의 없다. 물론 거리나 지하철 등에서 나이든 사람은 어렵지 않게 만날 수 있지만, 나와는 상관없는 사람들, '낯선 존재'였다. … 가족이 아닌 노인의 말에 이토록 진지한 자세로 귀기울여본 것은 처음이었다. 누군가의 말 속에는 그 사람의 삶이 배어 있게 마련이고, 나는 단지 이야기를 듣는 것만으로 그분들의 지난 인생을 조금 나눠 가진 것 같다는 기분이 들었다. 노인들은 내가 짐작했던 것보다 훨씬 더 '외로운 존재'였다. 처음 보는 나를 붙잡고 마음 한구석 묻어두었던 상처를 꺼내놓는 그들을 보면서 가슴 아프다는 생각과 함께 '들은 말에 조금

---

84 『황혼길 서러워라』(제정임 엮음, 서울: 오월의봄, 2013)는 세명대 저널리즘스쿨대학원생 16명이 노인세대의 생활을 탐방하고 그들과 방법적으로 소통한 결과물이다. 그들은 "서로를 이해하기 위해 노인과 젊은이들이 소통할 수 있는 기회가 늘어나길 바란다. 서로에게 상처 대신 용기를 주는 사이가 될 수 있도록"(225).

이라도 책임을 져야겠다'는 부담[의무감]을 느꼈다.[85]

이처럼 일상생활에서 취할 수 있는 적실성 있는 방안은 현장학습과 체험인데, 거기에서 대면 접촉하여 대화를 하는 것은 기본이다. 그런 대화는 상품을 걸고 지식 경쟁을 하는 퀴즈쇼에서의 짧은 문제-정답과 같은 것이 아니다. 그것은 서로가 직접 다가서고 떨어지기를 반복하는 가운데 소통하고 상생하는 방법을 스스로 찾아내는 긴 육성(肉聲)이자 장기적인 활동이다. 또한 이런 일은 세대들 쌍방의 다면적인 노력을 요구하는 것이기에 평등성도 확보한다. 노인세대라고 해서 청년세대의 처지를 모두 아는 것도 아니고, 청년세대라고 해서 노인세대의 입장을 전혀 알 수 없는 것만도 아니다. 서로에 대해 오만하거나 경원시하지 않고, 같은 인간으로서 서로를 알아보고자 접촉하는 것이야말로 인간다운 공부이다.

실제로 길을 걸어가는 것은 지도를 보기만 하는 것과는 다른 차원의 일이라고들 말한다. 인간성 또는 삶의 가치를 탐구하는 활동은 텍스트를 외우는 게 아니라 자신이 하고 싶은 것을 스스로 찾아 실천하는 것이다. 그것은 실제 생활에 참여하여 발로와 말로 하는, 즉 길 위에서의 물음과 대답이다. 거기서의 삶에 대한 물음은 쥐어짜지는 게 아니라 저절로 터져 솟구치는 것이다. 그런 물음이 세대문화의 격차로부터 인간다움이라는 같음으로 나아가는 방향 전회를 가능케 한

85 양승희, 「노인, 낯선 존재에서 가까운 이웃으로」, 제정임 엮음, 『황혼길 서러워라』, 222.

다. 그리고 삶의 가치를 탐구하는 활동은 특정한 시기에만 국한되는 것이 아니라 평생학습을 통해 이루어진다. 그리하여 지속적인 상호교육과 학습을 통해 토론하고 숙의하는 문화를 성숙시킨다. 노인세대든 청년세대든 자발적인 접촉과 방법적인 대화를 통해야 세대를 넘어서는 연대를 도모할 수 있고, 세대를 관통하는 상호존중에 터한 사회의 지속성을 확보할 수 있다.

그런데 요즘 사람들은 문자메시지나 이메일·SNS 등을 사용하면서 직접 대화하는 것은 꺼리는 경향을 보인다. 특히 정보화세대는 감정을 표현하고 전달하는 데서 영상이나 아이콘 같은 이미지를 선호한다. 이런 방식은 일시적이고 단편적인 감정이 아닌 '진심'을 전달하는 데서 큰 한계에 봉착한다. '대화(對話)'란 말 그대로 '마주 대해 이야기하는 것'이다. "말은 그 문맥을 이해할 수 있는 적절한 청중에게 이야기되고, 직접적인 대화 속에서 이해되며, 그 풍부한 의미는 그 이상의 질문과 답변, 설명과 수정에 의하여 보증된다."[86] 다양한 대화의 계기를 마련하고, 방법적인 대화의 실제를 계발하며, 진정성 있는 대화의 자세를 갖추는 것이 중요하다. 세대 간의 소통을 위해서는 상호 수평적 관계에서 토론·토의를 할 수 있어야 하고, 협의·타협·합의도 이루어낼 수 있어야 한다. 그런 속에서는 비난이 아닌 비판과 질문, 경멸이 아닌 존중과 수정, 편당이 아닌 배려와 공감이라는 '상생의 대화'를 요구한다. 상생의 대화는 단지 보고 듣고 말하는 것이 아니라 내면

---

86 짱 룽시, 『도와 로고스』, 44.

〔心氣〕으로까지 소통하는 것이다.[87] 이러한 방법적 대화에 의한 소통이라면 얼음과 불조차도 상극이 아닌 상보·상생하는 관계로[88] 바꾸어 놓을 수 있지 않을까. 상보작용을 가능케 하는 대화는 집단의 문제를 공론에 부쳐 검토하고 내실 있는 합의를 거쳐 창조적인 해결책을 내놓는다. 말하자면 공동체 속에서 각 집단의 문제를 함께 해결해 가는 '참여'의 출발점이 대화인 것이다.

그러면 세대상생의 대면 대화를 가능케 하는 개인적 조건은 무엇인가? 우선 자기 자신부터 좋은 관점을 형성할 수 있는 자질을 갖추어야 한다. 그러기 위해서는 열린 마음으로 다양한 것들을 대해야 한다. 자기 안의 여러 가능성을 탐구하는 것을 비롯해, 고전과 영화·소설·연극 등의 예술작품은 물론 다양한 삶을 살고 있는 생활인들과 공상이 아닌 '실존' 차원에서의 직접적인 접촉을 해야 한다. 여기에서 다양한 만남과 경험 및 그것을 통한 자기반성과 삶의 갱신, 지속적이고 진실한 관계, 다채로운 삶에 대한 이해와 공감이 이루어진다. 우리가 '공동체적 삶'을 중심으로 하는 가치를 계발하여 확산시키는 것은 그 자체로 새로운 사회문화 창조를 향한 시작이 된다.[89] 소통과 연대를 위한 대화를 하기 위해서는 사회적 차원에서 세대들이 함께 어우

---

87 『莊子』「人間世」: 无聽之以耳而聽之以心, 无聽之以心而聽之以氣! 耳止於聽, 心止於符.

88 『文子』「上德」: 水火相憎, 鼎鬲在其間, 五味以和; 骨肉相愛也, 讒人間之, 父子相危也.

89 정지우·이우정, 『삶으로부터의 혁명』(부산: 이경, 2013), 95-124 참조.

려져 행할 수 있는 일들을 창안하고, 일상에서 세대들이 수시로 접촉할 수 있는 공동학습 공간과 같은 것들을 늘려갈 필요가 있다. 요즘 한국의 각 시·구에서 운영하는 평생학습관에서 여러 세대가 참여하는 독서토론 모임과 같은 것을 활성화하여 세대들 간의 상호 이해와 소통의 정도를 높일 수 있을 것이다. 특히 스웨덴, 핀란드, 노르웨이 등지에서 행해온 자발적 '스터디 서클' 활동[90]을 참고하여 발전시켜 볼 일이다. 그렇게 할 때 누구나 '자기를 성찰하는 방법과 능력', '가치를 판단하고 평가하는 방법과 능력', '어우러지는 삶의 방법과 능력'을 찾고 배양하게 될 것이다. 이러한 방법과 능력을 서로 가르치고 배우고 익히는 일을 지속하는 것은 시민들 자신으로 하여금 사회·문화를 변화시키면서도 동시에 계승해갈 수 있는 역량을 갖추게 한다. 이것이 세대상생을 가능케 하는 현실적인 한 방안이다.

지구화 시대를 살아가는 우리는 세대를 불문하고 모두가 동일한

---

90 스웨덴·핀란드·노르웨이 등에서 소규모 공부 모임은 일상의 중요한 부분이다. '스터디 서클(Study Circle)'로 통칭되는 각종 학습회가 해마다 수천 개씩 생겨나고, 성인의 절반 이상이 매년 한 가지 이상의 관련 서클에 참여한다. 자발적 공부 모임을 포함해 스터디 센터 강좌 등 비형식 교육에 참여하는 성인 인구의 비율이 스웨덴 69%, 핀란드와 노르웨이는 51%에 달한다. 북유럽 스터디 서클의 성공은 '교육은 평생 국가가 책임진다'는 교육복지 이념과 길지 않은 노동시간 등의 사회적 조건이 결합돼 이룬 성과다. "스웨덴의 민주주의는 스터디 서클 민주주의(Study Circle Democracy)다." 스웨덴 전 총리 올로프 팔메는 "자발적으로 생겨난 스터디 서클은 스웨덴인에게 합리적 분석력과 비판의식을 심어줬다. 이것이 스웨덴의 사회 변화를 이끈 원동력이 됐다"라고 말했다(이영희, 「풀뿌리 인문학의 본고장 북유럽」, 《중앙일보》(2013. 8. 9) 참조).

사회상황에 직면하는 거대 공동체의 일원일 수밖에 없다. 바람직한 거대 공동체라면 '같은 인간〔同〕'으로서, '서로 다른 세대로 살아가면서〔異〕'도, 모두가 '어우러지기〔和〕'를 지향할 것이다. 공동체적 삶의 존립과 안정을 위해서는 세대 간의 어우러짐을 스스로 요구하게 되고, 그래서 세대 간의 차이성과 더불어 유사성도 함께 인식함으로써 세대들이 상보·상생할 수 있는 통합적인 의식을 갖고자 하는 움직임이 일어날 수 있다. 그런 공통적인 의식을 지향하고 자율적인 움직임에 참여한다면, 타 세대에 대한 자기 세대의 의무가 무엇이며 또한 타 세대에게 '차마 할 수 없는 일이 무엇인가'를 자각하고 느끼게 될 것이다.

인간은 생로병사의 과정에 있는 존재이고, 세대들 역시 생멸의 과정에서 벗어날 수 없다. 개체적 인간을 비롯한 세대를 기반으로 하는 공동체들 역시 고정적·고립적일 수 없다. 공동체가 끊임없이 돌아가고 굴러가며 흘러가야 하는 것은 그 자체가 지니고 있는 존재론적 운명이다. 그런 속에서 우리는 공동체가 지속되기를 또한 요구한다. 그런 지속이 가능하려면 세대 간의 연속성과 공동체의 유연성 그리고 사회의 통일성을 확보할 수 있어야 한다. '세대 잇기'는 공동체 존속의 토대이자 창조적 문화생활의 근간이다.

요컨대 세대문화는 거시적으로 단절성이 아니라 '연속성'을 기반으로 한다. 그러므로 수위가 높아진 호수세대가 할 일이 무엇인지는 자명하다. 그 일은 자연스럽게 주변의 작은 호수세대로 흘러들어가 그곳의 생명체들도 '살려주되 대가를 바라지 않는 것'이다. 흘러넘침의 턱을 낮추어가는 것이 그 일을 보다 수월하게 만든다. 이제는 우리가 신경림 시인의 「별」[91]을 펼쳐놓고 함께 음미하고 대화를 시도해볼 때이다. 80대 노시인의 혜안은 한국사회의 각 세대들에게 무엇을 비춰주는가? 어떤 세대문화를 상상하게 만드는가? 오늘날 청년세대의 눈에는 어떤 별이 어떻게 담길까? 이는 세대 간 상생의 대화문화를 일구어 시민으로서 함께 살아가기 위해서 공유해야 할 인간학적인 물음들이다.

91 신경림, 『사진관집 이층』(파주: 창비, 2014). 이 시집 가운데의 「별」뿐 아니라 다른 많은 시들도 세대소통 및 상생이라는 맥락으로 읽힌다.

참고문헌

『老子』.

『大學章句』.

『文子』.

『三國遺事』.

『莊子』.

『宗鏡錄』.

고유경. 2007.「세대의 역사, 그 가능성과 과제」.『서양사론』 제93호.

구자숙·한준·김명언. 1999.「세대 격차와 갈등의 사회심리적 구조」.『심리과학』 8(1).

김재한. 2006.「정치적 세대갈등의 오해와 이해」.『의정연구』 제22권. 한국의회발전연구회.

김정란. 2004.『신데렐라와 소가 된 어머니』. 서울: 논장.

김 현. 1988.『분석과 해석 – 鵜와 蜚의 세계에서』. 서울: 문학과지성사.

떽쥐뻬리, 쌩. 안응렬 역. 1984.『어린왕자』. 인문출판사.

도정일 편찬. 2013.『문명 전개의 지구적 문맥 Ⅰ: 인간의 가치 탐색』. 경희대학교 출판문화원(개정 3판).

드류스·립손. 정태위 역. 2010.『삶과 가치관』. 고양: 제이앤씨커뮤니티.

롱시, 짱. 백승도 외 역. 1997.『도와 로고스』. 서울: 강.

루소, 장 자크. 민희식 역. 2013.『에밀』. 서울: 육문사.

만하임, 카를. 이남석 역. 2013.『세대 문제』. 서울: 책세상.

매슬로, 아브라함. 정태연·노현정 역. 2012.『존재의 심리학』. 서울: 문예출판사.

박경숙 외 5인. 2013.『세대 갈등의 소용돌이』. 서울: 다산출판사.

박길성. 2011.「한국사회의 세대갈등 – 연금과 일자리를 중심으로」.『한국사회』 제12집 1호.

박연규. 2011.「시민인문학에서 자율과 자유, 그리고 공동체성의 경험」.『철학·사상·문화』 제12호.

박영균. 2009.「청소년과 부모세대 간 문화갈등에 관한 이론적 고찰」.『청소년문화포럼』 21. 한국청소년문화연구소.

박이문. 2002.「문화다원주의의 타당성과 그 한계」.『철학과 현실』 제52호.

박재흥. 2010.「한국사회의 세대갈등: 권력·이념·문화갈등을 중심으로」.『한국인구학』 제33권 3호.

______. 2005.『한국의 세대문제』. 파주: 나남출판.

______. 2001.「세대연구의 이론적·방법론적 쟁점」.『한국인구학』 제24집 2호.

박종훈. 2014.『지상 최대의 경제 사기극, 세대전쟁』. 파주: 21세기북스.

박희봉·이희창. 2006.「세대별 정치이데올로기 차이: 한·중·일 3국의 시민의식 비교」.『한국정책과학학회보』 10(1).

뱅데, 제롬 엮음. 이선희·주재형 역. 2008.『가치는 어디로 가는가?』. 서울: 문학과지성사.

베르베르, 베르나르. 이세욱 역. 뫼비우스 그림. 2011.「황혼의 반란」.『나무』. 파주: 열린책들.

서용석. 2013.『세대 간 갈등이 유발할 미래위험 관리』. 서울: 한국행정연구원.

쇼펜하우어. 김재혁 역. 2012.『쇼펜하우어 인생론(*Parerga und Paralipomena*)』. 서울: 육문사.

쉬르마허, 프랑크. 장혜경 역. 2011.『고령 사회 2018』. 서울: 나무생각.

스피츠, 베르나드. 박은태 외 역. 2009.『세대 간의 전쟁』. 파주: 경연사.

신경림. 2014. 『사진관집 이층』. 파주: 창비.
양승희. 2013. 「노인, 낯선 존재에서 가까운 이웃으로」. 제정임 엮음. 『황혼길 서러워라』. 서울: 오월의 봄.
우석훈·박권일. 2007. 『88만원 세대』. 서울: 레디앙(신판 32쇄).
윤인진 외 5인. 2012. 『한국인의 갈등의식의 지형과 변화』. 고려대학교출판부.
이명진. 2013. 「세대갈등, 어떻게 풀어갈까」. 『월간 경영계』. 한국경영자총협회.
이창호. 2002. 「세대 간 갈등의 원인과 해결방안」. 〈한국청소년학회〉 학술발표 논문집.
이희숙·두효민·문제상·손아름·양형. 2010. 「한중 대학생의 돈에 대한 태도와 경제윤리의식에 대한 비교」. 『생활과학연구논총』 14(1).
장근영. 2010. 「정보격차와 세대 차이의 이해」. 『지역정보화』 제65권. 한국지역정보개발원.
전영수. 2013. 『세대전쟁』. 서울: 이인시각.
정지우·이우정. 2013. 『삶으로부터의 혁명』. 부산: 이경.
제정임 엮음. 2013. 『황혼길 서러워라』. 서울: 오월의봄.
조성남·박숙미. 2002. 「한국의 세대관련 연구에 나타난 세대개념의 구분과 세대갈등을 이해하는 방법에 관한 일 고찰」. 『사회과학연구논총』 제9권. 사회과학연구소.
최문형. 2007. 『갈등과 공존』. 파주: 경인문화사.
최원기. 2006. 「세대격차와 세대갈등에 대한 성찰적 논의」. 『한국인간관계학보』 제11권 1호.
최항순·송용찬. 2012. 「정치·경제·문화적 가치의 세대 간 인식 격차에 관한 연구」. 『국가정책연구』 제25권 4호.
코틀리코프, 로런스 J. 스콧 번스. 정명진 역. 2005. 『세대충돌』. 서울: 부글북스.
한국갤럽조사연구소. 2011. 『한국인의 철학』. 한국갤럽.

한국사회학회. 1990. 『한국사회의 세대문제』. 파주: 나남출판.
한완상. 1991. 「한국사회에서 세대갈등에 대한 한 연구: 대항적 대학문화의 중요성에 대한 제고」. 『계간 사상』 봄호.
함인희. 2000. 「세대갈등을 넘어 세대 공존을 향해」. 『계간사상』 봄호.

이영희. 「풀뿌리 인문학의 본고장 북유럽." 《중앙일보》(2013. 8. 9).
"'충격 보고서' … 2800년에 한국인 멸종?" 《한겨레신문》(2006. 9. 21).
한국학중앙연구원. 『한국민족문화대백과』(네이버 지식백과).
영화 '나라야마 부시코'(楢山節考). 1999.
영화 '수상한 그녀.' 2014.
http://news.donga.com/3/all/20121224/51799840/1

6장 국가와 정치생활

채진원

1. 현대 국가와 정치의 의미

민주화 이후 한국 시민들에게 국가가 무엇인지, 정치가 무엇인지에 대해 경험적인 수준에서 가장 진지하게 고민하게 한 사건은 많이 있다. 그중에서 2014년 세월호 참사는 특별하게 중요하다. 세월호 참사는 사건 발생의 근본 원인을 논외로 하더라도 늑장대처와 치밀하지 못한 정부의 대응으로 수많은 생명을 물속에 수장하였으며, 이것을 목도한 시민들은 자신이 속한 정치공동체인 국가와 정부에 대해 그 어느 사건보다도 더 많은 안타까움과 절망, 그리고 분노를 보여주었기 때문이다.

국가와 정치가 무엇인지에 대한 의미를 찾기 위해서는 민주화와 사회적 발전에도 불구하고, 세월호 참사에서처럼 자신이 속한 정치공동체에 대해 실망을 넘어 분노하는 까닭과 바람직한 해결방안을 도출하는 것을 통해 설명할 필요가 있다. 이것에 답하기 위해서는 우리가 몸담고 있는 정치공동체 건설과정의 정당성을 시민들의 기대와 욕구 관계를 통해 설명해야 할 것이다. 국가란 무엇이며, 정치란 무엇인가? 이렇게 질문하기는 쉬우나 답하기는 매우 어려운 것이 사실이다. 워낙 추상적인 말들이기 때문이다. 일반적으로 마키아벨리, 베버, 그람시 등에 의하면, 국가는 국민, 주권, 영토를 가지고 있어야 하며, 국가는 자신의 목적인 공공선을 실현하기 위해 폭력적 수단과 관료기구를 독점적으로 사용한다는 식으로 국가를 구성하는 요소와 기능을 중심으로 국가의 의미를 설명할 수는 있다. 그리고 정치 역시도 국가권력을 획득하여 그것을 유지하거나 사용하는 방법론을 중심으로 기술적으로 설명할 수는 있다. 특히, 국가를 통치하는 것은 폭력과 강제력의 사용만으로 불가능하기 때문에 시민의 자발적 동의를 이끌어 낼 수 있는 여러 지적·도덕적·문화적 정당성과 정치적 지도력을 요구받는다.

하지만 이러한 기능론적인 접근은 국가와 정치의 기반인 그것의 탄생배경과 기원을 소홀히 다루게 됨으로써 국가와 정치가 어떻게 탄생하고, 변화하며, 쇠퇴하는 지를 설명하거나 그러한 흥망성쇠를 막으면서 좋은 국가와 좋은 정치를 실현할 수 있는 방법론을 찾는 것으로 나아가는 데에는 한계가 많다. 따라서 국가와 정치가 왜 필요한 것인지에 대해서 그리스와 로마 등 고대국가의 흥망성쇠와 더불어, 영국의 명예혁명, 프랑스 대혁명, 미국의 독립전쟁 등 근대 시민혁명을 통한 새로운 근대국가의 역사적 성립이 진행된 것처럼, 다시 말해 근대 시민계급이 어떻게 봉건세력과의 투쟁을 통해서 새로운 국가를 성립시켜 발전시켜 나가는 지를 보여준 것처럼, 국가와 정치의 필요성과 그것의 정당성을 국가와 시민관계, 국가 내 시민과 시민의 관계로부터 설명될 필요가 있다. 왜냐하면 국가가 어떠한 정치체제(좋은 정부, 나쁜 정부)를 선택하느냐의 문제는 전적으로 그 나라의 시민역량(civic competency)과 시민성(civility) 그리고 체제의 반응성(governability)의 수준과 관련되어 있기 때문이다.[1]

사회계약론자인 토머스 홉스, 존 로크, 장 자크 루소 등은 근대 국가의 필요성과 정당성을 국가와 시민과의 권리와 의무 및 책임관계를 통해 설명하였다. 홉스는 자신의 저서 『리바이어던』을 통해 이른바 국가와 사회계약 이전의 상태인 '자연상태'에서 인간은 이기적인 존재로서, 자신의 이익과 안전, 명예 등 생존과 자기보존의 욕구와 이기적이고 합리적인 권리를 갖기 때문에 '만인의 만인에 대한 투쟁'상태와 '죽음에 이르는 인간 공멸의 공포'상태를 불러온다는 것이다. 홉스는 이러한 투쟁과 공포로부터 벗어나기 위해서는 시민들 간에 사회계약을 체결하고, 그것을 유지 관리하기 위한 제3의 기구인 국가에게 모든 권리와 주권을 위임하고 복종하는 '군주주권론'을 통해 국가와 시민관의 관계를 설명한다.

---

1 채진원, 「진영논리의 극복과 중도수렴의 정당정치」, 〈한국정당학회〉 하계세미나 발표문(2013. 6. 28).

로크는 홉스의 사회계약론을 변형한다. 그는 자신의 저술인 『통치론』과 『인간 이해력에 관하여』를 통해 인간은 선한존재로서, 홉스가 말한 '자연상태'가 다소의 '불편요인들'(inconveniences)의 문제점은 있지만 인간들이 합리적이기 때문에 '만인의 만인에 대한 투쟁'과 '죽음에 이르는 공포'상태를 불러오지 않는다고 본다. 따라서 그는 이 불편요인의 문제점을 해결하기 위한 국가가 필요하다고 본다. 다만 그 관계는 홉스가 말한 것처럼 모든 것을 위임하는 것이 아니라 조건부의 일부적 위임이기 때문에 만약 국가가 참주(tranny)처럼 시민들의 생명과 자유, 그리고 재산을 보호하지 못하고 억압할 경우 시민들은 저항권과 불복종을 사용하여 국가를 개선하거나 정부를 전복시키는 등 국가와의 사회계약을 다시 체결해야 한다는 '의회주권론'을 주장하였다.

루소는 자신의 저서인 『인간불평의 기원』과 『사회 계약설, 정치적 권리의 원칙』을 통해 홉스와 로크의 사회계약론적 전통을 변형한다. 루소는 인간은 이기적인 존재를 넘어서는 공동체적인 존재이며 이성적인 존재로 보고, 다수파가 소수파에 대해 행사하는 전제의 위험을 개인의 공동체적인 힘과 '일반의지'를 통해 극복하고자 하는 차원에서 공동체의 일반의지를 반영하는 국가의 원리를 '사회계약론'으로 주장하였다. 그의 '사회계약' 개념은 홉스나 로크의 사상과도 맞닿아 있지만, 주권의 귀속문제에 있어서 근본적인 지향이 다르다. 루소는 주권을 왕에게 귀속시킨 홉스와도 귀족과 부르주아 등 국민의 대표자에게 귀속시킨 로크와도 다르다. 그는 주권을 왕과 국민의 대표자에 의해 운영되는 국가에게 양도할 수 없다고 보면서, 민중 자체 또는 국민 전체에게 주권이 귀속된다고 하는 '인민주권론'을 주장하였다. 루소의 사회계약론은 1789년 프랑스 대혁명과 그 후 사회주의 운동의 형성에 많은 영향을 끼쳤다. 근대의 사회계약론자인 홉스, 로크, 루소만 보더라도, 그들이 생각했던 국가관과 정치관은 상이하다. 이들의 차이는 변화하는 국가와 정치의 모습을 보여준다. 변화된 국가와 정치의 모습은 마키아벨리, 해링톤, 몽테스키외, 매디슨 등의 공화주의 이론가들에게도 반영되어 '삼권분립'과 '연방주의' 및 '법치주의'를 강조하는 현대 국가의 모습인 '민주공화국'(republic)의 이념으로까지 변형되었다.[2]

정치란 무엇인가? 일반적으로 정의하기가 힘들다. "사회적 희소가치의 권위적 배분"이라고 정치를 정의한 이스턴(D. Easton)에 따르면, 정치란 일상생활 속에서 일어나는 여러 문제를 합리적으로 해결해 가는 기능을 담당한다. 특히, 한정된 자원의 배분을 둘러싸고 발생하는 구성원들 간의 갈등과 대립을 조정하고 해결하면서 사회적 질서를 세워나가는 기능을 담당한다. 아리스토텔레스의 그리스 혼합정론과 마키아벨리의 로마 공화정론을 이어 받은 미국 민주공화국론을 정립한 매디슨이 제시하는 정치의 의미는 다음과 같은 것이다. 그에게 정치라는 것은 국민주권론에 숨겨져 있는 지배하려는 귀족과 지배받지 않으려는 평민간의 계급투쟁이 국가와 공공선의 파괴로 나아가지 않도록 계급투쟁을 제도화하되, 귀족과 부자만을 대변하는 과두정도 빈

2 박명림·김상봉, 『다음 국가를 말하다: 공화국을 위한 열세 가지 질문』(서울: 웅진하우스, 2011).

자만을 대변하는 민주정과 참주정으로도 흐르지 않도록 하고, 권력 분점 그리고 견제와 균형을 통해 공공선과 국민통합에 도달하면서, 시민적 덕성에 따른 주인의식의 성취를 통해 파벌의식을 줄여 국가분열을 막고자 하는 것이다.[3]

지구화, 세계화, 정보화, 후기산업화, 탈물질주의 등 시대전환기에 놓여 있는 현대 국가는 근대 국민주권론에 기반을 둔 '통치'(government)의 한계와 '통치불능'(ungovernability)의 한계를 경험하면서 변화된 시대상황에 맞는 새로운 통치양식으로 다양한 이해당자들 간의 참여와 협치(協治)를 중시하는 '거버넌스'(governance)를 창조하였다. 특히, 현대 국가와 정치는 민관협력을 활성화시키고 있다. 2006년 영국의 노동당 정부와 이후 보수당 정부가 정부와 시민사회의 관계를 증진시키기 위해 '제3섹터부'(Third Sector Office)와 '시민사회청'(Office of Civil Society)을 두고, 미국 오바마 정부가 시민참여국(Office of Social Innovation & Civic Participation)을 설치한 것이 대표적인 사례이다. 2006년 영국 블레어 정부는 자원봉사조직 및 공동체조직, 자선단체, 사회적 기업, 협동조합 등 제3섹터를 활성화하고 지원하기 위한 제반정책을 수립하고 집행하기 위한 컨트롤 타워로 제3섹터부처를 설치한 바 있다.

따라서 이 같이 변화된 시대상황에서 현대 국가와 정치는, 시민

---

3 채진원, 「북한 참주정의 변혁·보존·개선에 관한 '엄밀한 인식'과 한국정체의 대응」, 『동향과 전망』 제91호 (2014년 6월호), 94-135; 채진원, 「아리스토텔레스의 『정치학 서평』: 민주공화국은 어떻게 국가분열을 막고 국민통합에 나서는가?」, 《huffingtonpost》 (2014. 7. 17).

들이 동원되기보다는 자발적인 참여와 동의로 운영된다는 점에서 '시민역량'과 '시민의식'이 전제되지 않고서는 작동하기 힘들다. 현대 국가에서 국가와 시민 간의 관계 그리고 국가 내 시민과 시민 간의 관계는 일반적으로 시민권(citizenship)과 시민성(civility)의 개념으로 혹은 리더십(leadership)과 팔로워십(followership)의 개념으로 설명된다. 여기서 시민권이란 시민됨의 자격과 소속 및 권리-의무관계를 규정하는 출처인 법적 지위(status)와 제도적 장치를 가리키며, 시민성은 책임, 봉사, 희생, 배려 등 시민의 자질과 덕성 그리고 시민행동과 시민의식에 관한 것을 일컫는다.[4]

리더십과 팔로워십은 통치하는 자와 통치 받는 자가 불일치되는 전근대국가의 통치원리와 다르게 이것의 일치를 요구하는 국민주권에 따른 법치주의의 원리를 표현한 역량을 말한다. 리더십은 통치하는 시민이 통치 받는 시민들을 위해 어떻게 국가를 운영하고 이끌 것인가와 관련한 지도력을 말하는 것이며, 팔로워십은 통치 받는 시민이 통치하는 시민이 운영하는 국가의 일원으로서 어떻게 협력하고 지지를 보낼 것인가와 관련한 관여력(power to engagement)을 말한다. 현대 국가와 정치에서 시민성이 없다면 시민권도 제한 받을 수밖에 없으며, 팔로워십이 없다면 리더십도 제약될 수밖에 없다. 만약, 현대 국가와 정치에서 권리와 책임간의 불일치와 같이 시민권과 시민성의 불일치 또는 리더십과 팔로워십의 불일치가 발생한다면 그 국가와 정치

4 이동수, 「시민사회, 파트너십 그리고 공공성」, 이동수 편, 『시민사회 파트너십과 공공성』(고양: 인간사랑, 2014), 25.

는 주인의식(ownership)의 실종에 따른 분파간의 갈등과 대립 및 분열로 결국 공동체가 쇠퇴하는 운명을 맞볼 수밖에 없을 것이다.[5]

현대 국가와 정치가 시민권과 시민성의 일치, 리더십과 팔로워십의 일치로서 운영될 때 각종 갈등과 대립 및 분열을 방지하면서 성숙될 수 있다고 볼 때, 최근 세월호 참사에서 보여준 국가와 정치의 모습은 이것과 사뭇 대비된다. 세월호 참사는 대한민국이 위기에 취약할 뿐만 아니라 상처를 치유할 수 있는 복원력도 취약하다는 것을 보여주었기 때문이다. 일부 시민들은 국민의 생명과 재산을 지키지 못하는 국가의 모습에 실망하였다. 또한 일부 시민들은 규제철폐를 요구하는 관피아의 욕망과 부정부패의 탐욕을 막아내지 못하는 국가의 모습에 실망하였다. 그럼에도 불구하고 더 큰 문제는 정치권과 시민사회가 국가 재난사태에 대해 합심하거나 건설적으로 노력하기보다는 이전투구방식으로 서로를 비난하면서 정작 중요한 세월호 참사를 치유하거나 재발방지에 필요한 활력으로 나아가는 데 역량을 발휘하는 모습을 보여주지 못했다는 것이다.

정치권, 시민단체, 지식인이 국가가 무엇이며, 정치가 무엇인지를 질문하였지만, 이들은 대체로 정부와 대통령의 잘못을 크게 탓했을 뿐 상대적으로 정작 공동체의 일원으로서 자신의 역할과 임무를 방기하는 한계를 보여주었다. 자신의 역할과 임무를 다하지 않은 채 남의 잘못만을 크게 비판하거나 비난하게 되는 경우에는 대안 마련도

5 채진원, 「진영논리의 극복과 중도수렴의 정당정치」.

쉽지 않을 뿐만 아니라 국가가 무엇인지, 정치가 무엇인지에 대한 진정한 해답을 찾을 수 없을 것이다.

세월호 참사는 민주화 이후 우리 대한민국의 모습을 돌이켜 보고 새로운 시대적 사명과 비전을 제시할 것을 촉구하였다. 특히, 민주화 이후 나타난 여러 병리현상의 원인을 진단하면서 국가가 나아갈 방향성을 탐색해 볼 것을 요구하였다. 세월호 참사가 일어난 2014년도는 우리나라가 1987년 민주화운동이 일어난 지 27년 된 해이자 19대 총선과 더불어 18대 대선의 결과로 박근혜 정부가 출범한 지 1년이 넘어가는 해로서, 민주화 이후 민주주의를 성찰하고 한 단계 성숙시킬 수 있는 방안을 공론화해 볼 수 있는 좋은 시점이다. 민주화 이후 우리사회는 정치적인 차원에서 절차적 민주화가 어느 정도 완료되고, 경제적 규모에서도 OECD 10위에 진입할 정도로 성장하였다.

그러나 우리사회는 민주적인 제도와 경제적 부의 증진에도 불구하고 보다 국가가 질적으로 통합되고 안정되기 보다는 시민들의 정치에 대한 불신과 사회구성원간의 사회갈등 그리고 정치권의 파벌(당파)적 갈등과 분열이 더욱 증가함으로써 국가의 정치적 권위와 신뢰 및 사회적 통합력이 오히려 약해지는 '역설적인 위기상황'을 지속하고 있다. 즉 민주화의 영향으로 시민들의 자유와 권리의식이 강화되고, 민의의 대표기관인 정부와 국회 및 정당들도 변화된 국민의 뜻을 반영하기 위해 정부개혁과 정치개혁을 추진하는 등 정치과정이 과거에 비해 전반적으로 개방적이고 투명해졌음에도 불구하고, 시민들의 공적인 정치생활과 관련된 선거와 정당 및 국가의 국정운영에 대한 참여율과 관심도는 갈수록 하락하는 등 오히려 정부와 정당에 대한 시민의 정치 불신이 강화되고 있는 현실을 어떻게 진단해야 하고, 어떻게 처방해야 할 것인가? 한마디로, 민주화 이후 증가되고 있는 시민의 권리의식에 비해서 공동체와 국가에 대한 관심사를 정치적 언어와 행동으로 표현하는 정치생활인 시민의 의무와 공적인 덕성이 상대적으로 부족해지거나 이 둘 관계가 불일치한 것은 아닌가? 하는 점이다.

정부, 국회, 정당 등 공적 기구에 대한 시민의 정치 불신이 어느 정도로 심각한 것인지에 대해서는 대통령 직속 사회통합위원회의 2012년 연례보고서가 그것의 실태를 잘 보여주고 있다. 그 보고서에 따르면 성인남녀 2천명을 대상으로 사회통합국민의식조사를 한 결과 정부·국회·법원·경찰·언론·금융기관 등 6개 주요 공적기관 가운데 국회에 대한 신뢰도가 가장 낮은 것으로 나타났다. 국회를 신뢰한다는 대답은 5.6%뿐이었고, 72.8%가 신뢰하지 않는다는 반응을 보였다. 정부 역시 신뢰한다는 답변(15.8%)이 불신(46.0%)의 3분의 1 수준에 불과했다. 법원과 언론의 신뢰율도 각각 15.7%, 16.8%에 그쳤다. 정부의 경우 2010년 조사와 비교해 볼 때, 불신율이 41.8%에서 46.0%로 크게 높아졌다. 그리고 계층·노사·이념·지역·세대·문화·남녀·환경 등 8개 영역으로 나눠 사회 갈등 정도를 측정한 결과에서는 '계층 간 갈등'이 심하다는 응답이 82%로 가장 높았다. 1년 전인 2011년 조사 당시(75.7%)보다도 계층갈등 인식이 더 뚜렷해진 것으로 드러났다.[6] 또한 '2011년 우리나라 국가경쟁력 보고서'에 의하면 우리

6 사회통합위원회, 『2012년도 사회통합위원회 연례보고서』(2012); 신호경·김경윤, 「국민 5.6%만 '국회 신뢰" … 정부·법원도 15%에 그쳐」, 《연합뉴스》

사회의 법치지수는 81로 OECD 평균(85)보다 낮고 전체 순위도 25위로 '열등생' 수준인 것으로 나타났다. 또한 보고서에 따르면 '일반적으로 대부분 사람을 신뢰할 수 있는가'에 대한 설문 결과 신뢰지수는 1.70으로 OECD 평균인 1.62보다 소폭 높고, 19개국 중 13위에 해당했다. 낯선 사람에 대한 신뢰지수는 4.0으로 더 나빴으며, 이것은 OECD 평균 3.42보다 높을 뿐 아니라 17개 국가 중 15위로 꼴찌수준이었다.[7]

국민이 자신의 대표기관인 정부와 정당을 신뢰를 하지 않고 정치불신을 한다는 것은 국민과 국민의 대표기관인 정당-정부관계에 있어서 서로를 신뢰하지 못하는 중대한 결함이 발견되었거나, 이에 따라서 변화된 국민들의 가치정향에 부응하는 방향으로 정치체제의 작동방식을 변화시킬 필요가 있다는 것을 의미한다. 우선 중대한 결함 차원에서 문제점을 살펴보면 다음과 같다. 첫째, 민주주의에 대한 규범적이고 당위적인 차원의 문제점이다. 민주주의는 권위주의처럼 위로부터 엘리트의 강압에 의한 통치가 아니라 아래로부터 다수 구성원들의 자발적 동의와 합의에 의해 운영되어야 그 활력의 선순환을 유지할 수 있다. 그런데 이러한 국민들의 자발적 동의는 정부가 자신의 이익과 기대를 실현시켜 줄 것이라는 정치적 신뢰기반 없이는 이루어지기 힘들다. 정치적 신뢰의 붕괴는 정치적 냉소로 이어지고 이는 구성원들의 자발적 참여와 동의를 이끌어내는 데 심각한 장애요인

(2013. 2. 21).

7 기획재정부, 『2011년 우리나라 국가경쟁력보고서: 주요 분석과 요인』(2011).

이 된다.[8]

둘째, 민주주의에 있어서 정책적 효율성의 문제점이다. 민주주의를 정치과정의 투입과 산출의 과정으로 볼 때, 정치과정에서 요구되는 정치적 신뢰의 약화와 붕괴는 정책추진 과정에서 심각한 정치적, 경제적 비용을 발생시킨다. 이념이나 노선을 떠나 신뢰기반이 강한 정부 하에서 국민들의 자발적 동의와 지지를 확보하면서 중요한 정책결정과 개혁정책의 결실을 얻게 된다. 그렇지 못한 정부 하에서는 정치적, 사회적 논란과 갈등만 요란할 뿐 일관된 정책결정이나 사업추진이 어려워진다. 특히 정치적 불신이 팽배한 상황에서는 국민들로 하여금 투표와 같은 기본적인 정치참여 뿐 아니라 매 쟁점마다 정치적인 방법으로 문제를 해결보다는 실력행사 같은 행위에 의존하게 만드는 경향이 있다.[9] 정부와 국회 및 정당에 대한 국민의 정치적 신뢰가 낮다는 것은 그만큼 갈등비용과 거래비용을 증가시키기 때문에 결과적으로 정책의 낮은 산출과 효율성을 가져올 수밖에 없다.

이상에서 지적된 것처럼 정부, 국회, 정당 등에 대한 국민의 정치불신이 증가하고 있는 민주주의의 역설적인 위기상황을 극복하기 위한 바람직한 패러다임의 방향은 무엇일까? 이것에 대한 많은 논의가 있다. 그중에서도 공화주의, 토의민주주의, 거버넌스에 대한 논의가

---

8 Robert S. Erikson and Kent L. Tedin. *American Public Opinion*, 7th ed. (New York: Pearson Longman, 2005).

9 P. R. Abramson and J. H. A. ldrich, "The decline of electoral participation in. America." *American Political Science Review* 76 (1982), 502−521.

지구화, 후기산업화, 정보화, 탈물질주의, 탈냉전과 같은 전환기적 시대상황에 부합하는 대안적인 패러다임으로 많은 공감을 얻고 있다. 우선 민주화 이후 추구되어야 할 가치 중에 '민주주의 측면'이 어느 정도 달성된 만큼 '공화주의 측면'을 더욱 활성화할 필요가 있다는 의견들이 늘어가고 있다.[10] 즉 "대한민국은 민주공화국이다"라는 우리 헌법 제1조 1항대로 시민의 개인적 권리의식을 상징하는 '민주의 측면'이 민주화의 노력으로 어느 정도 달성되었다면 그 다음 단계로 이제는 시민의 의무와 책임 및 덕성을 상징하는 '공화의 측면'에서, 국가와 사회공동체에 대한 신뢰획득과 사회통합이라는 시대적 과제해결에 보다 많은 역량과 에너지를 사용해야 한다는 것이다.

한마디로 말해서 민주화 이전에는 권위주의의 억압과 압제로부터 자신의 생명과 권리를 보호하기 위하여 '소극적 자유'를 표현하는 것이 중요했지만, 민주화가 진행된 이후에는 새로운 국가공동체를 만들어 가는 상황에는 시민들의 '적극적 자유'가 필요하다는 것이다. 따라서 민주주의 측면에서 강조되었던 시민 개인의 '이익'(interest)보다는 공화주의 측면에서 강조되는 사회적 관계에 대한 신뢰(trust)가 중요하게 강조된다. 왜냐하면, 국회와 행정부 등에 대한 시민의 신뢰확보가 민주적인 국가의 국정운영에 핵심적 요소이기 때문이다. 국회가 제정한 법이 공적인 권위를 갖기 위해서는 국회에 대한 국민의 정치적 신뢰가 필요하며, 제정된 법을 행정부가 집행하기 위해서는 행정부에 대

---

10 이동수, 「민주화 이후 공화민주주의의 재발견」, 『한국동양정치사상사』 제6권 2호 (2006), 5-25.

한 시민의 신뢰가 전적으로 요구되기 때문이다. 신뢰(trust)란 "사회구성원들이 공동의 목표를 위해 함께 일할 수 있도록 이끌어주는 협동의 규범"으로, 구성원들이 서로에 대한 믿음을 가지고 생활하게 된다면 사회적 관계에서 요구되는 갈등과 분쟁이 줄어들게 되어 결과적으로 정치공동체의 통합력과 안정성 및 지속성이 높아지게 된다.[11]

현재 많은 사람들은 '공화국'을 단순히 왕조의 반대말 정도로 생각하지만 본래 공화국(republic)은 왕과 귀족 그리고 평민들이 서로를 적대적으로 죽이지 않고, 서로의 차이와 갈등 및 불신을 제도적인 차원으로 승화시켜 공공선을 위해 복무하도록 하는 정치체이며, 그것의 핵심은 자유롭고 정의로운 시민들의 공공선에 대한 추구이다. 보통 리퍼블릭(republic) 또는 커먼웰스(commonwealth)를 공화국으로 번역을 하는데, 이것은 중국 주나라의 10대 왕인 려왕(厲王)이 폭정을 일삼다가 쫓겨난 후 일부 제후와 재상이 왕을 대신하여 공동으로 통치하던 시기인 공화(共和: BC 841-BC 828)로부터 연원하였다.

아리스토텔레스, 마키아벨리 등에 의하면 서양에서 공화국의 기원은 시민적 미덕(civic virtue)을 구비한 덕성있는 시민들이 적극적으로 정치에 참여하면서 공공복리의 실현에 공헌하는 체제를 말한다. 공화국의 존립을 위해 가장 중요한 기본원리는 '시민적 미덕', '경제적 종속으로부터 시민의 자율적 독립'과 '부패방지'를 꼽는다. 그중에서 핵심은 '시민적 덕성'이다. 시민들이 미덕이 있을 때 시민들의 정치참여

11 프란시스 후쿠야마, 구승희 역, 『트러스트』(서울: 한국경제신문사, 1996).

의 자유가 실현된다는 점에서, 그 덕성은 바로 시민들의 공공적(public)인 적극적 자유(freedom)와 동의어이며, 따라서 그것은 자유주의에서 말하는 사적(private)인 자유와 권리들의 보호라는 '소극적 자유'와 다르다고 할 수 있다. 따라서 공화국은 시민적 덕성이 없다면 공화국의 존립과 유지가 불가능하다는 것을 전제로 한다.

대한민국이 진정한 의미의 민주공화국이 되기 위해서는 공화국 시민들이 먹고 사는 사적인 생활로부터 일정정도 벗어나 자유롭게 공적인 정치생활에 관심을 갖고 참여할 수 있는 시민적 덕성과 능력을 가지고 있어야 한다. 즉 공화국의 존립기반인 정치생활에 참여하는 덕성있는 시민, 즉 자신의 정치적 관심사를 말하고 행동하면서 공적 영역을 형성할 수 있는 시민이 실제 국민으로 다수로 존재할 필요가 있다. 그리고 시민들의 공적인 정치생활을 가능하게 하는 대안으로 논의되고 있는 토의민주주의와 거버넌스도 공화주의의 연장선상에서 전환기적 시대상황에 부합하여 시민들이 정치공동체에 적극적으로 참여하고 성숙한 토론을 통해 국정운영을 함께 해나감으로써 공화국의 존립기반인 시민들의 정치생활을 풍요롭게 하는 패러다임이다. 이와 관련해서는 제4장에서 더 부연하고자 한다.

2. 민주화의 역설과 정부 불신

본 장에서는 민주화 이후 절차적 수준의 민주주의와 경제적 풍요가 어느 정도 달성되었음에도 불구하고, 한국의 민주주의가 겪고 있는 '역설적인 위기상황'의 문제인 정치 불신과 이념적 양극화의 문제를 구체적 사례를 통해 살펴본다.

1) 정치 불신의 사례

〈투표율 하락과 무당파의 증가〉

현대의 민주주의가 시민이 직접 정치에 참여하는 직접민주주의가 아니라 선거를 통해 선출된 대표자에 의한 간접적인 대의민주주의라는 점에서, 시민들의 적절한 투표참가를 보여주는 투표율은 대의민주주의의 대표성과 정통성의 성공여부를 보여주는 중요한 신호체계이다. 만약 투표참여율이 50% 이하로 떨어지고 있다면 그것은 분명하게 대의민주주의의 정통성에 문제가 된다는 점에서 위기의 신호로 받아들여져야 할 것이다.[12]

12 낮은 투표율이 반드시 낮은 민주의식 혹은 민주주의 위기상황을 반영하는 것은 아니다. 왜냐하면 정치엘리트에 의한 동원투표로 인하여 투표율이 높게 나올 수 있기 때문이다. 하지만 자발적 동의에 입각한 투표율이 50% 이하로 낮아질 경우 대의민주주의는 위기에 처할 수 있다.

〈표 6-1〉 주요 선거의 투표율 추이 현황[13]

대통령 선거			국회의원 선거			지방자치단체 선거		
대별	선 거 일	투표율(%)	대별	선 거 일	투표율(%)	대별	선 거 일	투표율(%)
13	'87.12.16	89.2	14	'92.3.24	71.9	1	'95.6.27	68.4
14	'92.12.18	81.9	15	'96.4.11	63.9	2	'98.6.4	52.7
15	'97.12.18	80.7	16	'00.4.13	57.2	3	'02.6.13	48.9
16	'02.12.19	70.8	17	'04.4.15	60.0	4	'06.5.31	51.6
17	'07.12.19	63.0	18	'08.4.9	46.1	5	'10.6.2	54.5
18	'12.12.12	75.8	19	'12.4.11	54.2	6	'14.6.4	54.4

이러한 관점에서 한국 민주주의의 단면을 보여주는 주요 선거에서의 투표율 추세를 살펴보면 〈표 6-1〉과 같다. 대통령선거의 경우 1987년 13대 선거에서 89.2%였던 투표율은 1992년 14대 선거에서 81.9%, 1997년 15대 선거에서 80.7%, 2002년 16대 선거에서 70.3%, 2007년 17대 선거에서 63.0%, 2012년 18대 선거에서 75.8%로 전반적으로 하락하는 추세를 보여주고 있다. 국회의원선거에서는 1992년 14대 선거에서 71.9%였던 투표율은 1996년 15대 선거에서 63.9%, 2000년 16대 선거에서 57.2%, 2004년 17대 선거에서 60.0%, 2008년 18대 선거에서 46.1%, 2012년 19대 선거에서 54.2%로 전반적인 하락세를 보여주고 있다. 지방선거의 경우도 지난 1995년 전국동시지방선거에서 68.4%였던 투표율은 1998년 2대 선거에서 52.7%, 2002년 3대 선거에서 48.9%, 2006년 4대 선거에서 51.6%, 2010년 5대 선거에

13 중앙선관위원회. 각 연도는 재구성함.

서 54.5%로 이것 역시 전반적인 하락세를 보여주고 있다. 요약해보면 한국의 주요선거인 대선, 국회의원선거, 지방선거에서의 투표율은 50%에 근접하는 경향의 하락세를 보여주고 있다. 이러한 경향은 한국 대의민주주의의 위기상황을 보여주는 대표적인 예라 할 수 있다.[14]

〈그림 6-1〉 2003년~2008년 무당파층의 현황[15]

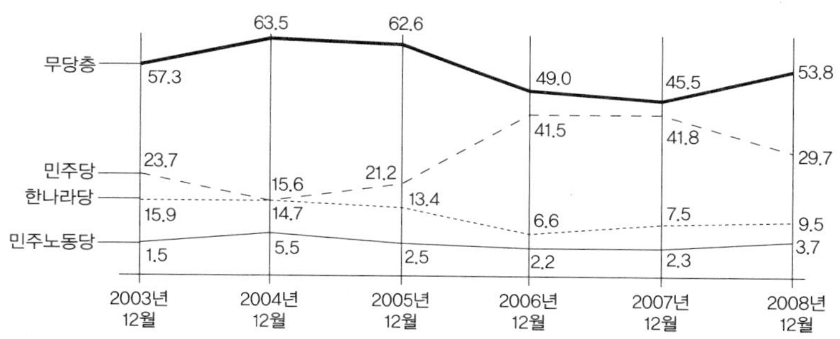

〈그림 6-1〉은 2008년 12월 《서울신문》과 한국사회과학데이터센터(KSDC)가 집계한 2003년부터 2008년까지의 정당 지지와 무당파 유권자 현황을 집계한 자료이다. 자료에 의하면, 무당파 유권자들은 2003년에 57.3%, 2004년에 63.5%, 2005년 62.5%, 2006년에 49.0%, 2007년에 45.5%, 2008년에 53.8로 주요정당인 한나라당, 민주당, 민주노동당에 대한 지지율보다 상시적으로 높은 비율로 나타난다. 이러

14 채진원, 「민주주의의 사회적 기반: 자원봉사활동의 민주적 가치와 정치적 상관성을 중심으로」, 『민주주의와 인권』 제11권 3호 (2011), 75-108.

15 2008년 12월 《서울신문》과 한국사회과학데이터센터(KSDC).

한 무당파층의 등장은 기존의 정당에 대한 유권자들의 낮은 정당일체감과 높은 정치 불신감을 반영한다.[16]

〈정부와 정당의 낮은 신뢰도〉

〈그림 6-2〉와 〈표 6-2〉는 정부와 정당에 대한 신뢰도를 보여주는 지표로써 시민의 정치 불신을 보여주는 자료이다. 〈그림 6-2〉는 2012년 1월 23일에 발표된 '2012년 에델만 신뢰도 지표조사(Edelman Trust Barometer)'의 결과이다. 에델만 신뢰도 지표조사는 미국 홍보업체 인 에델만에서 지난 12년 동안 매년 발표하는 신뢰도 조사로, 에델만의 연구조사기관인 Strategy One에서 설문 제작 및 조사를 담당하고 있다. 2012년 에델만 신뢰도 지표조사는 25개국의 일반인 25,000명과 5,600명의 여론 주도층을 대상으로 온라인 설문조사를 통해 진행되었다. 신뢰도 지표조사는 정부, 기업, 미디어, 그리고 NGO 주요 4대 기관의 신뢰도뿐만 아니라 이해관계자들이 어떻게 정보를 얻고 신뢰도에 영향을 주는지 그 요인들을 다루고 있다. 이 자료의 결과에 의하면, 한국 정부의 신뢰도는 2007년 26%, 2008년 40%, 2009년 38%, 2007년 47%, 2011년 43%, 2012년 34%로 전반적으로 50% 미만의 하락세를 보여주고 있어서 정부불신이 어느 정도 심각한 것인지를 보여주고 있다.

16 채진원, 「무당파·SNS 유권자의 등장배경과 특성에 대한 이론적 함의와 시사점」, 『21세기정치학회보』 제22권 1호 (2012), 309-331.

〈그림 6-2〉 2012년 에델만 신뢰도 지표조사[17]

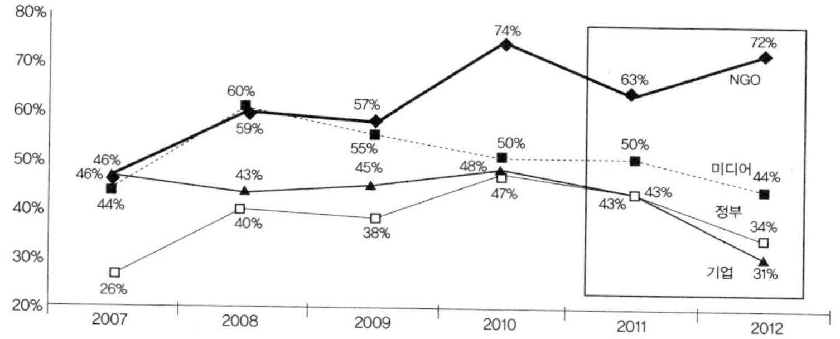

〈표 6-2〉 한국 정부와 정당에 대한 신뢰도 평균점수(척도는 10점 만점)[18]

	2005년	2006년	2007년	2008년	2009년	2011년
정부신뢰도	4.58	4.41	4.64	4.56	4.46	4.72
정당신뢰도	4.36	3.72	3.68	3.99	3.73	4.19

〈표 6-2〉는 동아시아연구원(EAI)과 《중앙일보》가 2005년부터 2011년까지 조사한 파워기관 신뢰조사이다. 이 조사의 결과에 따르면, 한국 정부의 신뢰도는 2005년에 4.58, 2006년에 4.41, 2007년 4.64, 2008년 4.56, 2009년 4.46, 2011년 4.72이며, 한국 정당의 신뢰도는 2005년에 4.36, 2006년에 3.72, 2007년 3.68, 2008년 3.99, 2009년 3.73, 2011년 4·19로 나왔다. 한국 정부와 정당의 신뢰도 역시 50% 미만의 낮은 신뢰도를 보여주고 있다. 이상의 데이터들이 보여

17 에델만 신뢰도 지표조사(2012).

18 EAI 여론브리핑 107호 재구성(2012).

주는 바와 같이, 결국 시민과 시민의 대표기관인 정부 그리고 이 둘을 매개하는 선거와 정당이 시민들로부터 많은 정치적 불신을 받고 있다는 점에서, 대의민주주의의 위기상황이 얼마나 심각한지를 알 수 있다.

2) 정치 불신의 원인과 역사적 맥락

그렇다면, 이와 같은 민주주의의 위기상황인 정부, 국회 그리고 선거와 정당에 대한 국민들의 정치 불신이 발생하는 원인은 무엇일까? 다양한 원인이 있을 것이다. 원인에 대한 설명에는 다양한 견해가 논쟁하고 경쟁하고 있지만 크게 보면, 첫째, 정부와 정당의 무능과 비효율성이 문제라고 보는 '정부-정당원인론'[19], 둘째, 시민단체의 참여 확대가 문제라고 보는 '시민단체원인론'[20] 그리고 셋째, 정부-정당원인론과 시민단체원인론이 서로 논쟁하게 되는 상황을 제공하면서도 그것을 제약하는 사회구조적인 환경요인으로 지구화·후기산업화·정보화·탈물질주의·탈냉전 등으로 표현되는 전환기적 시대상황에 따른 정치엘리트와 시민들의 시민성(civility) 부족이 문제라고 보는 '전환기

19 주성수, 『공공정책 거버넌스』(서울: 한양대학교출판부, 2003).

20 장훈·이홍규·박성우, 「한국 민주화 20년과 미래과제: 참여확대의 민주주의에서 능력 있는 민주주의로」, 2007 〈한국미래학회〉 특별심포지움, 〈2007년의 선택과 한국의 미래〉 발표문 (2007. 6. 20).

적 시대상황-시민성부족원인론'[21]이 있다.

정부-정당원인론과 시민단체원인론은 서로 동전의 양면처럼 서로 상호의존하고 상호작용하면서 경쟁하고 있다. 시민단체의 참여과잉에 따라 정부 리더십의 무능과 비효율이 드러나게 되어 국민들의 정치 불신을 초래하게 되는 것인지 아니면 국민들의 참여의식에 부합하지 못한 정부-정당의 무능과 비효율성이 드러나고, 이것에 대해 국민들이 불신을 초래하게 되어 그 해법으로 정부가 시민단체의 참여를 확대하는 것인지 애매하다. 어느 것이 원인이고 그 결과인지 그리고 어느 것이 먼저이고 나중인지 그 인과경로를 입증하기가 간단하지 않다. 분명한 것은 시민의 대표기관에 대한 불신과 시민단체의 참여확대가 서로 상호작용하면서 공적기구에 대한 불신을 더욱 확대한다는 점이다. 또한 정부-정당원인론과 시민단체원인론은 우리나라가 민주화가 되기 이전이나 경제적으로 어느 정도 안정되지 못한 시기라고 한다면 이 둘은 어느 정도 적실성을 가진 설명력을 보여줄 수 있을 것이나 시민권을 포함한 민주주의와 경제가 어느 정도 괄목할만하게 성장했음에도 불구하고, 정치일반에 대한 국민의 정치적 신뢰가 약화되고 있는 우리나라와 같은 사정을 정부-정당원인론과 시민단체원인론으로 설명하기에는 뭔가 설명력이 떨어진다.

따라서 이런 점을 고려해 볼 때, 국민들의 정치 불신이 발생하게

---

21 임성호, 「지구화시대의 탈경계 정치과정을 위한 이론 토대: 새로운 실마리의 모색」, 『지구화시대의 정당정치』(서울: 한다 D&P, 2011); 채진원, 「시민교육 파트너십」, 『시민사회 파트너십과 공공성』(고양: 인간사랑, 2014).

되는 원인은 '전환기적 시대상황-시민성부족원인론'에서 찾는 것이 보다 적실성이 크다. '전환기적 시대상황-시민성부족원인론'은 정부의 성과가 지속적으로 향상되고 있는 선진민주주의 국가들에서조차도 정부에 대한 국민의 불신이 증가되고 있다는 데 그 논리적 논거를 착안하고 있다. 민주주의와 경제적 안정이 어느 정도 달성된 선진국의 상황을 반영한 설명으로 전반적인 사회구조의 변화가 시민들의 삶의 가치와 태도 그리고 정부의 국정운영까지도 제약한다는 설명이다. 그 핵심은 증가된 시민권에 부합하는 시민성이 부족해서 문제가 된다는 설명이다. 이런 점에 비추어 볼 때, 민주주의가 어느 정도 발전된 선진민주주의 세계에서는 지구화, 정보화, 후기산업화, 탈물질주의, 탈냉전과 같은 시대상황과 문명사적인 특성에서 정부와 정치일반에 대한 신뢰의 저하 원인을 찾아야 한다는 주장이 설득력이 있다.[22]

또한 이러한 전환기적 시대상황과 시민성의 부족이라는 거시적인 배경속에서, 미시적인 차원에서 정당들이 살아남고자 이념적 양극화를 동원하여 분열할수록 국민들이 정치를 더욱 불신한다고 하는 이

---

22 G. Orren, "Fall from grace: The public's loss of faith in government." In J. S. Nye Jr., P. D. Zelikow, & D. C. King (Eds.), *Why people don't trust government* (Cambridge, MA: Harvard University Press, 1997), 77-107; J. Mansbridge, "Social and cultural causes of dissatisfaction with U.S. government." In J. S. Nye Jr., P. D. Zelikow, & D. C. King (Eds.), *Why people don't trust government* (Cambridge, MA: Harvard University Press, 1988), 133-153; Ronald Inglehart. "Trust, well-being and democracy." In Mark E. Warren, ed. *Democracy and trust* (New York: Cambridge University Press, 1999), 88-120.

른바 '정당의 이념적 양극화 명제'(polarization of politics these)가 설득력을 얻고 있다. 특히 다이온(Dionne Jr.)[23]은 『왜 미국인은 정치를 혐오하는가(*Why Americans hate Politics*)』(1991)라는 저서에서, 그리고 킹(D. C. King)은 「미국 정당의 양극화와 정부의 불신(The Polarization of American Parties and Mistrust of Government)」(1998)이란 논문에서 1980년대 이후 증가된 미국 정치권의 이념적 양극화(ideological polarization)가 일반 유권자들의 정치적 혐오감을 불러오게 되었고, 이 결과로 정부와 정당 그리고 정치일반에 대한 시민의 정치 불신이 증가되었다고 설명하였다.

이 같은 '전환기적 시대상황원인론'에 따른 정당의 이념적 양극화와 분열 그리고 연쇄적인 정부의 불신구조는 한국적인 상황에서도 유사하게 나타나고 있어 적실성이 크다. 즉 최근 우리사회에서 '안철수 현상'과 안철수 신당 등장의 의미는 기존의 정당들의 행태와 정당체계가 국민들의 실생활과 무관하게 파벌적 진영논리와 파당적 이념정치에 빠져있어 공화국의 공공선과 국가이익을 챙기지 않는 것에 대한 무당파와 중도성향 유권자들의 강한 거부(반발)와 강한 불신감이 전제되어 있다. 특히, 이 같은 전환기적 시대상황은 산업사회나 냉전구조와 같이 비교적 단순했던 사회적 균열구조와 사회적 이익 그리고 유권자 정체성을 파편화·다양화·복잡화시키고 사회적 유동성(social volatility)과 사회적 불확실성(uncertainty) 및 정보의 제한성(bounded in-

---

23 E. J. Dionne Jr., *Why Americans Hate Politics* (New York: Simon & Schuster, 1991).

formation)을 증가시킨다. 이러한 전환기적 상황에서 정당과 정부의 엘리트가 변화된 시민들의 다층적인 가치와 성향을 반영하기 위해서 노력하지 않고, 종전대로 진보와 보수라는 독백적인 진영논리를 고집할 경우 정치일반을 부정하고 비판하는 세력들은 계속 등장할 수밖에 없다. 왜냐하면 이러한 전환기적 시대상황은 시민들이 자신들의 공적 생활을 선택하고 경험하는 방식에 있어서 과거와는 다른 '자아정체성과 삶의 가치'차원에서 기초적인 신뢰와 존재론적 안전감을 공적인 영역에서 확인받고자 하기 때문이다.[24]

앞에서 언급한 파벌적 진영논리와 당리당략에 의거한 파당적 이념정치는 전환기적 시대상황과 더불어 한국정치의 맥락에서 볼 때, 역사성이 깊은 것으로 진단된다. 따라서 그 역사성이 전환기적 시대상황을 만나 한국 정당정치의 파당성과 이념적 양극화를 더욱 촉진하는 것으로 보인다. 그 역사성에 대해서는 『소용돌이의 한국정치(*Korea, the Politics of the Vortex*)』로 번역된 책을 저술한 그레고리 헨더슨(Henderson)[25]의 진단을 참조해 보면 이 문제에 대한 심각성과 더불어 문제에 대한 진단과 해법에 있어서 많은 시사점을 얻을 수 있다. 다만 'Vortex'를 '소용돌이'보다 '회오리바람'으로 옮기는 것이 더 적절하

24 앤소니 기든스, 권기돈 역, 『현대성과 자아정체성: 후기 현대의 자아와 사회』(서울: 새물결, 2007); 앤소니 기든스, 김현욱 역, 『좌파와 우파를 넘어서』(파주: 한울, 2007); 채진원, 「진영논리의 극복과 중도수렴의 정당정치」.

25 그레고리 헨더슨, 『소용돌이의 한국정치(*Korea, the Politics of the Vortex*)』 완역판(파주: 한울, 2013).

다.[26]

일찍부터 한국에서 외교관으로 근무한 바 있는 미국의 정치학자 그레고리 헨더슨은 한국정치가 보여주고 있는 거시적인 특징을 '회오리바람의 정치'(The politics of vortex)라고 분석하였다. 사회의 모든 요소가 중앙의 정치권력을 향해 회오리바람처럼 쓸려 들어가는 정치현상의 패턴을 한국 정치의 독특한 특성으로 이해하였다. 그는 매우 거시적이고 구조적인 차원에서 고대 삼국시대 이래로 조선시대와 일제시기를 거쳐 대한민국의 수립과 1960년대까지 한국정치에서 드러난 이 같은 회오리바람의 정치패턴은 아주 오래된 관습으로 일상화되었다고 분석하였다. 여기서 그가 회오리바람이란 표현을 사용한 것은 찬반양론의 파벌적인 진영논리가 극단적으로 첨예하게 부딪치게 되면 마치 찬 공기와 더운 공기의 세력이 만나서 대기가 불안정해지고 더운 공기가 솟아오르거나 찬 공기가 가라앉을 경우 토네이도와 같은 거센 회오리바람이 형성되는 것과 같은 상황을 정치에 비유한 것이다. 즉 일단 회오리바람이 거세게 회전하면 할수록 그 회오리 속으로 주변의 나무나 가재도구, 자동차, 심지어 사람까지 빨려 들어가게 되는 정치상황을 만들어 내게 된다.

그렇다면 그레고리 핸더슨이 본 것처럼, 한국정치의 패턴이 회오리바람의 정치를 반복하는 배경은 무엇일까? 그는 이런 정치현상의 배경을 민주주의의 선진국인 미국과의 비교 논의를 통해 다음과 같

26 김정기, 『국회프락치사건의 재발견 I』(파주: 한울아카데미, 2008).

이 지적하였다. 첫째, 한국이 인종·언어·문화의 동질성이 너무 강해 다양성이 부재하며 이로 인해 합리적인 대화와 토론이 부재하고 패싸움(파당싸움)과 정치 분열을 잘한다고 지적하였다. 둘째, 파당싸움이 발생하는 것은 아래로부터 시민사회(시민결사체)와 중간조직(지방자치, 미디어 등 매개조직)이 발전하지 않아 중앙권력이 분권화와 분산화가 되지 않았고, 따라서 중앙집권화된 정치체제가 고착화될 수밖에 없었다고 지적하였다. 셋째, 첫째, 둘째의 배경에 따라 정치세력 간의 파당싸움의 양상이 중앙권력의 차원으로 집중되고 그 방식도 선의의 경쟁을 통한 타협과 절충이 아니라 선과 악과 같은 이분법적인 진리독점의 수준에서 전무 아니면 전부(all or nothing)로 진행될 수밖에 없었다고 진단하였다. 넷째, 이러한 전무 아니면 전부의 방식은 '정파적·이념적 극단주의'를 촉진하여 정치적 다양성을 인정하거나 조정·타협시킬 중도적인 중간세력의 부재를 양산하여 결국은 또다시 중앙집권화된 정치체제를 고착화하는 악순환구조를 만들었다고 언급하였다.[27]

이러한 언급들을 참조해 볼 때, 그동안 한국 민주주의의 약점으로 작동해온 '회오리바람의 정치현상'은 1980년대 한국의 상황뿐만 아니라 2013년 현재까지도 그것의 연속선상에서 지속되고 있으며, 또한 이것은 우리정치를 불신하게 만드는 구조적 배경으로 작동되고 있다는 점에서, 여전히 적실성이 크다. 즉 이러한 구조적 배경으로 인해

27 그레고리 헨더슨, 『소용돌이의 한국정치』; 김정기, 『국회프락치사건의 재발견 I』; 채진원, 「민주주의의 사회적 기반: 자원봉사활동의 민주적 가치와 정치적 상관성을 중심으로」, 『민주주의와 인권』 제11권 3호 (2011), 75-108.

민주화 이후 시민들의 증가된 권리의식에도 불구하고, 공화국의 일원으로서 자신의 공적인 관심사를 말과 행동으로 적극적으로 표현하는 정치생활이 활성화되지 못하고 있다.

3. 이념적 양극화와 통치 불능[28]

본 장에서는 앞 장에서 논의한 바대로, 시민들이 자신의 공적인 정치생활을 등한시하고 정치를 불신하게 되는 핵심적 사례인 '한국 정당의 이념적 양극화와 편향성의 동원문제'를 구체적으로 살펴봄으로써 정치 불신의 본질이 무엇인지를 이해하고자 한다. 요약하자면 진영논리에 빠진 정치엘리트가 국민 갈등을 치유하기보다는 오히려 이념갈등과 파당적 대립을 조장하고 있다는 것이다. 즉 정치엘리트가 한국 정치의 문제점으로 유권자의 이념적 간극보다 더 큰 이념갈등과 파당적 대립을 생산하고 있다는 것이 문제다.

28 이 장은 필자의 「보수독점의 정당체제 개혁론'의 재검토: 정치적 양극화와 중도수렴 부재의 정당체제론을 중심으로」(2012)의 'Ⅲ. 국민과 정당간의 이념적 부조화에 대한 경험관찰'과 'Ⅱ. 정치적 양극화의 실체에 대한 논의: 중도수렴 부재의 정당체제론'의 일부를 원용·준용하였다.

1) 국민의 중도수렴과 정당의 부조화와 분열

〈전반적인 국민이념의 변화추세〉

〈그림 6-3〉 노무현 정부 이후 한국사회 이념 무드(mood)와 양극화 변화 추세[29]

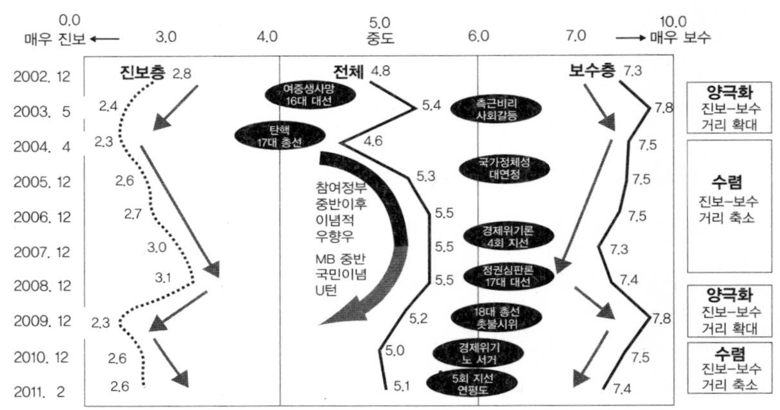

〈그림 6-3〉은 EAI(동아시아연구원)가 2002년부터 2011년 2월까지 국민들의 이념성향의 추세를 조사한 데이터이다. 10점 척도를 이용하여 0점(좌극단)을 '매우 진보', 5점을 '중도', 10점(우극단)을 '매우 보수'

---

29 정한울, 「한국사회 이념 무드의 변동과 정치적 함의」, 『EAI OPINION REVIEW』, No. 201104-1 (2014), 2. 2009년 이후 데이터는 EAI·한국리서치 정기조사 데이터, 2007-2008년 데이터는 EAI·SBS·중앙일보·한국리서치 패널조사 데이터, 2005-2006 데이터는 EAI·매일경제 정치사회의식조사 데이터, 2004년 데이터는 선거학회 데이터, 2002년-2003년 데이터는 EAI·중앙일보 반미의식 조사 데이터.

로 하여 그 정도변화를 측정한 조사결과이다. 이 데이터에 의하면, 최근 국민들의 이념성향의 추세는 수렴과 양극화속에서 전반적으로 진보화도, 보수화도 아닌 중도로의 수렴현상을 보여준다.[30]

〈표 6-3〉 국민들의 연도별 이념 추세[31]

(단위: %)

	2004년12월	2005년 12월	2006년 12월	2007년 12월	2008년 12월
보수	38.7	26.0	30.5	33.3	26.2
진보	31.6	20.0	18.8	24.7	25.0
중도	29.1	45.7	47.0	36.1	39.5
모름/무응답	0.6	8.3	3.8	5.9	9.3

이어서 〈표 6-3〉은 2004년부터 2008년까지 《서울신문》과 한국사회과학데이터센터(KSDC)가 조사한 국민들의 이념성향 추이를 정리한 데이터이다. 이 조사결과는 〈그림 6-3〉과 마찬가지로, 국민들의 이념적 성향이 보수와 진보만 있는 것이 아니라 보수와 진보를 포함하여 중도성향의 국민도 다수 존재한다는 사실을 보여주고 있다. 즉 우리 사회의 이념적 지형은 점차적으로 진보와 보수가 줄어들면서도 중도가 증가되는 추세를 보이고 있다. 2004년에는 진보(31.6%)와 보수(38.7%)가 어느 정도 균등한 비율을 보이고 중도(29.1%)가 미약한 이른바 '쌍봉형의 이념 지형'을 갖고 있었지만, 2008년 최근에는 진보

30 정한울, 「한국사회 이념 무드의 변동과 정치적 함의」.

31 김형준·구동회, 「신년 여론조사 (상)」, 《서울신문》(2009. 1. 1) 재구성.

(25%), 중도(39.5%), 보수(26.2%) 등 중도가 두터운 '단봉형의 이념 지형'이 그 추세를 이루고 있다는 점에서 분명히 드러난다.

〈일반국민과 국회의원 간 이념의 격차와 추세〉

〈표 6-4〉 일반국민과 국회의원의 주관적 이념성향의 분포의 변화 비교[32]

(단위: %)

	2002년 2월			2004년 4월			2008년 4월		
	보수	중도	진보	보수	중도	진보	보수	중도	진보
일반국민 이념성향(A)	28.5	49.5	21.4	26.4	33.0	40.6	33.0	43.1	23.0
국회의원 이념성향(B)	18.6	61.9	19.5	20.1	35.4	44.5	53.1	22.8	24.0
일반국민-국회의원 이념격차 (A-B)	9.9	12.4	1.9	6.3	2.4	3.9	20.1	20.3	1.0

〈표 6-4〉는 2002년 2월부터 18대 총선 직후인 2008년 4월까지 세 차례의 일반국민과 국회의원 이념조사를 비교하여 이념성향의 변화 추세를 비교한 데이터이다. 이 조사결과에 의하면, 일반 국민들의 경우에는 2004년 이후 중도의 비율이 늘어서 43.1%에 달하는데 비해, 국회의원들의 경우에는 중도의 비율이 지속적으로 감소하는 추세가 나타난다는 점이다. 국회의원들의 경우 2002년 2월 조사에서 나타난 16대 국회의원의 중도의 비율은 61.9%에 달했지만, 2004년 17대 35.4%, 2008년 18대 국회 22.8%로 지속적으로 감소하였다. 그리고 중도성향에 있어서도 국민과 의원들 간의 이념적 격차(A-B)는

32 이내영, 「한국정치의 이념지형과 이념갈등」, 〈한국정치학회〉 연례학술회의 발표논문(2009), 25 재구성.

2002년 2월엔 12.4%, 2004년 4월엔 2.4%, 2008년 4월엔 20.3%로 그 격차가 점차 커지고 있다.

전체적으로 요약하면 일반국민들의 이념성향은 점차 중도로 수렴되는 반면, 의원들의 경우에는 이념적 양극화가 지속되는 추세를 보여주고 있다. 이러한 결과는 일반국민들 사이의 이념격차는 줄어드는 반면에 의원들 사이에서 이념격차는 보다 뚜렷해지는 것을 보여준다. 다시 말해서 국민들 사이의 이념적 격차는 줄어들고 있지만 의원들 사이의 이념적 격차가 더욱 커져 국민과 국회의원간의 부조화가 일어나고 있는 만큼, 국회의원들이 국민들 사이의 이념갈등을 조정하여 해소하기보다는 거꾸로 그것을 조장하고 부추기고 있는 것으로 평가된다.[33]

〈국민들과 정당지도부의 이념적 격차〉

〈표 6-5〉 정당 지도부가 평가한 정당 평균이념과 국민의 이념 격차[34]

	정당 평균이념	국민 평균이념	거리
자유선진당	3.32	2.92	0.4
한나라당	3.07	2.87	0.2
민주당	2.3	2.8	0.5
민노당	2.04	3	0.96

* 5점 척도(1-매우 진보, 2-약간 진보, 3-중도, 4-약간 보수, 5-매우 보수)

33 이내영, 「한국정치의 이념지형과 이념갈등」.

34 강지남·이현우·이지호, 「'보수' 한나라당, '진보' 민주당 이념 본색」, 《주간동아》(2009. 7. 20).

이어서 〈표 6-5〉는 서강대 현대정치연구소 이현우 교수팀이 2009년도 7월에 정당지도부가 평가한 정당의 평균이념과 국민의 이념간의 격차를 조사하여 주간동아에 발표한 여론조사 데이터이다. 이 조사결과에 따르면, "한나라당과 자유선진당 지도부는 자기 정당의 평균이념이 국민보다 보수적이라고 인식한 반면, 민주당과 민노당 지도부는 자기 정당이 국민보다 더 진보적이라고 인식"(《주간동아》, 2009. 7. 20)하고 있다. 즉 자유선진당의 정당평균이념(3.32)은 국민의 평균이념(2.92)보다 더 보수 쪽에 있으며, 한나라당의 정당평균이념(3.07)도 국민의 평균이념(2.98) 보다 상대적으로 더 보수 쪽에 있다. 반면에 민주당의 정당평균이념(2.3)은 국민의 평균이념(2.8)보다 더 진보 쪽에 위치하고 있으며, 민노당의 정당평균이념(2.04) 역시도 국민의 평균이념(3)보다 더 진보 쪽에 위치하고 있다. 이 조사결과는 〈표 6-4〉의 시사점과 마찬가지로 정당지도부의 평균이념과 국민의 평균이념 간에 상당한 격차가 있으며, 그 격차의 방향도 국민의 평균이념보다 정당지도부의 이념이 좌우 극단으로 편향됨으로써, 결국은 국민들 사이의 이념 격차보다 정당의 이념적 양극화가 더 심각하다는 것을 보여주고 있다.

〈18대 정당별 소속 의원들과 지지층간의 이념적 격차〉

〈그림 6-4〉 18대 정당별 소속 의원들과 각 정당 지지층간의 이념적 격차[35]

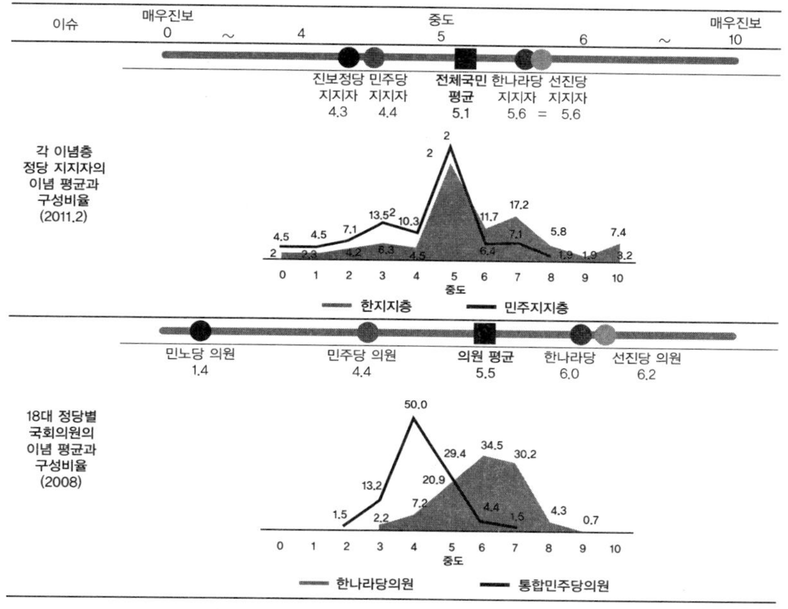

* 《중앙일보》 18대 국회의원 이념조사에서 소수점으로 응답한 경우 소수점 이하는 버림.

35 정한울, 「한국사회 이념 무드의 변동과 정치적 함의」, 5.

〈표 6-6〉 18대 정당별 소속 의원들과 각 정당 지지층간의 이념적 격차[36] (단위: %)

	민주당			한나라당		
	보수	중도	진보	보수	중도	진보
정당 지지자별 일반국민 이념성향(A)	18.6	41.7	39.7	44.0	36.2	19.7
정당 소속별 국회의원 이념성향(B)	5.9	20.9	63.0	69.7	20.9	9.4
지지자와 의원간 이념격차(A-B)	12.7	20.8	23.3	25.7	15.3	10.3

* 진보(0-4점), 중도(5점), 보수(6-10점).

〈그림 6-4〉와 〈표 6-6〉은 2011년 2월 EAI(동아시아연구원)가 조사하여 발표한 18대 정당별 소속 의원들과 각 정당 지지층간의 이념적 격차를 그림과 표로 구성하거나 재구성한 데이터이다. 한나라당 지지층에선 보수(6-10점)로 평가한 비율이 44.0%로 가장 많았지만 중도 5점을 선택한 응답자도 36.2%나 되었다. 한나라당 지지층 중 진보(0-4점)를 선택한 비율은 19.7%에 그쳤다. 반면 민주당의 지지층에서 5점 중도를 선택한 비율은 41.7%였으며, 진보라고 응답한 비율은 39.7%이었다. 민주당 지지자 중에서 스스로 보수라고 응답한 사람은 18.6%에 불과했다. 양당 지지층은 모두 중도 응답자들이 다수를 차지하는 가운데 한나라당 지지층은 보수성향의 응답자들이, 민주당 지지층에는 진보성향의 응답자들이 왼쪽에 넓게 퍼져있어 대략 중도

36 〈그림 4〉를 표로 재구성.

가 넓은 정규분포곡선의 그림을 보여주고 있다.[37]

하지만 정당별 소속 의원들의 이념분포곡선은 정당 지지자들과 다른 것으로 드러났다. 한나라당 소속 의원들의 경우 중도라고 답한 비율은 20.9%에 불과했고, 6점-7점(64.7%), 8점-10점(5.0%)으로 의원의 69.7%가 보수범주에 집중 포진된 것으로 나타났다. 반대로 민주당 역시 스스로 중도라고 응답한 비율은 20.9%에 불과했고, 4점을 택한 의원이 50.0%, 3점을 택한 의원이 13.2%, 2점은 1.5%에 그침으로써, 의원의 63%가 진보범주(3-4점)에 집중 포진한 것으로 나타났다. 이러한 결과는 정당별 소속 의원들의 이념분포가 정당 지지자들의 것과 다르게 각각 보수 쪽으로 그리고 진보 쪽으로 편향적으로 기우는 이념분포곡선을 보여줌으로써 정당의 이념적 양극화가 심각하다는 것을 보여준다. 특히, 민주당의 경우 지지자와 의원 간 이념격차(A-B)가 20.8%로, 한나라당의 경우 지지자와 의원 간의 이념격차(A-B)가 15.3%를 보여주고 있어 양당 모두 그 격차가 매우 크다.

2) 경험관찰로 본 정치 불신의 본질

앞 절에서 검토한 대로, 국민이념이 중도로 수렴하고 있음에도 불구하고 정당의 이념이 더욱더 진보쪽으로 그리고 보수쪽으로 양극화

---

37 정한울, 「한국사회 이념 무드의 변동과 정치적 함의」.

되어 국민과 정당간의 부조화로 정치적 분열이 발생하고 있다. 이러한 경험적 관찰은 시민들이 자신의 공적인 관심사를 말과 행동으로 표현하는 정치생활을 포기하고 정치를 불신하게 되는 문제의 본질에 대해 다음과 같은 시사점을 준다.

첫째, 한국 사회의 이념갈등이 유권자 수준의 실제보다 정치엘리트 수준에서 과장되어 있는 것이 문제(즉 과장 대표의 문제)의 본질이다. 따라서 양자 간의 갭을 줄이기 위한 개혁이 필요하고, 이것이 성공하지 못할 경우 그와 같은 정치 불신과 정치 분열은 계속될 수밖에 없다는 점이다. 이러한 지적은 많은 학자들에 의해서 제기되었다. 이내영[38]은 2002년 대선이후 우리 사회에서 이념을 둘러싼 대립과 갈등이 심화된 것으로 보이는 것에 대해, 국민들 사이의 이념적 격차에 따른 이념적 양극화 때문이라기보다는 오히려 17대 총선 이후 국민들의 이념성향은 중도로 수렴되고 있음에도 불구하고, 언론이나 지식인 그리고 기성정당 및 정치인들이 이념갈등을 증폭시켰기 때문이라는 견해를 제시하였다.

또한 한국사회 이념갈등의 실체를 분석하기 위해 한국갤럽이 조사한 2002년, 2004년, 2006년 한국사회의식조사 자료를 이용하여 안보, 경제, 사회가치 세 분야 9개 이슈에 대해 집단 간 태도의 차이가 있는지를 조사한 윤성이[39]도 한국 사회의 보수-진보갈등과 세대갈등

38 이내영, 「한국정치의 이념지형과 이념갈등」.

39 윤성이, 「한국사회 이념갈등의 실체와 변화」, 『국가전략』 제12권 4호 (2006), 163-182.

은 국가보안법을 제외한 모두에서 심각한 수준의 이념적 차이가 크지 않다는 것을 제시하였다. 즉 그는 분석을 통해 한국 사회의 이념갈등이 실제보다 과장되어 부풀려져 있다는 의견을 피력하였고, 그 배경에 대해서는 정치권이 자신에게 불리한 갈등을 숨기고 유리한 갈등만을 과장하여 편향적으로 부각하여 시민들의 정치참여를 동원하는 이른바, '편향성의 동원'(mobilization of bias)을 전략적으로 사용하였기 때문이라는 의견을 제시하였다.

이상으로 정치 불신에 대한 경험적 관찰과 이념갈등의 실체에 대한 논의를 종합해 볼 때, 한국에서 정당의 이념적 양극화는 지구화, 후기산업화, 탈냉전, 정보화 등 시대전환기적인 상황 속에서 이념적인 성향이 약하고 사회적 유동성이 큰 중도 유권자들이 점차 증가함에도 불구하고, 이것에 반응하지 못하는 주요 정당들과 당파들이 실제 유권자의 이념수준과 다르게 극진보와 극보수로 이념적·정파적 편향성을 극단적으로 동원하기 때문에 발생하는 일종의 '부조화의 현상'이고, 그 성격은 '중도수렴 부재의 정당정치'(중도수렴 부재의 정당체제)라 할 수 있다. 즉 지구화 등의 시대전환기적 상황에 따른 유권자의 이념적 약화와 정당일체감의 약화를 돌파하기 위한 정치권의 편향성의 동원전략이 정당의 이념적 양극화를 만들어 낸다는 점이다. 특히, 지구화, 후기산업화에 따른 사회적 연대의식의 약화, 사회이익의 파편화, 개인들의 원자화 등으로 사회유동성이 증가되는 데, 이러한 상황을 돌파하기 위한 정당지도부들의 편향성의 동원전략은 극단적인 네거티브 캠페인 전략과 막강한 자금동원에 따른 대중선동전략이다.[40]

둘째, 정치엘리트의 패거리정치행태가 문제의 본질이라는 점이다.

앞에서 검토한 바와 같이, 우리 사회의 이념구도는 서구의 산업화와 국가건설기와 다르게 이념적 진보화와 이념적 보수화가 아닌 중도로의 수렴현상을 보여주고 있다. 오히려 문제가 되고 있는 것은 국민들의 이념성향의 양극화가 아니라 정치엘리트인 정당들만의 이념적 양극화와 정치적 분열이다. 특히, 국민들 사이의 이념적 양극화가 심화되기 보다는 그 격차가 줄어드는 수렴현상이 나타나고 있음에도 불구하고, 정치엘리트인 정당이 이것을 무시하거나 반영하지 않고 가공된 이념과 갈등들을 편향적으로 동원하여 자기 내부를 더욱 동질화시키고 외부를 배제하면서 '패거리정치'로 나아가고 있는 것이 문제의 본질이다. 이 패거리정치는 양극단의 강경파들의 득세를 도와 대화와 타협을 불가능하게 함으로서 정치공동체를 분열과 대립의 갈등으로 몰아넣는 주범이다. 국민 이념의 중도로의 수렴현상과 정당의 이념적 극단화 현상은 민주주의와 관련하여 많은 문제점을 내포할 수밖에 없다.

셋째, 정치엘리트의 사익추구행태가 문제의 본질이다. 국민들의 이념성향이 약해지고 중도로 수렴되고 있다면 정치엘리트인 정당과 시민단체 그리고 언론과 지식인 사회도 그러한 추세에 맞춰 다수의 국민들을 위해 자신의 이념성향을 중도에 맞추는 것이 민주주의와 통

40 Jeffrey E. Cohen and Paul Kantor, "Decline and Resurgence in the American Party System." in Jeffrey E. Cohen, Richard Flesher and Paul Kantor. eds. *American Political Parties: Decline or Resurgence?* (Washington. DC: CQ Press, 2001).

합된 국가의 정체성을 강화하는 데 적절한 방법일 것이다. 그러나 그들은 그렇게 하고 있지 않다. 그렇다면 우리나라의 정치엘리트들이 그렇게 하지 않는 이유는 무엇일까? 여러 가지 이유가 있겠지만, 핵심적인 것은 공화국이라는 국가공동체의 건설과 유지라는 공공선과 국익에 대한 관점이 부재하기 때문이다. 그런 가운데, 정권획득이라는 행위가 공적인 정치행위보다는 사적인 정치공학으로 변질되었기 때문이다. 그런 가운데 당연히 정치엘리트와 정당들만의 이념적 양극화가 심화된다면, 그것은 민주주의에 역행하게 되고 결국은 국가의 분열을 가속화시키는 일이 될 것이다.

특히 정당의 엘리트들이 국민들과 정당들 간의 이념적 부조화를 본질적으로 해결하지 않고 현상유지적인 차원에서 편향성의 동원을 통해 그 갭을 채우려고 할 경우 대의민주적인 정치체제인 국회와 정당에 대한 국민들의 불신감은 더욱 악화되고 국가공동체는 공공선과 국익보다는 사익에 노출되어 분열하고 쇠락할 수밖에 없을 것이다. 또한 국민의 실생활과 유리된 당리당략적이고 사적이익을 위한 정당의 이념적 양극화가 개선되지 않는다면, 결국 의원과 정당들에 의해 대변되지 않는 다수의 중도 혹은 온건 성향의 국민들의 정치적 불만과 냉소를 확대하는 효과를 초래하게 될 것이다. 따라서 정당과 의원들이 언론의 주목을 받기 위한 과장된 몸짓으로 폭력과 갈등을 조장하는 행태를 그만두지 않는다면, 즉 자신들의 핵심 지지기반만을 향한 당파정치를 그만두지 않는다면, 한국정치는 영원히 국민의 버림을 받는 통치불능의 상태에 빠질지도 모른다는 것을 인식할 필요가 있다.

4. 시민의 정치참여와 국가

앞장에서 논의한 바처럼, 한국의 정당정치는 국민의 이념성향과 무관하게 자신들만의 당리당략적이고 사익추구적인 이념적 양극화로 회오리바람의 정치와 패거리정치로 작동되고 있다. 결국 엘리트와 국민 간에 그리고 엘리트들 간에 정치적으로 갈등하고 분열함으로써 국가공동체의 활력과 덕성을 쇠락하게 하는 불운을 만들고 있다. 한마디로 작금의 한국정치는 통치불능의 상태를 만드는 '불신과 분열의 정치'라고 요약될 수 있다. 그렇다면, 이 같은 정치 불신과 국가적 분열을 방지하고 사회구성원인 시민 모두가 공화국의 일원이자 주인으로서 강한 정서적 유대감과 신뢰감으로 통합을 이룰 수 있는 방법은 없는 것일까? 있다면 무엇일까?

한마디로 회오리바람의 정치와 패거리정치를 통해 드러난 공화국의 분열과 시민성의 위기를 해결할 방법은 무엇인가? 이와 관련해서는 앞에서 이미 언급한 바대로 공감을 받고 있는 국정운영에 대한 대안적 패러다임에 대한 논의로 공화주의, 토의민주주의, 거버넌스를 긍정적으로 검토해 볼 수 있다. 언급된 세 패러다임의 공통된 특징은 시민들의 공적인 관심사를 말과 행동으로 표현하는 정치생활에 있어서 시민들의 적극적인 참여와 덕성을 강조한다는 점이다. 특히, 이 세 패러다임은 핵심적으로 시민과 시민의 대표가 자신의 부분적인 이해에 관여하면서 권리만을 주장하는 분파의식(partisanship)에서 벗어나 공화국의 전체적인 질서 속에서 역할을 분담하고 책임을 다하려는 주인의식(ownership)과 민관협력의 중요성을 강조하고 있다. 이런 공통된 특징은 우리사회가 가야할 시민정치의 활성화 방향에 부합한다는 점에서 적실성이 크다.

1) 공화주의, 토의민주주의, 거버넌스

공화주의는 고대 아리스토텔레스 이후 『군주론』과 『로마사논고』를 통해 근대 공화주의적 가치를 부각시킨 마키아벨리에 의해서 체계적으로 논의되었다. 공화주의의 핵심적 가치를 정리해보면 다음과 같다. 첫째, 왕, 귀족, 평민과 같이 공동체에 내재하고 있는 사회적 균열에 따른 파당들의 존재와 이 존재적 기반에서 따라오는 이익의 차이가 계급투쟁으로 이어질 수 있다는 것을 인정하는 가운데, 이러한 계급간의 차이가 악무한적인 계급투쟁에 따른 공멸과 공동체의 부정으로 나아가지 않도록 노력해야 한다는 점이다. 이것을 위한 방법으로는 견제와 균형 그리고 공공선과 국익을 추구하는 공화국의 건설이다.

둘째, 공화국이라는 운명공동체가 공공선과 국익을 추구하는 과정에서 각 당파들의 사익을 절제시킴으로써, 계급간의 타협과 화해 및 공동번영을 추구한다. 특히 사회구성원의 다수인 평민들을 수탈하는 귀족들의 사익추구를 막고 평민들을 보호하면서 귀족과 평민이 싸우지 않고 공익을 추구하도록 노력하는 것처럼, 군주는 자신의 사적인 권력추구와 독단보다는 국가의 권력과 번영을 위해 귀족과 평민들에게 권력을 개방하고 공유하는 것을 미덕으로 여긴다. 셋째, 국가의 번영을 위해 요구되는 권력의 공유방식에 있어서, 시민들의 미덕은 공공선을 추구하는 적극적인 자유의 추구이며, 이것을 실천하기 위한 적극적인 정치참여와 정치생활의 추구이다.

이러한 공화주의적 가치로 볼 때, 앞서 한국정치의 문제점으로 제기된 사익추구적이며 당리당략적인 정당의 이념적 양극화는 공공선과 국익을 손상시키고 공동체를 파당적인 이해로 분열시키기 때문에 시민들로부터 정치 불신의 대상이 되는 것은 자명하다. 이러한 파당적 불신과 분열로부터 벗어나 공화국의 활력과 번영을 불어넣기 위해서는, 대통령은 한 정파의 대표라기보다는 국민 전체의 대표로서 정당들의 파당적 이해를 제어하고 이러한 파당적 이해로부터 소외받고 있는 시민들을 보호하기 위한 방법으로 시민들의 정치참여를 활성화하는 방법을 보장해야 한다.

토의민주주의는 시민들의 소극적 자유를 근거로 하는 대의민주주의 한계를 보완하기 위해 제시된 대안적 민주주의 모델로 다른 말로 숙의민주주의, 토론민주주의, 심의민주주의라고도 한다. 소극적 자유에 근거한 대의민주주의는 결국 시민들이 직접 정치과정과 결정과정에 참여하는 직접민주주의가 아니라 주기적인 선거를 통해 엘리트를 선출해서 이들이 진행하는 과정과 결과를 지켜보는 간접민주주의이다. 따라서 대의민주주의는 시민과 시민의 대표인 엘리트간의 매개적 관계를 가지고 있기 때문에 근본적으로 몇 가지 문제점을 잉태하고 있다. 첫째는 선거의 투표결과만을 통해서는 엘리트가 시민들의 이해를 반영하지 못하거나 또는 독단적으로 또는 자의적으로 대표하게 될 가능성이 있다.

둘째는 이러한 자의적이고 독단적인 대표성은 대표의 의미를 숙의(熟議)보다는 소수의 의견을 무시하고 다수의 의견만을 절대선으로 추구하게 됨으로써 공공선을 무시하는 다수파벌의 전횡(tyranny of majority)을 잉태한다. 셋째, 이것은 또한 다수파벌의 논리로 다수가 선호하는 눈앞의 인기영합적인 이익만을 추구하여 장기적인 국익과 소수의 권리를 손실시키는 포퓰리즘과 우중(愚衆)정치의 문제를 발생시킨다. 따라서 민주주의의 순기능을 발전시키기 위해서는 무엇보다도 민주주의가 정당하고 공정한 다수지배의 논리가 아닌 소수파벌의 전횡과 다수파벌의 전횡으로 흘러갈 경우 그것이 내포하고 있는 위험성과 한계를 직시할 필요가 있다. 이것의 극복방법으로 공화주의와 함께 토의민주주의가 적실성이 크다.

토의민주주의는 이러한 시민들의 소극적인 자유와 선거에 근거한 대의민주주의의 문제점을 보완하기 위해 대의민주주의와 엘리트의 존재를 근본적으로 부정하지는 않는 가운데, 선거의 전후과정에서 후보와 정책에 대한 토론회 등 시민들의 공론장 참여와 이러한 공론장에 영향을 미치는 엘리트들의 적극적인 토론과 숙의과정을 통해 선호집합적인 이해를 공공선에 근거한 이익통합으로 변형시킴으로써 엘리트와 시민 간 그리고 전체적인 공동체의 신뢰감과 제고한다. 이러한 토의민주주의 관점에서 볼 때, 한국정치의 문제점으로 제기된 정당들의 파당적 이해갈등은 결국 국회에서의 의원들 간의 그리고 의원과 시민 간의 정책토론회와 같은 공론장의 활성화를 통해 개선될 수 있다.

거버넌스(Governance)는 '국정관리', '네트워크 통치', '공치(共治)', '협치(協治)' 등으로 번역되고 있으나 아직까지 개념이 통일되어 있지 않고, 다의적으로 사용하는 경우가 많아서 그냥 '거버넌스'로 부르는 게 중론이다. 우리나라는 IMF 경제위기와 세계화된 국가환경 변화에 따라 그동안 관행으로 굳어졌던 국가주도 성장전략의 한계를 경험하면서 새로운 정부운영의 모델과 전략이 절실했던 상황에서 '거버넌스'는 이론적으로나 실천적으로 새로운 통찰력을 제공해 주고 있다. 거버넌스가 무엇을 의미하고 있는지에 대해서는 다양한 해석과 의미가 있지만, 거버넌스의 등장배경이 지구화(globalization)라는 거대한 시대전환기적 변화에 따른 국가통치의 변화된 양식이라는 데에는 어느 정도 공감하고 있다. 지구화는 그동안 배타적인 주권의 개념을 가지고 국가 안팎의 경계를 분명하게 구분하면서 지배적인 운영원리로서 작동해온 '주권재민'과 '이익집성의 절차민주주의 원리'에 타격을 가하게 된다. 따라서 한계에 봉착한 주권재민과 절차민주주의 원리의 해법으로, 우리사회의 각 부문과 수준간의 경계를 어떻게 초월하여 소통하고 통합할 것인가와 관련된 '국가의 새로운 규범과 정체성'(new norm and identity)및 '국가의 역할변경'(role transformation)의 문제, 즉 거버넌스의 문제가 중요한 사회적 화두와 대안개념으로 등장하게 되는 것이다.

거버넌스에 대한 최소주의적 정의는 관과 민이 수평적 관점에서 서로 파트너로서 협력하여 문제를 풀어 나가는 방식이다. 그 핵심은 정부와 정부 이외의 다양한 행위자들과의 협력과 협치(協治)이다. 즉 정부가 가지고 있었던 권력과 권위를 다양한 행위자들에게 위임·분산하여 그들을 참여시키고 그것을 통해 국정운영의 효능감(efficacy)을 극대화시키는 통치방식이다. 특히, 국가 거버넌스는 국가의 지속적인 발전을 도모하기 위하여 다양한 행위자들에게 자신의 권한과 권위를 위임·분산하여 민관협력을 도모하는 국정운영방식이다. 국가 거버넌스가 제대로 구축되었는가에 대한 평가기준은 무엇보다도 정부와 정부이외의 다양한 행위자들 간에 상황과 문제해결에 대한 규범과 인식을 공유하는 것이 중요하고, 문제해결의 현장에서 얼마나 구체적이고 실질적인 협력을 실천하는가에 달려있다. 거버넌스의 관점에서 볼 때, 한국정치의 문제점으로 지적된 정당의 이념적 양극화 문제를 해결하기 위해서 특히, 민심과 괴리된 정당들의 정책결정과정을 바로잡기 위해서는 정당에게도 거버넌스의 원리가 도입될 필요가 있다. 즉 정당원뿐만 아니라 일반 유권자와 지지자들도 정당의 정책결정과정과 후보공천과정에 적극적으로 참여할 수 있도록 국민참여경선제도를 활성화 필요가 있다.

2) 정치참여 경로와 정치생활의 방법

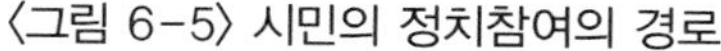
〈그림 6-5〉 시민의 정치참여의 경로

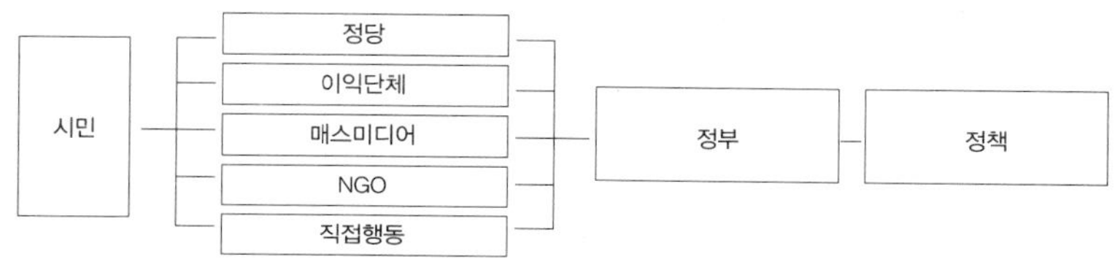

〈표 6-7〉 정치참여의 유형

	관례적(conventional) 참여	비관례적(unconventional) 참여
시기	산업화기, 지구화 이전, 정보화 이전, 물질주의, 냉전	후기산업화, 지구화, 정보화, 탈물질주의, 탈냉전
방법	투표, 선거운동, 정당가입, 이익단체 결성과 가입, 공청회 참가 등	집회, 시위, 서명, NGO참여, 공무원 면담, 정치토론, 자원봉사, 댓글쓰기 등

〈그림 6-5〉와 〈표 6-7〉은 일반적으로 시민이 자신의 공적인 관심사를 말과 행동으로 표현하기 위한 정치생활을 하기 위하여 자신의 삶에 영향을 미치는 정부의 정책결정과정과 의사결정과정에 관여하는 정치참여의 경로와 방법을 도식화한 것이다. 시민들은 자신이 지닌 시민권과 시민성의 역량수준에 따라 고대 그리스 아테네에서 실시했던 직접민주주의처럼 아고라 언덕에 모여 공공정책에 관한 사항을 직접 결정하는 경우도 있지만 국가와 시민사회가 분리되는 근대사회의 대의민주주의에서는 시민들이 정부와 시민을 연계를 도와주는 일종의 매개조직(intermediaries)을 통해 정치에 참여하는 양상이 지배적이었다.

즉 시민들은 산업사회시기와 지구화가 되기 이전시기에 전형적으로 정당과 이익단체를 결성하거나 이것에 참여하는 것을 통해 정치생활을 하였다. 하지만 지구화, 후기산업화, 정보화, 탈물질주의, 탈냉전이라는 전환기적 시대상황의 도래와 함께 산업화시대의 전형적인 정치참여의 방식인 정당과 이익단체를 통한 정치참여의 양상은 다소 약화되었다. 시민들의 정치생활의 양상은 미디어의 발달 및 SNS 등의 정보기술의 발전 그리고 교육에 따른 시민의 인지능력의 성숙에 따라 점차 정당과 이익단체라는 위계적이고 폐쇄적인 매개조직보다는 미디어와 NGO라는 개방적이고 자발성이 강한 매개조직을 활용하거나 집회, 시위, 서명, 정치토론, 자원봉사, 댓글쓰기와 같은 직접행동을 통한 정치참여로 변화하였다. 특히, 이러한 변화된 정치참여의 경로와 방법에 따라 정치생활의 개념도 거시적이고 중앙차원에서의 국가권력과 안보이슈를 다루는 '권력정치'(power politics)보다는 미시적이고 풀뿌리차원에서 생활상의 고통과 불편 그리고 불만을 다루는 '생활정치'(life politics)가 공감을 받고 있다.

그렇다면 마지막으로 앞서 다룬 공화주의, 토의민주주의, 거버넌스 논의에 대한 시사점으로 볼 때, 민주화 이후 제기된 역설적인 상황인 시민들의 정치 불신과 공동체의 분열현상을 개선하기 위한 바람직한 방법은 무엇일까? 여러 가지가 있겠지만 그 핵심은 첫째, 대한민국의 정체(政體)가 '민주국'(democracy)이 아니라 '민주공화국'(republic)이라는 것을 분명하게 인식하는 것이 중요하다. 민주국이 아니라 민주공화국이 된 배경에는 민주주의만으로는 대한민국이라는 공동체의 공공선과 국익을 유지하고 지켜낼 수 없기 때문이다. 공화주의 등을 통해 견제와 균형을 찾고자 하는 노력이라는 것을 깊이 인식할 필요가 있다. 따라서 민주화 과정에서 요구되었던 억압으로부터 자신을 보호하기 위한 소극적인 자유와 권리의식은 보다 적극적인 자유와 의무 및 책임의식으로 전환될 필요가 있다.

둘째, 시민들의 공적인 정치생활이 보다 풍요롭고 안정되게 더욱 활성화될 필요가 있다. 이를 위해서는 기존의 관습적인 정치참여의 경로와 방법이 보다 시민중심으로 변화하도록 정치문화와 정당구조가 개방적이고 수평적인 네트워크 시스템으로 변화되어야 하며, 역으로 시민들은 자신의 삶의 이해관계의 문제를 이야기하고 토론할 수 있는 공론장 문화를 정착시키는 데 참여할 필요가 있다. 시민들은 공론장의 활성화를 위해 자기 주변의 생활커뮤니티와 민관협력의 각종 위원회에 참가해서 대화하고 토론하는 정치평론하기를 실천해야 한다. 셋째, 시민들은 평생학습의 과정으로 '시민교육과정'에 참여할 필요가 있다. 성숙한 민주국가의 탄생과 활성화는 선진화된 법·제도만이 아니라 자발적인 참여와 공적인 자유를 추구하는 덕성을 지닌 시민이 다수로 존재할 때 실질적으로 가능하다. 이러한 시민의 덕성은 공동체 구성원들이 오랜 시간 동안 공동으로 학습되고 공감하여 탄생한 사회적 산물이자 교육적 산물로 이해될 필요가 있다.

참고문헌

기든스, 앤소니. 권기돈 역. 2007. 『현대성과 자아정체성: 후기 현대의 자아와 사회』. 서울: 새물결.

____________. 김현욱 역. 2007. 『좌파와 우파를 넘어서』. 파주: 한울.

기획재정부. 2011. 『2011년 우리나라 국가경쟁력보고서: 주요 분석과 요인』.

김정기. 2008. 『국회프락치사건의 재발견 I』. 파주: 한울아카데미.

박명림·김상봉. 2011. 『다음 국가를 말하다: 공화국을 위한 열세 가지 질문』. 서울: 웅진하우스.

사회통합위원회. 2012. 『2012년도 사회통합위원회 연례보고서』.

신호경·김경윤. 2013. 「국민 5.6%만 "국회 신뢰" … 정부·법원도 15%에 그쳐」. 《연합뉴스》 (2013. 2. 21).

윤성이. 2006. 「한국사회 이념갈등의 실체와 변화」. 『국가전략』 제12권 4호.

이내영. 2009. 「한국정치의 이념지형과 이념갈등」. 〈한국정치학회〉 연례학술회의 발표논문.

이동수. 2014. 「시민사회, 파트너십 그리고 공공성」. 이동수 편. 『시민사회 파트너십과 공공성』. 고양: 인간사랑.

______. 2006. 「민주화 이후 공화민주주의의 재발견」. 『한국동양정치사상사』 제6권 2호.

임성호. 2011. 「지구화시대의 탈경계 정치과정을 위한 이론 토대: 새로운 실마리의 모색」. 『지구화시대의 정당정치』. 서울: 한다 D&P.

장훈·이홍규·박성우. 2007. 「한국 민주화 20년과 미래과제: 참여확대의 민주주의에서 능력있는 민주주의로」. 〈한국미래학회〉 특별심포지움, 〈2007년의 선택과 한국의 미래〉 발표문(2007. 6. 20).

정한울. 2011. 「한국사회 이념 무두의 변동과 정치적 함의」. 『EAI OPINION REVIEW』. No. 201104-1.

주성수. 2003. 『공공정책 가버넌스』. 서울: 한양대학교출판부.

채진원. 2014. 「시민교육 파트너십」. 이동수 편. 『시민사회 파트너십과 공공성』. 고양: 인간사랑.

______. 2014. 「북한 참주정의 변혁·보존·개선에 관한 '엄밀한 인식'과 한국정체의 대응」. 『동향과 전망』 제91호(6월호).

______. 2014. 「아리스토텔레스의 『정치학 서평』: 민주공화국은 어떻게 국가분열을 막고 국민통합에 나서는가?" 《huffingtonpost》(2014. 7. 17).

______. 2013. 「진영논리의 극복과 중도수렴의 정당정치」. 〈한국정당학회〉 하계세미나 발표문(2013. 6. 28).

______. 2012. 「무당파·SNS 유권자의 등장배경과 특성에 대한 이론적 함의와 시사점」. 『21세기정치학회보』 제22권 1호.

______. 2012. 「'보수독점의 정당체제 개혁론'의 재검토: 정치적 양극화와 중도수렴 부재의 정당체제론을 중심으로」. 『Oughtopia』 제27권 2호.

______. 2011. 「민주주의의 사회적 기반: 자원봉사활동의 민주적 가치와 정치적 상관성을 중심으로」. 『민주주의와 인권』 제11권 3호.

헨더슨, 그레고리. 2013. 『소용돌이의 한국정치(*Korea, the Politics of the Vortex*)』 완역판. 파주: 한울.

후쿠야마, 프란시스. 구승희 역. 1996. 『트러스트』. 서울: 한국경제신문사.

Abramson, P. R. and J. H. Aldrich. 1982. "The decline of electoral participation." in *American Political Science Review*, 76.

Cohen, Jeffrey E. and Paul Kantor. 2001. "Decline and Resurgence in the American Party System." in Jeffrey E. Cohen, Richard Flesher, and Paul Kantor. eds. *American Political Parties: Decline or Resurgence?* Washington. D,C: CQ Press.

Dionne Jr. E. J. 1991. *Why Americans Hate Politics.* New York: Simon & Schuster. Erikson, Robert S. and Kent L. Tedin. 2005. *American Public Opinion*, 7th ed. New York: Pearson Longman.

Giddens, Anthony. 1998. *The Third Way: The Renewal of Social Democracy.* London: Andrew Nurnberg Associate; 한상진·박찬욱 역. 2001. 『제3의 길』. 서울: 생각의 나무.

Henderson, Gregory. 1978. *Korea, the Politics of the Vortex.* MA: Harvard University press.

Inglehart, Ronald. 1999. "Trust, well-being and democracy." in Mark E. Warren, ed. *Democracy and trust.* New York: Cambridge University Press.

__________. 1998. "Postmaterialist Values and the Erosion of Institutional Authority." in *Why people don't trust.* J. S. Nye Jr. ed. MA: Harvard University Press.

__________. 1998. Ronald. "Postmaterialist Values and the Erosion of Institutional Authority." in *Why people don't trust.* J. S. Nye. Jr. ed. MA: Harvard University Press.

King, David C. 1998. "The Polarization of American Parties and Mistrust of Government." in *Why people don't trust.* J. S. Nye Jr. ed. MA: Harvard University Press.

Mansbridge, J. 1998. "Social and cultural causes of dissatisfaction with U.S. government." in J. S. Nye Jr., P. D. Zelikow & D. C. King (Eds.). *Why people don't trust government.* MA: Harvard University Press.

Nye, J. S. Jr. 1997. "Introduction: The decline of confidence in government." in J. S. Nye Jr., P. D. Zelikow and D. C. King (Eds.). *Why people don't trust government.* MA: Harvard University Press.

Nye, J. S. Jr.. P. D. Zelikow and D. C. King. (Eds.). 1997. *Why People Don't Trust Government*. MA: Harvard University Press.

Orren, G. 1997. "Fall from grace: The public's loss of faith in government." in J. S. Nye Jr., P. D. Zelikow and D. C. King (Eds.). *Why people don't trust government*. Cambridge, MA: Harvard University Press.

7장 SNS와 사이버생활*

송경재

1. 생활세계와 가상세계

1969년 인터넷의 모체라고 할 수 있는 아르파넷(ARPANET)이라는 네트워크가 등장했다. 미국 국방성 고등연구프로젝트국(Advanced Research Projects Agency)은 핵전쟁의 위협이라는 다분히 전략적이며 군사적인 목적에서 새로운 네트워크를 개발했다. 인터넷의 모체인 아르

* 이 글의 3절과 4절의 사례와 연구 내용은 송경재·장우영·오강탁·양희인이 2012년 한국정보화진흥원의 의뢰를 받아 공동 연구한 『SNS 이용자 리터러시 제고방안 연구』의 내용 중, 필자가 저술한 부분을 일부 수정 보완한 것이다.

파넷은 개발된 이후 반세기가 경과하면서 다양한 발전을 거듭했다. 사실 아르파넷은 미-소간의 군사적인 냉전의 산물로 만들어 졌으나, 이내 인터넷 초기 건설자들의 노력에 의해 정보와 자유의 공간을 거듭났다. 인터넷은 당초 아르파넷을 기간망으로 했지만 이후 발전을 거듭하여 약 350여개의 컴퓨터 네트워크가 결합하면서 전 세계적인 망을 구축했다. 인터넷을 오늘날 네트워크들 중의 네트워크(A Network of Networks)라고 불리는 이유도 여기에 있다. 이와 같은 획기적인 네트워크의 진전은 인터넷을 만든 설계자들도 예측하지 못한 급격한 변화의 과정이었다.

냉전의 산물인 인터넷이 자유문화와 결합되었다는 점은 실로 믿기 어려운 과정이라 할 수 있다. 카스텔(Castells)이 언급한 "군사와 과학기술 그리고 자유주의 문화의 산물로서 인터넷이 만들어 졌다"는 지적은 인터넷 등장의 전 역사를 아우르는 표현이라 할 수 있다.[1]

첫째, 군사적인 환경은 1950년대 이후 미-소간의 냉전은 군사적인 목적의 자원 배분을 더욱 용이하게 하였다. 이에 따라 막대한 네트워크 구축과 유지비용이 투입될 수 있는 여건을 마련했다. 실제 미-소 냉전이 존재하지 않았다면 막대한 국민의 세금이 투입되는 새로운 네트워크 건설에 미국 의회가 쉽게 동의하기 어려웠을 것이다. 아이러니하게도 2000년대에는 노벨 평화상 후보로 까지 거론되는 인

1 Manuel Castells, *The Internet Galaxy: Reflections on the Internet, Business, and Society* (New York: Oxford University Press, 2001).

터넷 탄생의 배경에는 냉전이라는 치열한 군사적인 목적이 존재했다.[2]

둘째, 과학기술의 산물로서 인터넷은 당시 네트워크 구축 기술의 총아라 불릴 정도로 고도의 과학적 결과물이다. 당시 기존에 구축된 방송과 통신 네트워크를 망라한 새로운 네트워크 구축인 과학계가 당시의 기술을 총 집결하여 구축한 것이라 할 수 있다. 특히, 제2차 세계대전이후 1950년대 황금기를 맞이한 과학계는 기술적 발전을 거듭했으며 그 기술의 결과물로서 인터넷을 구축했다.

셋째, 아르파넷이 구축되기 시작한 당시의 자유주의 문화의 영향도 무시할 수 없다. 인터넷을 개발하던 시기인 1960년대와 70년대는 서유럽과 미국에서 자유주의 문화가 발전했고 당시 개발을 담당했던 연구자들도 이러한 문화에 영향을 받았다. 그리고 이들은 고등연구프로젝트국의 자유로운 학문적 실험과 결합하여 군사문화의 영향을 받지 않는 분위기 속에서 정보의 교류와 연구협력을 계속했다. 때문에 초기 인터넷은 오히려 군사적인 목적보다는 네트워크에서 형성된 공동체적인 전통을 이어 왔다.[3] 이어 아르파넷 외부에 자생적으로 존재하던 풀뿌리 네트워크들이 발생하기 시작했다. 이러한 다양한 유형의

2 실제 2010년에는 세계적인 IT권위지인 《와이어드(*Wired*)》에서는 Internet for Peace(인터넷 노벨 평화상 지지 캠페인)운동이 일어났다. 사람들은 인터넷이 전 세계 국가와 인종사이의 장벽을 허물어 개방과 소통과 토론의 문화를 만드는 등 민주주의와 세계평화에 기여한 공로로 노벨 평화상을 수여해야 한다고 주장하기도 했다.

3 Howard Rheingold, *Smart Mobs: The Next Social Revolution* (New York: Perseus, 2002).

가상 공동체는 주로 당시 대용량 컴퓨터와 개인용 컴퓨터(PC)를 활용할 수 있는 대학원생들과 연구원들을 중심으로 확산되었다. 글로벌 네트워크에 연결된 대학원생과 연구자들은 자신들만의 공동체를 건설하여 운영했으며 기술적으로 1970년대 네트워크에서 글을 쓰고 읽고 업로드(upload), 다운로드(download)할 수 있는 전자 게시판(electronic bulletin board) 기능이 개발되고, 이메일, 모뎀(Modem)과[4] 통신 프로토콜(communication protocol)[5] 등이 통합되면서 사용자층도 급증했다. 사용자들은 자연스럽게 공동의 관심사를 가지는 학문, 학술공동체를 구축했고, 이 공동체는 초기 컴퓨터 관련 전공자들의 공동체에 한정되었으나 이후 사회학, 경제학 등의 사회과학과 문학 등 다방면적인 공동체 모임이 구축되어 학문적인 교류와 최신 뉴스를 공유하는 장으로 활용했다. 이러한 가상의 공동체는 ARPA와 캘리포니아 연안 지역의 몇몇 대학들 간의 소모임에서 시작되었다. 이후 가상 공동체 네트워크는 전 세계적으로 확산되었으며 여기에 연결되는 네트워크가 늘어날수록 글로벌하게 더욱 확대되었다. 그러던 공동체적인 전통이 오늘날 현실과는 다른 가상공간에서의 사이버 공동체라는 새로운 공간을 만드는 시초가 되었다.[6]

---

4 통신 시설을 통하여 데이터를 전송할 때 전송되는 신호를 바꾸는 장치이다. 주로 전화선을 이용하여 데이터를 전송하는 방식으로 사용된다.

5 통신 프로토콜은 통신 규약이라고도 하는데, 컴퓨터나 원거리 통신 장비 사이에서 메시지를 주고받는 양식과 규칙의 체계를 지칭한다.

6 Manuel Castells, *The Internet Galaxy: Reflections on the Internet, Business, and Society*.

오늘날에는 이러한 인터넷 초기 전통이 커뮤니티나 사이버 공동체를 전문으로 운영하는 인터넷 사이트가 등장하면서 상업적으로 발전하였고, 전 세계적으로 인터넷을 사용하는 사람들은 자발적으로 여러 개의 공동체에 가입하거나, 인터넷기반 모임에 참여한다. 사용자들은 오프라인과는 다른 새로운 가상의 공동체, 가상의 공간에서 학습, 모임과 친교 그리고 다양한 활동하고 있다.

이와 같은 가상의 공동체가 확장하고 있는 것은 21세기 들어 급격히 진화하고 있는 정보통신기술(Information and Communication Technologies: 이하 ICT)의 발전과 무관하지 않다. 특히 인터넷이 보급된 이후 이른바 스마트 디바이스(smart device), 소셜 미디어(social media) 등으로 촉발된 2차 정보혁명(information revolution)은 지식과 창의를 바탕으로 한 새로운 시대를 만들고 있다. 이와 함께 태어날 때부터 ICT인 인터넷, IPTV, 스마트폰, 태블릿 PC에 익숙한 세대가 등장하면서 가상 공동체는 더욱 발전하고 있다. 이들은 디지털 세대 또는 N세대(net generation)로 불리며, 누가 가르쳐 주는 것이 아니라 스스로 학습을 하면서 디지털 스마트기기를 배우는 세대로서 1990년대 인터넷이 보급되면서 태어난 세대를 지칭한다. 이 세대는 글을 쓰기보다 컴퓨터로 문서를 작성하고 저장, 출력하는 것을 선호하고, 도서관에서 책을 읽는 것보다 인터넷에서 정보를 찾고, 타인과의 소통에서 면대면의 소통방식 보다는 문자와 영상통화 등에 익숙한 세대들이다. 이들이 바야흐로 스마트 혁명이라는 2차 정보혁명을 주도하면서 새로운 인터넷 가상 공동체의 주역이 되고 있다.

이와 함께 전 세계적으로 유무선 인터넷 사용자들은 급증하고 있으며 정부의 강력한 지원을 등에 업은 한국의 경우, 정보화 속도는 더욱 빠르다. 한국인터넷진흥원(2016)의 자료에 따르면, 한국의 인터넷 사용자는 2014년 7월 현재 4,111만 명이 넘고 초고속 인터넷 가입자 수는 2016년 1월 기준 2,007만 명을 돌파했다.[7] 한국의 인구가 2016년 5월 현재 5,100만 명이 넘었음을 상정하면 전 국민의 80% 이상이 인터넷을 사용하고 있다는 것이다. 여기에 4,000만 명이 넘는 스마트폰 사용자 수를 합치면, 전 국민이 사이버 공간에 로그인(log in)되어 있다 해도 과언이 아니다.[8]

이처럼 확산되는 인터넷 사용자 수와 스마트 혁명이라는 2차 정보혁명으로 인해 사이버 공동체에서의 활동 수와 방식은 다양해지고 있다. 무엇보다 가상공간에서의 사이버 공동체는 현실세계와 연계되기도 하지만, 현실에서 구현할 수 없는 새로운 방식의 사회관계를 가능케 한다. 사람과의 관계가 가상의 공간에서 형성되기 때문에, 개인 정체성의 다중화로 인한 다중정체성이 확산되고, 가상 영역에서 새로운 인간관계를 만들기도 한다. 세컨드라이프(SecondLife.com)와 같은 소셜 미디어의 등장으로 가상의 온라인 세상에서는 실물처럼 금전거래도 가능하고, 부동산 투자도 할 수 있으며 자신이 선호하는 취향의

---

7 인터넷 통계정보 검색 시스템. http://isis.kisa.or.kr/ (검색일: 2016. 5. 15).

8 한국에서의 이러한 급격한 사용자 증가 속도에 대해 삼성경제연구소에 따르면, 100명당 사용자가 5명에서 20명으로 늘어나는 데 걸리는 시간은 스마트폰이 5년으로 유선전화(31년), 인터넷(8년), 휴대전화(6년) 보다 짧을 것으로 예상했지만 더욱 빠른 속도로 증가하고 있다.

이성과 교제도, 결혼도 할 수 있다. 가상의 공동체 공간으로 회원들은 아바타를 만들어 실제와 같은 생활을 하며 집을 짓고 거주하며, 경제활동을 하고 아바타 결혼도 가능한 것으로 인기를 끌었다. 세컨드라이프라는 이름처럼 현실과는 다른 공간에서 살면서 새로운 가상의 정체성을 만들면서 살아갈 수 있게 된 것이다.

이런 변화에 따라 가상공간은 기존의 현실 공동체와 대비되는 공간으로서 새롭게 인식되고 있으며 가상의 공동체만의 문화가 형성되고 있다. 이러한 인터넷 가상의 문화에 대해 초기 급진적인 인터넷 자유주의자였던 존 페리 발로우(Barlow)는 1996년 "사이버 공간의 독립선언문"(A Declaration of the Independence of the Cyberspace)을 발표하면서 오프라인과는 다른 가상공간의 법칙으로서 표현의 자유를 주장하기도 했다. 그렇지만 이런 발로우의 초기 논의는 이내 현실성과 가상성이 혼재된 영역이자 사적이며 공적인 영역으로 진화한 사이버 공간에서 그 의미는 없어졌다. 그리고 그 공간에는 현실과 같은 사회조직이 구성되고 가상의 세계에서 법칙이 만들어 지고 있다. 이에 따라 가상공간에서는 하나의 규범과 현실공간의 법칙이 교묘히 혼재하며 자율작동하고 있다.

하지만 인터넷 가상공간은 여러 장점에도 불구하고 사회적 문제를 양산하기도 한다. 가장 대표적인 것이 익명성(anonymity)으로 인한 문제이다. 익명의 그늘에 숨어서 상대방을 비방하거나 타인에게 피해를 주기도 한다. 이 문제는 인터넷 등장 초기부터 제기되었던 오래된 문제이다. 구락(Gurak)은 익명성이 인터넷의 특징이므로 이로 인한 긍정적인 측면으로 표현의 자유 신장이라는 순기능도 있지만, 반대로 오히려 익명성으로 인한 상대방에 대한 피해문제가 서서히 증가하고 있다고 경고하기도 했다. 그리고 정보화가 진전됨에 따라 초기의 익명성에만 한정되었던 가상공간의 문제점이 새로운 영역으로 확장되면서 폭력과 사기, 절도, 음란물 유포 등 점차 각 영역으로 확대되고 있다. 그런 차원에서 사이버 범죄와 타인 비방, 허위정보의 유포, 개인정보 침해, 사이버 불링(cyber bullying) 등은 이미 오래전부터 등장한 사이버 공간의 심각한 사회문제이다.

본 장에서는 생활세계에서의 시민 되기 차원에 주목해, 사이버 공간에서 현명한 시민이 되기 위한 방안에 대한 고민을 하고자 한다. 이 책에서도 환경, 여성, 경제 등의 여러 영역에서 현실공간에서의 시민 되기에 대한 많은 논의가 진행되고 있지만, 전 세계적인 정보화의 수준이나 한국에서의 정보화 수준을 감안하면 사이버 공간에서의 시민 되기 역시 중요하게 부각되고 있다. 최근에만도 한국에서도 인터넷 악성댓글로 인한 자살사건이 있었고, 사이버에서의 따돌림인 불링, 사이버 도박과 음란물, 개인정보 유출과 악의적인 해킹사고에서 사이버 테러까지 빈번해지고 있다. 그런 맥락에서 사이버 공간에서 현명한 시민이 되기 위한 방법은 무엇이고 이를 위한 대안을 오프라인 현실에서의 시민성 회복과 마찬가지로 '디지털 시티즌십'(digital citizenship)의 정립에서부터 찾고자 한다. 그리고 현실사회에서 난무하고 있는 다양한 사이버 공간의 부작용에 대해 고민하고 그 해법을 모색하고자 한다.

2. 사이버 일탈

최근 언론에서는 인터넷과 ICT의 발전과 스마트 사회에 대한 장밋빛 전망과 함께 비관적인 측면이 부각되고 있다. 그중에서 비관적인 측면으로 가장 많이 등장하고 있는 것이 오프라인 현실공간과 연계된 사이버 가상공간에서의 불법적이며 유해적인(illegal and harmful) 일탈(deviation) 행위이다. 우리가 알다시피, 기술은 애초가 가치중립적(value-free)이지만 기술을 이용하는 사람은 가치를 가지고 있기 때문에 사용하는 사람에 따라 다른 결과를 만든다. 도구나 기술을 사용하는 사람에 따라서 기술은 때로는 인간에게 이로운 도구이기도 하지만 오히려 인간에게 해악을 끼치기도 하다. 사실 이것은 무기로 사용할 수 있는 고급기술만의 문제는 아니니다. 인류가 문명을 시작한 이래 가장 초창기에 만들어진 석기나 철기문명이 인류의 편리에 의해 만들어졌지만, 결국 그것이 전쟁이 사용되면 잔인한 살상무기가 되었던 것과 마찬가지이다. 처음에는 인류를 구원할 목적으로 만들어진 백신이 오히려 화학무기산업으로 발전하고 있는 것도 아이러니이다. 이러한 흐름은 첨단 과학기술이라고 할 수 있는 인터넷과 스마트사회에도 똑같이 적용된다.

특히, 앞서 지적한 바와 같이 인터넷으로 형성된 가상공간의 사이버 공동체는 네트워크와 연계된 사람들 간의 공동체이기 때문에 필연적으로 다양한 갈등과 충돌이 발생할 소지가 있다. 역시 인터넷이 안고 있는 고질적인 문제인 익명성이나 악용으로 인해 사이버 공동체가 위기에 빠진 적도 있다. 초기 인터넷을 설계했던 건설자들과 달리 이후에 결합한 사용자들 중에는 영리적인 목적을 위해 또는 자신의 명성을 올리기 위해 사이버 공동체에 피해를 주기도 했다. 이들은 가장 극단적으로는 타인의 정보를 파괴하거나 악의적인 해커 또는 크래커로 활동하면서, 공동체 내에서 상업적인 이윤을 추구하는 등 문제를 일으켰다. 사실 이와 비슷한 사례가 한국에서도 있었다. 초기 동창을 찾는 사이버 공동체로 인기를 끌었던 몇몇 사이트들은 나중에 사기나 불법 다단계 마케팅으로 변질되어 사이버 공동체가 해체되기도 했다.

이러한 가상공간에서의 정체성 혼란은 다양하게 나타나고 우리는 이를 '사이버 일탈'(cyber deviation)이라고 지칭한다. 사이버 일탈은 개인적인 차원에서부터 집단적이고 조직적인 차원까지 아주 복합적으로 나타난다. 개인적으로는 현실과 사이버 공간을 혼동하는 다중 정체성으로 인한 자아의 혼란으로 인한 중독이나 의존증부터 집단적인 사이버 따돌림이나 개인정보 유출과 악성 바이러스 유포 등 다양한 형태로 나타난다. 이를 몇 가지 최근의 사례로 분류하면 첫째, 개인정보 유출로 인한 프라이버시 침해, 둘째, 인격권 침해 및 악플, 셋째, 허위사실 유포, 넷째, SNS 피로감, 다섯째, 사이버 불링,[9] 여섯째, 신상털기 등이 있다. 최근 국내외에서 나타나고 있는 사이버 일탈의 사례를 알아보자.

---

9 사이버 불링은 인터넷과 소셜네트워크서비스(SNS), 휴대전화 등 사이버 상에서 특정인을 집단적으로 괴롭히는 행위를 지칭한다.

1) 개인정보 유출로 인한 프라이버시 침해

지난 2013년 세계를 깜짝 놀라게 한 사건이 발생했다. 세계 최대 소셜 네트워크 서비스(SNS)인 페이스북 이용자 600만 명의 이메일 주소와 전화번호가 유출되는 사고가 발생한 것이다. 이에 페이스북사의 보안팀은 2013년 6월 22일 공식 페이지에 올린 공지문을 통해 "계정 설정에 있는 '내 정보 다운로드' 기능에 버그가 발생했다"면서 "이로 인해 회원들의 이메일과 전화번호가 노출되는 사고가 발생했다"고 밝혔다. 사람들이 페이스북에 친구 목록이나 주소록을 업로드할 경우 페이스북이 다른 사람들의 연락처 정보와 일치시키는 작업을 진행하는데 이는 친구 추천의 근거 자료로 삼기 위해서다. 그런데 이 과정에 문제가 생겼다고 페이스북 측이 설명했다. 이렇게 해서 이메일 주소나 전화번호가 무차별 제공된 계정이 전 세계적으로 600만 개에 이른 것으로 알려졌다. 이 중엔 페이스북 이용자가 아닌 사람의 개인 정보도 포함돼 있었다고 한다.[10]

이처럼 세계 최대 SNS사 중의 하나인 페이스북과 유사한 개인정보 유출사례는 국내에서도 많다. 특히, 악의적인 해킹으로 인한 대규모 개인정보유출은 최근에 더욱 많아지고 있다. 이에 정치권에서는 법규제를 강화하고 보안관련 규정을 정비했지만 여전히 매년 대량의 악의적 해킹에 의해서 개인정보가 유출이 된 것으로 알려졌다. 그리

---

10 《아이뉴스 24》, 2013. 6. 22.

고 최근에는 중국을 우회한 북한의 사이버 공격도 증가하고 있다는 점을 감안하면 피해사례는 더욱 증가하고 있다.

최근 악의적인 해킹으로 인한 대규모 개인정보 유출사건 일지는 다음과 같다.[11]

▲ 2008년 1월
오픈마켓 옥션 개인정보 1,081만 건 유출.
옥션 전체 회원 1,800만 명의 60%가량 유출 피해.
▲ 2008년 9월
GS칼텍스 개인정보 1,125만 건 유출. 금품 노린 내부 직원 소행.
▲ 2009년 2월
온라인 오픈마켓 사이트 옥션, 이용자 1,081만 명 개인정보 유출. 100만 명 계좌번호도 유출.
▲ 2011년 4월
농협 이틀간 현금인출기·인터넷뱅킹 중단. 北 정찰총국 소행으로 추정.
▲ 2011년 4월
현대캐피탈 개인정보 175만 건 유출. 노트북 컴퓨터로 무선인터넷을 통해 회사 서버에 접속한 뒤 해킹 프로그램 '웹셸'(webshell) 설치해 개인정보 빼내.
▲ 2011년 7월
네이트·싸이월드 개인정보 3,500만 건 유출.
▲ 2011년 8월
한국엡손 개인정보 35만 건 유출.
▲ 2011년 11월
넥슨 '메이플스토리' 개인정보 1,320만 건 유출.
▲ 2012년 2~7월
KT 휴대전화 개인정보 873만 건 유출.

11 《에너지경제》, 2014. 3. 6 (http://www.ekn.kr/news/article.html?no=96878, 검색일: 2016. 3. 12).

정보통신(IT) 업체에서 10년간 프로그램 개발을 담당한 베테랑 프로그래머 소행.

▲ 2012년 5월
한국교육방송공사(EBS) 홈페이지 회원 422만 5,681명 개인정보 유출.
중국발 IP로부터 악성코드 침투.

▲ 2014년 1월
검찰, 국민·롯데·농협카드 1억 400만 건 고객정보 유출 발표.

▲ 2014년 2월
대한의사협회·대한치과의사협회·한의사협회 등 국내 인터넷 사이트 225개 해킹, 1,700만 건 개인정보 유출. 악성코드 사이트에 심어 관리자 권한 얻어 해킹.

▲ 2014년 3월
전문해커 KT 홈페이지 해킹. 가입고객 1,200만 명 정보 유출.
개인정보 훔친 해커 휴대전화 판매 영업에 사용해 115억 원 챙겨.

2) 인격권 침해 및 악플[12]

인격권 침해 및 악플은 사이버 공간에서 비일비재한 일이다. 오래전부터 논란이 되었던 유형으로 사이버 일탈 중에서 가장 역사가 오래되었다고 해도 과언이 아니다. 하지만 악플은 심각한 사회적인 문제를 양산하기도 한다. 대표적으로, 국민적인 슬픔을 자아냈던 세월호 침몰사고를 두고 일부가 허위사실 유포와 악성 댓글을 달기도 해사회적으로 물의를 일으키기도 했다. 세월호 참사가 발생한 2014년 4월 16

12 악플은 악성(惡性) reply의 준말이다. 악플은 다른 사람이 올린 글에 대하여 비방하거나 험담하는 내용을 담아 올린 댓글을 말한다.

일부터 6월 16일까지 두 달간 허위사실 유포와 악성 댓글 등으로 검거된 인원이 116명에 달했다. 그 이후에도 일부 커뮤니티를 중심으로 인격권 침해성 게시물이 발견되기도 했다.

인격권 침해성 악플이 가장 문제가 되는 것은 언어폭력을 넘어서 심각한 사회문제가 되고 있기 때문이다. 특히 사회적 약자들에게 행해지는 악플은 인격살인이라 할 정도로 가혹한 것도 사실이다. 세월호 침몰사고 희생자와 유가족 등에게 '좀 더 죽어라, 죽어주는 게 효도다' 등 입에 담기조차 어려운 비하와 욕설을 포함해 희생자와 유족에 대한 명예훼손, 성적 모욕, 생존자 사칭, 허위사실 유포 등이 포함되기도 했다.[13]

아울러 시사적인 사건이나 연예인 등의 유명인들이 대상이 되어 심각한 인격권 침해는 오래전부터 진행되었다. 실제 일부 연예인들은 인터뷰에서 문제점을 지적하기도 했다. 하지만 더욱 큰 문제는 이러한 악플을 게시하는 경우 대부분이 자신이 무엇을 잘못하고 있는지에 대한 인지도가 없는 것이 사실이다. 그러다 보니 죄의식이 없고 이로 인한 책임 또한 없는 것으로 생각하는 것이 더욱 큰 문제이다. 따라서 이에 대한 교육적 처방이 요구된다.

13 《세계일보》, 2014. 6. 24.

3) 허위사실 유포

인터넷에서의 허위사실 유포도 상당한 사회적인 문제를 양산한다. 심지어는 허위사실을 유포하겠다고 협박을 하는 경우도 발생하고 있다. 휴대전화 배터리가 저절로 폭발했다고 주장하며 허위 사실을 유포한 '블랙 컨슈머'(black consumer)[14]를 처벌한 것은 더 이상 놀랄 일이 아니다.

한 블랙 컨슈머는 지난 2011년 11월 LG전자의 스마트폰 옵티머스 마하가 외부 자극 때문에 연소했는데도 내비게이션 프로그램 '오즈나비'를 업데이트 하는 정상적인 사용 과정에서 폭발했다며 인터넷 게시판 등을 통해 허위 사실을 유포했다. 이어 그는 '국산 스마트폰 전원부 폭발 관련! 이제 참을 수가 없네요.' 등의 제목으로 수차례 게시물을 올렸으며, 이 때문에 해당 LG전자 스마트폰은 인터넷에서 '폭티머스', '폭마하'로 불리는 등 부정적인 이미지를 갖게 됐다. 여기에 그치지 않고 그는 LG전자 본사가 있는 서울 여의도 LG트윈타워 근처에서 LG 스마트폰 배터리가 폭발했다는 내용의 전단을 배포하기도 했다.[15]

사례에서 확인한 바와 같이 최근의 블랙 컨슈머는 인터넷 게시판에 허위사실을 게시하는 것에 그치지 않고 오프라인에서 구체적인 행

---

14 악성을 뜻하는 블랙(black)과 소비자를 뜻하는 컨슈머(Consumer)를 합성한 용어로, 고의적으로 악성 민원을 제기하는 소비자를 말한다.

15 《한국경제 TV》, 2013. 1. 7.

동까지 나서는 등 담대해지고 있다. 그러나 이들의 주요 활동무대는 인터넷인 만큼 인터넷에서의 블랙 컨슈머와 소비자 운동 간의 정보구분이 모호한 것이 사실이다.

4) SNS 피로감

스마트폰이 보급되면서 새로운 현상이 등장했다. 학생과 직장인 등이 각종 모임을 연결해주는 스마트폰 앱 사용이 급증하면서 SNS 피로감에 시달리고 있다. 친구와 지인들 간의 소통 공간인 SNS가 소음공해를 유발하는 족쇄가 되고 있는 것이다. 스마트폰 앱 업계에 따르면 동창, 동호회, 사회 모임 등을 연결해주는 앱 사용자가 갈수록 늘고 있다. 이 같은 앱은 2000년대 초반 온라인상에서 동문을 연결해주는 아이러브스쿨과 다모임 사이트가 스마트폰으로 진화한 것이다. 앱에 가입하면 사진이나 동영상과 함께 글을 올리고, 댓글을 게재하는 형태로 소통이 이뤄진다. 하지만 앱 사용자가 폭발적으로 늘어나면서 소음과 과잉피로감을 유발하고 있다.[16]

이러한 이유 때문에 많은 사람들이 피로감을 호소하고 있다. 이는 너무 많은 사용에 따른 의존증이나 중독과는 다른 것으로 너무나 많은 소통과 정보로 인해 사용자들이 혼란을 느끼는 현상이라 할 수

---

16 《세계일보》, 2013. 12. 28.

있다. 특히 심야에 울리는 SNS로 인해 어려움을 호소하는 사용자도 있다. ICT가 발전하면서 무선인터넷이 활성화되고 이러한 피로감은 더욱 증가하고 있다. 그러나 사회관계속에서 이를 무시할 수 없기 때문에 피로감은 더욱 늘어날 가능성이 크다.

5) 사이버 불링(cyber bullying)

한국인터넷진흥원의 조사에 따르면 휴대폰이나 인터넷을 통해 반복적으로 심리적 공격을 가하는 '사이버 불링'의 경우 우리나라 초중고교생 20% 이상이 경험한 적이 있는 것으로 나타났다. 사이버 불링의 피해 확률은 남학생(23%)보다 여학생(36%)이 더 높은 것으로 조사됐다.[17]

사이버 불링은 성인보다 청소년 사이에서 나이가 어릴수록 더욱 심각한 문제가 된다. 특히 최근에는 스마트폰을 소유하고 있는 청소년이 증가하면서 자유롭게 주변 사람들과 통신을 하게 되면서 사이버 불링의 문제는 더욱 심각해지고 있다. 이미 일본과 미국에서는 SNS에서의 사이버 불링이 사회문제화 되었듯이 한국에서도 사이버 불링 문제가 심각해지고 있다. 미국에서는 사이버 불링으로 인한 자살사고까지 발생했다. 한국도 유사한 사례가 계속 발표되고 있어 이

---

17 《이데일리》, 2013. 6. 20.

에 대한 대책 마련이 시급한 상황이다. 따라서 청소년 시절의 사이버 폭력 피해에 따라 형성된 인격이 성인 정신병리와 연결될 확률이 크며 적극적인 피해대책 마련이 필요하다.

6) 신상털기

포스코에너지의 임원이 비행기 안에서 승무원에게 폭행을 휘두른 사실이 인터넷과 SNS상에서 알려져 거센 비난이 쏟아지고 있다. 해당 회사는 공식 입장을 통해 사과문을 발표하고 후속조치를 검토하고 있지만 이미 사이버 공간에서 해당 임원의 사진과 신상이 공개되면서 무차별 신상털기에 대한 우려도 발생하고 있다.[18]

이 문제는 가해자가 분명 법적인 처벌을 받아야 하고 그에 상당한 책임을 져야 한다. 하지만 사진과 신상이 공개됨으로 인한 또 다른 피해는 사회적으로 문제가 되고 있다. 과거 이른바 '**남, **녀 사건'에서 확인되지만 인터넷에서의 신상털기는 단순히 신원을 공개하는 차원이 아니라 주변 사람들에게까지 피해를 줄 수 있다는 점에서 우려스럽다. 심지어 가족이나 지인들의 사진이나 신상이 알려지게 된다면 선의의 피해자들이 늘어날 것이기 때문이다. 최근 신상털기는 사회적으로 지탄을 받는 사람들의 신상을 공개하는 차원에서 시작되었지만

---

18 《데일리안》, 2012. 4. 22.

일종의 여론몰이로 네티즌들이 주변 사람이나 사건과 관계가 없는 사람들까지 사진이 유포되거나 공개되는 경우도 발견된다.

이와 같은 사이버 일탈은 점차 증가하고 있다. 그리고 이상의 사이버 일탈행위는 복합적으로 나타나고 있으며 2차·3차 연쇄 반응적으로 나타난다. 예를 들면, 신상털기라 불리는 개인정보 유출, 악의적인 프라이버시 침해, 불법·허위사실 유포 등이 복합적으로 나타나는 경향이 강하다. 그렇다면 이러한 다양한 사이버 일탈행위가 증가하고 있는 공간에서 개인과 사회는 어떤 대안을 모색해야 할 것인가?

3. 정보사회의 개인과 사회

이처럼 인터넷은 현실과는 다른 가상의 온라인 공간을 만들었다. 이 공간은 현실 속에 존재하지는 않지만 컴퓨터 기술로 만들어진 세상이자 상상으로만 존재하는 새로운 공간인 것이다. 그런 맥락에서 인터넷이 만든 공동체 마을은 친구와 동료, 가족과 같이 있는 공간이고, 현실에서 만나지 못한 타인을 만날 수 있는 새로운 공동체라고 평가 받는다. 인터넷의 등장은 전통적인 인간관계의 변화도 야기했다. 인터넷에서의 새로운 관계 맺기가 가능하게 된 것이다. 최근 등장한 놀랄만한 현상은 현실공간과 가상의 사이버 공간 간의 경계가 허물어지는 것이다. 특히, 초기 인터넷이 만든 가상공간과는 비교도 안 되게 복잡하고 집단형성에 용이한 웹 2.0이라는 참여·개방·공유의 기술이 발전하면서 사람들 간의 관계 맺기는 더욱 다양하게 진화하고 있다. SNS는 내가 몰랐던 친구의 친구를 소개해주고, 지구 반대편에 있는 소식을 신속하게 친구들을 통해서 전달받을 수 있는 세상을 만들었다.

인터넷의 진화형인 웹 2.0의 등장으로 인해 과거에는 포털 사이트나 일부 커뮤니티 사이트에 가입을 해야 가상의 공동체 활동을 할 수 있었는데, 이제는 내가 중심이 되어서 관심 있는 정보를 공유하고 관계를 맺는 가상의 네트워킹이 가능하다는 것은 또 다른 변화이다. 일반적으로 인터넷이나 SNS를 단순히 사람들 간의 연결로만 생각하는데, 이것은 인터넷과 가상공간의 본질을 잘 모르는 이해이다. 인터넷과 SNS를 기반으로 하는 새로운 유형의 가상의 공동체는 변화된 인간관계를 만들기도 한다. 현실과 다른 가상공간에서 새로운 삶을 영위하는 이들이 등장하기도 한다. 물론 이러한 현상이 반드시 나쁘다고 할 수는 없지만, 기존의 공동체적인 삶과는 사뭇 다른 현상이라 할 만하다.

한 예로, 중국에서는 결혼한 기혼자들이 사이버 공간에서 또 다른 결혼을 하는 것이 사회적으로 문제가 되고 있다고 한다. 한 언론 보도에 따르면, 중국에서 서로 직접 얼굴을 보지 않고 사이버 부부관계를 추구하는 가정이 약 10만 가정이라고 한다.[19] 이로 인해 사회 정체성에 혼란이 있는 것으로 알려져 있다. 그리고 일본에서는 자신이

19 《연합뉴스》, 2010. 8. 17.

키운 가상의 아바타와 결혼한 사건이 발생하기도 했다. 이로 인해 상대방의 사이버 아바타를 살해하는 사건이 발생했다. 2008년 10월 23일 일본 미야자키현(宮崎縣)의 사이버 부부들이 한쪽의 일방적인 이혼에 화가나 상대방의 ID를 도용해 아바타를 살해한 사건도 발생했다.

하지만 인터넷으로 형성된 가상공간에 단점만 있는 것은 아니다. 인터넷의 장점은 바로 자기정화에 있었다. 비록 초기 사이버 공동체에서의 일부 악의적인 이용자들이 혼란을 일으켰지만, 인터넷은 사용자들의 협력과 공동의 신뢰구축으로 스스로 정화할 수 있는 구조를 가지고 있다. 문제가 발생했을 때 나타나는 사이버 공동체에서의 자기정화는 소수가 아닌 집단에 의한 협업 방식으로 한 사람이 일방적으로 의사결정을 하는 것이 아니라 다수에 의해 토론, 검증, 논의를 통해서 진행된다. 때문에 현재 많은 사이버 공동체들은 규모가 어느 정도 되면 운영진과 총무, 그리고 게시판 관리자 등을 두면서 투명하게 모임을 유지하고 있다. 일부 사이버 공동체에서는 오프라인의 웬만한 동아리 못지않게 회장단과 총무, 간사 등을 두면서 체계적으로 운영하고, 대표자 선출도 투표로 하고, 운영경비를 투명하게 매달 공개한다. 이런 민주적인 의사결정의 과정 속에서 공동체 참여자들의 신뢰가 축적되면서 이른바 건강한 사이버 공동체 마을이 형성되고 문제가 발생하더라도 집단의 의견을 모아서 해결한다.

인터넷과 SNS는 네트워크적인 속성으로 인해 소통의 순기능과 정보 찾기, 표현의 자유와 커뮤니케이션 방식에서 획기적인 진전을 가져왔다. 이는 인터넷이 만든 가상 공동체가 가지는 긍정적인 순기능이라 할 수 있다. 첫째, 인터넷과 SNS는 타인과 소통할 수 있는 좋은 도구이자 공동체 성을 느끼게 해주는 매력적인 기술이라 할 수 있다. 특히, 네트워크 사용자 수가 증가하면 할수록, 많은 사람들 간의 소통으로 이용의 만족감도 높다는 장점을 가지고 있다. 둘째, 웹 2.0의 도구인 SNS는 기존의 기계적인 포털 검색보다 믿을 수 있는 친구들로부터 정보를 얻을 수 있어 최근에는 이를 강조한 소셜 검색이란 용어도 등장했다. 실제 기계적인 검색보다 그 분야의 전문가나 관련 내용을 잘 알고 있는 사람을 통해서 연결하면 훨씬 믿을 만한 정보를 얻을 수 있다. 셋째, 인터넷은 표현의 자유를 신장시킬 수 있는 기제이다. 우리가 2011년 중동의 민주화 운동의 과정에서도 살펴볼 수 있지만 인터넷으로 연계된 SNS는 기존 권위주의 정권의 언론탄압을 우회해서 시민운동의 무기가 될 수 있다. SNS가 가지고 있는 친구 찾기를 통해 전 세계인과 민주화 운동과 관련한 정보 공유 가능한 장점이 있다. 때문에 당시 이집트 정부에서는 인터넷을 차단했지만 다양한 방법으로 차단을 우회해서 이집트 민주화 운동 과정을 전 세계에 알렸고, 이것이 정권측의 강경진압을 막는 데 일정한 국제적인 압력으로 작용하기도 했다.

이런 장점과 함께 진화하는 인터넷에서의 가상 공동체를 잘 운영하기 위해서는 사용자들인 네티즌들의 노력도 더욱 요구된다. 네티즌들은 사이버 공동체의 구성원이기 때문에 인터넷 상에서 공동의 문화를 만들어야 하는 책임이 있다. 그리고 이러한 노력은 이미 잘 나타나고 있다. 공동체에 봉사하는 가치와 규범을 만드는 사례로서 집합지성과 협업으로 표현되는 위키피디아, 네이버 지식인의 글쓰기, 아이티 대지진, 2011년 동일본 쓰나미에서의 트위터 사람찾기 등이 대표적이다. 즉 인터넷과 SNS를 선량한 목적으로 잘 사용한다면 좋은 공동체 마을을 운영할 수도 있다. 시민들이 합리적인 비판의식과 공동체에 대한 책임의식이 있어야 인터넷 특히 SNS를 잘 사용할 수 있다.

이처럼 인터넷과 SNS가 만드는 가상세계에서도 장점이 더욱 많은 것이 사실이다. 그럼에도 불구하고 최근 등장하고 있는 사이버 공간의 일탈행위에 대한 처방은 중요하다. 때문에 보다 좋은 인터넷상의 가상 공동체를 유지하기 위해서는 우리가 견지해야할 몇 가지 원칙을 준수해야 할 것이다. 대표적인 것이 바로 디지털 시민의식(digital citizenship)을 향상시켜 디지털 해독력(digital literacy; 디지털 리터러시)을 높여야 한다. 보다 건강한 사이버 공동체를 유지 발전시키기 위해서 우리는 2가지 시각으로 인터넷에서의 가상 공동체를 접근해야 해법을 찾을 수 있다.[20]

첫째, 가상의 사이버 공동체도 현실사회와 연계되어 있다는 점을 인식해야 한다. 우리가 가장 착각하기 쉬운 것이지만 인터넷 가상공간은 결국 오프라인 현실과 연계된 공간이다. 때문에 인터넷 게시판이나 SNS에서 좋은 글을 쓰는 것도, 악플을 쓰는 것도 오프라인에 살고 있는 사람이다. 그러나 마치 인터넷이나 SNS에서 익명성이 보장되는 것처럼 착각을 할 때 우리의 잘못된 행동이 사이버 공동체를 해체시키는 우를 범하게 되는 것이다. 사이버 공동체에서 나의 존재가 소중하면 타인의 존재도 소중하며 그것이 바로 공동체적인 삶이다.

---

20 송경재·장우영·오강탁·양희인, 『SNS 이용자 리터러시 제고방안 연구』(한국정보화진흥원, 2012), 86-91.

둘째, 사용자들은 사이버 공동체가 '따로 또 같이'의 공간이라는 점을 인지해야 한다. 개인생활이 무절제하게 인터넷에서 공개되었을 때 여러 가지 문제가 발생할 수 있듯이 사이버 공동체는 여러 사람과 그리고 혼자만의 공간이다. 사이버 공동체는 공동체적인 속성도 있고 개인적인 속성을 가지고 있다. 그리고 앞서 지적한 바와 같이 가상의 공동체 영역이지만 현실과도 연계되어 있다. 따라서 사용자들은 신뢰와 규범을 통해서 사이버 공동체가 유지될 수 있는 상호존중의 정신이 필요하다.

인터넷은 양날의 칼이다. 인터넷 정보가 모두 신뢰성 있는 좋은 정보만 유통되지는 않기 때문에 인터넷에서 허위정보와 유해한 정보를 고를 수 있어야 한다, 인터넷은 여러 장점으로 좋기도 하지만 잘못 사용하면 신뢰와 협력의 공동체를 해체시키는 나쁜 도구가 될 수도 있다. 특히, 아직 미성숙한 존재인 청소년층에게 제대로 된 디지털 시민의식을 교육시키지 못한다면 사이버 공동체는 조만간 해체될 것이다. 그런 차원에서 보다 살기 좋은 사이버 공동체를 발전시키기 위해서는 정보문화 교육 강화에서 해법을 찾아야하다. 사이버 공동체의 장점을 인지하고 잘 사용할 수 있는 정보화된 시민(informed citizen) 교육이 필요하다. 이를 위해서 공동체의 규범을 준수하고 참여지향적인 자세로 협력하고 서로 존중하는 인터넷 문화를 만드는 것이 무엇보다 중요하다.

4. 사이버 시민 되기

이상에서 우리는 가상 공동체에서 다양한 사회적 일탈현상을 살펴보고 그 원인을 진단했다. 그 결과 가상공간에서도 현실과 같은 책임감과 소유권, 프라이버시, 자율성 등이 보장되어야 함을 파악할 수 있었다. 예를 들어 근대적인 의미에서 단순히 정보 자유주의자들이 주장하는 바와 같이 인터넷에서의 표현의 자유라는 개인의 권리만을 주장하는 것이 아니라, 자기 스스로 조절하고 통제하는 방식의 해법이 요구된다 하겠다.

급격한 정보화로 인한 인간 이성의 혼란과 인식론적인 지체 현상은 우리에게 많은 혼란을 가져오고 있다. 그런 맥락에서 인터넷 가상공간을 더욱 복잡하게 만드는 SNS의 등장은 새로운 정보환경을 만들고 있다. 하지만 급격한 기술발전은 필연적으로 이에 적응할 수 있는 인간의 인식능력과 격차(gap)가 생기게 마련이다. 최근의 급격한 ICT의 발전은 복잡한 네트워크를 구축함으로 다양한 현상을 만들고 있다. 그리고 이렇게 형성된 네트워크 연결성은 전 세계인과 정보 공유가 가능한 장점을 가진다. 그야말로 친구의 친구가 내 친구가 되는 좁은 세상 네트워크(small world network)가 도래한 것이다.[21] 따라서 과거와 달리 이제 SNS 사용자들은 인터넷 상에서 서로 공동의 문화를 만

---

21 Albert-László Barabási, *Linked: The New Science of Networks* (Cambridge: Perseus, 2002).

드는 책임이 있다.[22] 인터넷 특히 SNS는 표현의 자유 공간이기도 하지만, 역으로 설명한다면 개인의 정보가 집중되어 있기 때문에 잘못된 정보의 공간이 되기도 한다. 기존의 인터넷이라는 네트워크에 SNS라고 하는 무한 확장의 네트워킹 기술이 접목되면서 이제 단순한 가상의 공간이 아니라 타인의 일상을 엿보고 심지어는 국가권력이나 시장에 의한 문제가 발생하거나 부작용 역시 등장하고 있다.

우리는 앞서 살펴본 바와 같이 사이버 가상공간에서의 올바른 시민으로 거듭나기 위해서는 인터넷의 기술적인 내적 구성을 이해하고 건강한 인터넷 생태계를 복원하는 것이 중요하다.[23] ICT환경으로 형성된 인터넷, 그리고 SNS와 같은 소셜 미디어는 과거의 커뮤니케이션 도구들 보다 감성적이고 즉자적인 공간이다. 인터넷과 마찬가지로 SNS는 이중적인 속성을 모두 가지고 있다. 개인적인 공간이면서도 다른 사람과 연계된 열린 공적 공간이기도 하다. 때문에 공적영역과 사적영역이 혼재해 있고 여기서 혼란이 발생하는 것이다.[24] 그런 차원에서 인터넷으로 형성된 가상공간은 자신의 감정을 고스란히 드러내는 공간으로 오프라인의 카페나 포장마차와 같이 격정적으로 타인에 대한 욕설과 비방, 사생활의 공개, 허위사실의 유포 등을 무심결에 할

22 송경재, 「미국 소셜 네트워크 서비스(SNS) 사용자의 특성과 정치참여」, 『한국과 국제정치』 제26권 3호 (2010), 129-157.

23 Yochai Benkler, *The Wealth of Networks: How Social Production Transforms Markets and Freedom* (New Haven: Yale University Press, 2007).

24 Andrew Chadwick, *Internet Politics: States, Citizens, and New Communication Technologies* (New York & Oxford: Oxford University Press, 2006).

수도 있는 공간인 것이다. 그러나 문제는 이것이 네트워크적인 속성을 가지고 있어 무차별적으로 확산된다는 것이다.

어떻게 보면, 인터넷 가상공간도 이제는 사회라는 개념이 형성될 수 있을 만큼 큰 규모이다. 사회는 그 구성원이 살아가는데 일정한 규율이 존재할 수 있고, 인터넷 환경도 사회의 일환으로 볼 때 강한 외적 강제보다는 암묵적인 규범이 그 역할을 할 수 있을 것이다. 그런 맥락에서 무엇보다 행위자(actor)인 시민들을 변화시키는 것에 주안점을 두어야 할 것이다. 이는 단기적인 과제는 아니지만 결국 시민들을 계도하고 정보를 습득하고 선별할 수 있는 능력인 리터러시를 향상하는 것이 근본적인 해법이라 할 수 있다.

이상에서 사이버 공간에서의 시민 되기를 리터러시란 측면에서 접근하고 이를 강화하기 위한 방안을 제시하며 이 글을 마무리하고자 한다. 그것은 인터넷 리터러시 강화로 요약할 수 있다. 정부와 시장, 가정, 학교, 시민사회의 노력 등 3가지 층위에서 리터러시 강화방안을 제시하고자 한다.[25]

사이버 공간에서의 시민 되기를 위해 미디어, 특히 사이버 리터러시 제고를 위한 정책적 대응 마련이 필요하다. 이는 다시 하위의 3층위 영역에서 추진되어야 할 것이다.

먼저, SNS 리터러시 교육을 제도적으로 강화해야 한다. 현재 각 정부부처와 지방자치단체 등에서 진행하고 있는 인터넷 리터러시 교

---

25 송경재·장우영·오강탁·양희인, 『SNS 이용자 리터러시 제고방안 연구』, 86–91의 내용을 수정 보완하였음.

육을 교과과정으로 승격하여 체계적인 공적 교육이 필요하다. 특히, 인터넷과 스마트 환경을 잘 사용할 수 있는 교육과 초등학교에서 부터 정보문화 차원의 리터러시 강화교육 제도화는 시급하다. 그리고 이는 교육과정을 넘어서 장기적으로 시민교육 차원으로 확대해야 할 것이다. 일반인들을 대상으로 하는 평생학습 등 다양한 교육채널의 확보를 통해서 다차원적으로 실시되어야 할 것이다. 요컨대 일회성 교육이 아니라 청소년과 성인을 대상으로 한 주기적인 교육이 되어야 한다.

둘째, 인터넷 게임이나 스마트폰 의존증이나 중독 치료와 함께 피로감에 대응할 수 있는 처방전을 모색해야 한다. 게임물 중독과 같이 인터넷 중독, 스마트 중독 또는 피로감도 상시적인 상담체계가 구축되어야 하며 이는 단순히 학교 청소년만이 아니라 성인을 대상으로 하는 계도와 노력을 기울여야 할 것이다. 장기적으로 일상적인 상담 시스템을 구축하여 건강검진과 같이 실시하여 정신건강관리 차원에서 인터넷 중독이나 사이버 일탈문제를 다루어야 할 것이다.

마지막으로, 현실과 괴리가 있는 법제도에 대한 정비를 해야 할 것이다. 여기서 유의할 것이 있는데, 법제도적인 규제는 마지막 처방이다. 사회가 규범과 도덕 등의 질서를 확립하고 마지막으로 사회의 질서 유지를 위한 법제도적인 정비를 하는 것과 마찬가지라고 할 수 있다. 그런데 자칫 법제도적인 규제만을 강화한다면 오히려 부작용이 더욱 불거질 가능성이 있다. 대표적인 것이 청소년의 저녁시간 셧다운 제였다. 실제 청소년들의 건강과 중독을 막기 위한 규제입법이었지만 실제 효과도 없고, 오히려 청소년 여가생활을 방해한다는 비판을 받았다. 결국 여성가족부에서도 규제를 완화하는 방안을 내놓기도 했다.

〈표 7-1〉 인터넷 리터러시 향성과 층위별 정책 지원

	구분	내용
1층위	SNS 리터러시 교육의 제도화	-각급 교과과정에 반영 -공적교육과 일반인들을 대상으로 하는 평생학습 등 다양한 교육채널의 확보 -일회성 교육이 아닌 청소년과 성인을 대상으로 한 주기적인 교육 실시(사례 : 성추행 관련 교육 방식)
2층위	치료와 상담체계 구축	-기존에 구축되어 있는 상담센터의 활성화 -장기적으로 일상적인 상담 시스템을 구축하여 건강검진과 같이 실시하여 정신건강관리 차원에서 인터넷 중독이나 사이버 일탈문제를 다루어야 할 것
3층위	법제도적인 정비	-상위의 2개 층위의 노력을 기울인 후에 법제도 정비 필요 -과도한 입법이 자칫 인터넷에서의 표현의 자유를 제한할 수도 있기 때문에 규제의 방식과 절차에 대한 사회적 합의 노력이 필요 -규제의 실효성 논란도 고민해야 함

그래도 가장 중요한 것으로 역시 사회의 기본 단위라고 할 수 있는 가정과 학교, 시민사회의 노력이다. 특히, 우리가 간과하기 쉬운 것이 바로 가정에서의 노력이다. 가정에서의 노력은 이미 많은 연구에서도 증명된 바와 같이 사이버 공간에서의 현명한 사회생활을 할 수 있는 가장 좋은 해결방법이다. 하지만 그것이 가장 지켜지지 않는 공간이기도 하다. 그런 맥락에서 가정에서의 노력을 강화하여 미성숙한 청소년, 10대에게 효과적인 인터넷 리터러시를 제고시킬 수 있도록 해

야 할 것이다. 그러기 위해서는 먼저 학부모들도 바람직한 사이버 공간의 인터넷 리터러시에 대한 이해가 필요하다. 부모들이 제대로 인터넷의 가상 공간에 대한 이해를 하지 못하고 있다면 자식들에게 제대로 된 교육을 할 수 없을 것이기 때문이다.[26] 그리고 이러한 노력들이 장기적으로 가정에서의 디지털 세이프키핑(Digital Safekeeping)을 가능하게 할 것이다. 실제 부모들은 가장 기초적인 사회라고 할 수 있는 가정에서 그들의 아이들이 인터넷 사용의 안전을 가르치는 존재이다. 따라서 다양한 방법으로 가상공간에서 등장한 문제점과 피해를 이야기 해줄 수 있다. 하지만 한국에서 이런 경우가 거의 없다. 반면에 미국의 10대 대상 인터넷과 소셜 미디어 연구결과는 가정의 노력이 바람직한 리터러시 향상과 올바른 정보문화를 형성에 도움이 된다는 연구가 많다.[27]

그런 맥락에서 앞서 지적한 디지털 시티즌십과 리터러시 능력 제고는 가정에서부터 시작해야 할 것이다. 가정에서의 교육과 인터넷 리터러시 교육, 가이드라인 인지가 중요하지만 학교와 시민사회의 지원도 필요하다. 당연히 공적 제도 기관으로서 학교에서의 교육과 시민사회의 인터넷 리터러시 강화 노력은 필요하다. 또 가정에서의 노력으

26 Aaron Smith, "Why Americans use social media," Pew Research Center (2011) (accessed November 27, 2011), 8-9.

27 Amanda Lenhart, Mary Madden, Aaron Smith, Kristen Purcell, Kathryn Zickuhr, and Lee Rainie, "Teens, kindness and cruelty on social network sites," Pew Research Center (2011)(accessed January 14, 2012).

로 힘든 영역인 예방과 감시는 이들 기관이 담당해야 할 것이다. 대표적으로 학교, 시민사회에서의 상담을 통한 중독예방과 피로감해소 프로그램 활성화 지원은 장기적으로 인터넷에서의 부정적인 문제를 해결할 수 있는 대안이 될 수도 있다.

참고문헌

송경재·장우영·오강탁·양희인. 2012. 『SNS 이용자 리터러시 제고방안 연구』. 한국정보화진흥원.

송경재. 2010. 「미국 소셜 네트워크 서비스(SNS) 사용자의 특성과 정치참여」. 『한국과 국제정치』 제26권 3호.

Barabási, Albert-László. 2002. *Linked: The New Science of Networks*. Cambridge: Perseus.

Benkler, Yochai. 2007. *The Wealth of Networks: How Social Production Transforms Markets and Freedom*. New Haven: Yale University Press.

Castells, Manuel. 2001. *The Internet Galaxy: Reflections on the Internet, Business, and Society*. New York: Oxford University Press.

Chadwick, Andrew. 2006. *Internet Politics: States, Citizens, and New Communication Technologies*. New York & Oxford: Oxford University Press.

Lenhart, Amanda, Madden, Mary, Smith, Aaron, Purcell, Kristen, Zickuhr, Kathryn, and Rainie, Lee. 2011. "Teens, kindness and cruelty on social network sites." Pew Research Center (accessed January 14, 2012).

Rheingold, Howard. 2002. *Smart Mobs: The Next Social Revolution*. New York: Perseus.

Smith, Aaron. 2011. "Why Americans use social media." Pew Research Center (accessed November 27, 2011).

8장 사회 갈등을 넘어서

이병택

1. 공(公)과 사(私)의 혼동

서구의 시민적 관행을 형성하는 여러 가지 자질을 들 수 있을 것이다. 그중 하나는 자유라고 할 수 있겠다. 정치학에서 강조하는 자유는 억압으로부터의 자유이다. 강자의 약탈로부터의 자유를 비롯해서 집단이나 사회의 유언무언의 억압으로부터의 자유가 주로 논의되었다. 이런 자유는 흔히 '부정적' 혹은 '소극적' 자유라고 불린다. 그래서 보다 '적극적' 혹은 '실질적' 자유를 요구하는 흐름이 생겼다. 여기서는 명목상의 기회평등이 아니라 평등한 기회를 가질 수 있는 여건의 조성이 강조된다. 지금까지 정치학은 두 가지 자유에 대한 논쟁을 중심으로 진행되었고 진행되고 있다고 생각된다. 한 가지 덧붙이자면 자유를 '헌신'으로 해석할 수도 있겠다. 몸을 바쳐서 살지 않는 삶은 그저 그런 허무한 삶에 불과하기 때문에 가장 적극적인 자유는 헌신하는 삶이라고 할 수 있다.

위와 같은 자유에 대한 논쟁은 근대 시민의 탄생을 설명하기에는 부족하다는 느낌이 든다. 그렇기 때문에 이러한 자유 논쟁의 이면을 조사할 필요가 있다고 생각된다. 다시 말하면 자유의 전제조건을 검토할 필요가 있다. 우선 필자는 '거리 감각'을 중심으로 근대서구의 자유 개념을 살펴볼 것이다. 거리 감각을 설명하기 위해서 상황에 빠진 상태를 해명할 필요가 있다. 어린아이의 행동을 유심히 살펴보면 항상 어떤 특정한 상황에 빠져 있는 것을 발견한다. 어른의 경우에도 영화를 보는 동안에는 영화 속의 현실을 실제의 현실로 받아들이는 것처럼 말이다. 일반적으로 우리는 주어진 상황을 자연적인 것 혹은 현실로 받아들인다. 만일 어떤 대상에서 현실성을 빼버린다면 우리에게 그 대상은 무관심하거나 무의미한 것으로 바뀔 것이다. 이런 일상인의 태도를 '자연적 태도'(natural attitude)라 부르기도 한다.

사람들의 자연적인 태도를 이해하기 위해서는 그 상황에 적절한 거리두기를 해야 한다. 거리두기는 외부인이 와서 이해하지 못하는 상황에 직면하는 현상을 지시하는 것이 아니라 그 상황을 이해하면서도 그 상황에 빠지지 않는 태도를 가리킨다. 역사적 상황을 '객관적으로' 이해한다는 말은 근대철학이 가정하는 '객관적인 성질'을 탐구한다는 말이 아니라 그 상황에 침잠하여 이해하면서도 적절한 거리두기를 할 수 있는 현상을 말한다. 이 절에서는 이런 '자유'의 의미가 우리의 현실에서 어떠한 방식으로 이해될 수 있는지를 '친근'을 강조하는 한국인의 행동방식을 중심으로 논하겠다.

한국인들은 친근한 접촉을 선호하는 습관을 가지고 있다. 그러다 보니 친근성을 발휘할 수 있는 공간에서는 비교적 '자유롭게' 처신을 하는 경향을 가진다. 여기서 자유롭다는 표현은 몸에 익어 거북함이 없다는 뜻으로 생각된다. 친근한 접촉에서는 허심탄회함이 강조되기 때문에 때때로는 지나치게 찐한 표현의 말들이 오고간다. 이런 말들이 서로의 애정을 확인하는 징표와 같다는 느낌을 받을 정도이다. 친근한 접촉에서 한국인들은 살아있다는 느낌을 가진다. 전인권에 따르면, 한국의 친근 습속은 어머니의 공간에 대한 집착으로부터 생겨났다.[1] 공적인 질서를 상징하는 아버지의 공간과 달리 어머니의 공간은 거리감이 없는 밀착의 자리로 기능한다. 이런 친근 습속은 외세의 침입에 대한 저항의 성격을 갖는 근대의 민족주의적 경향과는 달리 상당히 오랜 역사적 시간을 걸쳐 형성된 것으로 생각된다. 친근 습속을 낳은 어머니의 공간은, 전인권에 따르면, 한국의 가부장제도로부터 비롯된다. 정확한 역사적인 연대를 확인할 수는 없겠지만 한국의 가부장제도는 민족의식보다도 훨씬 더 멀리 역사를 거슬러 올라가야 할 것이다.

친근 습속은 가족, 지연, 학연 등이 한국인들에게 생생한 현실로 존재하는 원인 중 하나일 것이다. 어느 사회이든 가까운 사람을 편애

1 전인권, 『남자의 탄생』(서울: 푸른숲, 2003).

하는 것은 자연스러운 일이다. 가족, 지연, 학연은 개인의 사적인 삶에 대단히 중요한 영향을 미치는 사회적 세계이다. 이런 관점에서 보면 한국 사회의 문제는 인간의 자연적인 성향을 사회적 규범으로 승격시키는 강력한 사회제도에 있다. 크게 보면 유교의 가족주의적 규범이 친근 습속을 강화시켰다고 볼 수도 있다. 다시 말하면 사적인 질서를 구성하는 원리가 공적인 질서를 구성하는 원리를 대체 혹은 약화시킨 데 한국 사회의 문제가 있는 것이다. 1987년 민주화운동의 성공과 더불어 군사정부를 대체하는 '문민'사회로의 전환이 있었지만, 문민사회가 시민사회로 전환되지는 못했다. 여기에는 여러 가지 원인들이 존재하겠지만, 사적인 질서를 구성하던 관행을 적절하게 시민사회의 질서로 포섭하지 못한 탓이 크다고 생각된다. 시민사회의 질서가 형성되지 못한 상황에서 '참여'의 의미는 사적인 권리나 집단의 권리를 쟁취하려는 권리투쟁으로 이해되었다. 이런 상황에서 권리투쟁이 가져온 혼란을 잠재울 수 있었던 '실용'의 가치가 한국인들에게 무엇을 의미했던 것인지 자문해 봄직하다.

시민사회의 질서를 매개하지 않는 친근 습관은 한국가족에 횡행하는 상대방을 '갉는' 현상과 사회에서의 패거리 현상과 깊은 관련성을 가진다. 이것은 사적인 것의 전횡이라고 부를만하다. 친근 습속은 상대방에 대한 적절한 거리를 함몰시키면서 개인의 탄생과 성장을 저해한다. 우리말의 사(私)와 서구의 '프라이버시'(privacy)의 의미가 대단히 다른 이유가 여기에 있다. 사적인 것은 친근하고 친밀한 것을 의미하지만 프라이버시는 자신의 고립 내지 외로움을 지시한다. 프라이버시의 강조로부터 발생하는 서구근대사회의 문제점을 지적할 수도 있지만, 우선적으로 '거리두기'의 부재로부터 발생하는 한국 사회의 문제점을 이해하는 것이 필요하다. 전인권에 따르면, 한국의 남자가 시민의 자질과는 대단히 동떨어진 자기중심적인 '어둠의 황제'로 탄생하는 데는 가부장제 하에서 자신의 존재감을 갖지 못한 '어머니'의 보복 심리가 자리하고 있다고 지적한다. 여기서 우리는 헌신적인 한국의 어머니 상과 더불어 커다란 사회문제의 원인이 되는 어머니의 모습을 동시에 관찰할 수 있다. 그리고 한국가족의 하나가 된 아름다운 모습과 더불어 서로 원수처럼 찢어진 처참한 모습을 함께 본다.[2]

---

2 이를 해명하는 데는 스탕제(I. Stengers)의 '상호포착'(reciprocal capture) 개념이 유용하다고 생각된다. "The 'ecological' perspective invites us not to mistake a consensus situation, where the population of our practices finds itself subjected to criteria that transcend their diversity in the name of a shared intent, a superior good, for an ideal peace. Ecology doesn't provide any examples of such submission. It doesn't understand consensus but, at most, symbiosis, in which every protagonist is interested in the success of the other for its own reasons. The 'symbiotic agreement' is an event, the production of new, immanent modes of existence, and not the recognition of a more powerful interest before which divergent particular interests would have to bow down. Nor is it the consequence of a harmonization that would transcend the egoism of those interests. It is part of what I would refer to as an immanent process of 'reciprocal capture,' a process that is not substantively different from other processes, such as parasitism or predation, that one could qualify as unilateral given that the identity of one of the terms of the relation does not appear to refer specifically to the existence of the other. The specific 'strategies' of mimetic defense employed by the caterpillar refer to the 'cognitive' abilities of the bird that threatens it, but it seems that for the bird the caterpillar is just one kind of prey among others. The definition of the parasite includes a 'knowledge' of the means to invade its prey, but this prey

친근 중심의 공간이 강조되다 보니 공적인 공간에 대해서는 무관심이 지배하고 있다. 공적인 공간은 받들어지기는 하되 누구도 애정을 가지고 접근하지 않는다. 아버지의 눈치는 보지만 아버지와의 관계에서 '사건'이 일어나지 않는 것처럼, 공적인 공간은 그렇게 던져져 있다. 가령 수업에서 학생들은 문제제기 없이 조용하게 선생님의 말을 듣고 기록한다. 아니면 수업에 아무런 관심도 보이지 않고 졸거나

---

appears to simply endure the parasite's attack. Both the caterpillar and the parasite exist in a way that affirms the existence of their respective other, but the opposite does not appear to be true—at least as far as we know at present. In contrast, we can speak of reciprocal capture whenever a dual process of identity construction is produced: regardless of the manner, and usually in ways that are completely different, identities that coinvent one another each integrate a reference to the other for their own benefit. In the case of symbiosis, this reference is found to be positive: each of the beings coinvented by the relationship of reciprocal capture has an interest, if it is to continue its existence, in seeing the other maintain its existence." Isabelle Stengers, *Cosmopolitics I,* tr. by Robert Bononno (Minneapolis & London: University of Minnesota Press, 2010), 35–36. 전인권의 『남자의 탄생』은 위와 같은 스탕제의 논의와 동일한 맥락에서 독해될 수 있다고 본다. 그는 한국가부장제의 관계 속에서 관계의 항들(아버지, 어머니, 자식, 친척, 이웃)의 실존양태를 분석한다. 즉 그는 관계 속에 있는 개체를 단순히 다루는 것이 아니라 (마치 개체라는 '실체'(substance)를 가정하고 우연한 성질들을 다루듯이 하지 않고) 그 실존의 변화를 다룬다. 이를 통해서 자기밖에 모르는 이기적인 한국의 마마보이 남성이 탄생하는 장면을 잘 그리고 있다. 이런 한국남성상을 그는 '동굴 속의 황제'라고 부른다. 한국사회는 'share'의 규율이 거의 부재하다. 집에서부터 학교에 이르기까지 말이다. share는 미국의 유치원에서 처음 배우는 규율의 하나이다.

딴 짓을 하기도 한다.[3] 공적인 관계는 '사건'의 발생을 갖지 못하기 때문에 그저 그렇게 우리에게 '주어져' 있을 뿐이다. 학교라는 공적 공간의 붕괴에 대해 한편에서는 가부장의 더 이상 유효하지 않은 권위를 덧붙이려고 시도한다. 책임감을 가진 가장의 모습이 그래도 낫다는 판단이 작용한 듯 말이다. 다른 한편에서는 시민사회의 책임감도 학습하지 못한 학생들에게 더 많은 권리를 시혜하려고 시도한다. 이런 시도에는 인류역사의 진보는 어쨌거나 '민권'의 확대에 있다는 판단이 작용하고 있는 듯하다. 이런 갑론을박의 싸움 가운데 시민사회의 질서는 여전히 표류하고 있는 실정이다.

1987년을 돌이켜 보며 이런 질문을 던진다. 즉 군사주의나 권위주의가 부정되면 민주주의가 자연스럽게 도래할 것이라는 믿음이 그 당시를 지배했던 것은 아니었을까? 민주화운동 이후 한국의 시민사회 발전이 지지부진한 실정은 많이 지적된 바이다. 시민사회발전의 부진에 대한 원인을 좇아가다보면 생각의 끝자락에 역사에 대한 순진한 낙관주의가 잡힌다. 민주주의제도는 외형적인 기구를 만드는 것으로

3 대학수업에서 자고 있는 학생을 옆 학생이 깨워주는 경우는 잘 관찰되지 않는다. 무관심의 극치가 아닐까 생각된다. 필자는 '개인주의'의 나라인 미국에서 경험한 바를 학생들에게 말해주곤 한다. 미국에서는 수업시간에 조는 학생이 있을 경우 깨워준다. 조는 학생을 위한 혹은 배려하는 선행이라고 해석하고 싶지 않다. 전체 수업분위기를 해치는 것이기 때문에 깨워준다고 필자는 생각하였다. 이런 종류의 시민적 질서에 대한 감각이 한국 사회에는 많이 결여되어 있다고 생각된다. 이런 현상은 필자가 공부한 1970-80년대에 비해서 오늘날의 학생들에게서 더 심각하게 목도된다. 과거에는 최소한 선생님의 눈은 의식했던 것 같다.

정착되는 것이 아니라 민주적 관행을 형성하는 데 있다는 서구의 역사적 경험을 망각했던 것이다. 공적인 공간의 붕괴는 공적인 공간의 붕괴만으로 끝나지 않는다. 공적인 공간의 붕괴는 사적인 공간의 부패나 타락이 동반된다. 국가나 정부를 억압적 장치로 간주하면서 정부가 소멸하면 깨끗하고 공평한 사회가 등장할 것이라는 믿음이 어리석은 것이었듯이, 억압적인 공적인 공간의 붕괴 또한 아름다운 사적인 공간의 등장을 보장할 수 없었다. 이런 시각에서 보면 마르크스(Karl Marx)도 자유의 발전을 역사의 마스터키로 간주한 머콜리(Thomas B. Macaulay)와 같은 소박한 자유주의자의 범주에 속할 것이다. 이런 현상은 역사에 대한 낭만적 혹은 낙관적 믿음으로부터 크게 기인한다.

가부장적 공적 영역이 더 이상 작동하지 못하자 그 대안으로 학계에서는 아렌트 류의 '참여민주주의'나 하버마스 류의 '숙의민주주의'가 활발하게 논의되었다. 그러나 이런 논의들은 한국 사회의 습속을 건드리지 못한 채 추상적 수준의 것으로 끝나지 않았나 생각된다. 무엇보다도 이런 이론들이 한국 사회의 습속 문제에 대해 진지한 고민을 하게 만드는 것인지 의문스럽다. 다른 한편으로 한국적 가치나 동양적 가치를 옹호하고자 하는 이론들 또한 한국 사회의 습속을 파헤치기보다는 어떤 추정된 가치를 이상화하는 길을 걸어온 것으로 생각된다. 현재 우리사회의 한 모습인 '패거리' 습속의 역사적 뿌리를 파헤치는 데 관심을 두기보다는 우리의 과거나 동양의 과거를 이상화시키려는 시도가 지배적이었다. 전체적으로 보면 좋은 의도를 가진 화려한 수사는 많았지만 한국 사회의 문제를 천착한 연구는 미약했다고 생각된다.

흔히 민주적 시민의 형성에 필요한 자질을 꼽으면, 관용, 적극적 참여, 높은 수준의 관심과 정보, 그리고 정부에 대한 다양한 지지 등을 들 수 있다.[4] 한국인들의 생활세계 가운데 이런 시민적 자질들을 형성하는 데 기여할 수 있는 공간이나 그런 역할을 할 수 있는 공간은 어디일까? 이 질문에 대답하기 위해서는 한 가지 명심할 점이 있다. 이런 자질은 도덕적 자질이 아니라 '정치적' 자질이다. 우리사회는 '정치'에 대한 불신이 강하게 뿌리내리고 있다. 정치에 대한 불신은 한편으로는 도덕적 고답주의의 유습의 영향 때문이기도 하고, 다른 한편으론 현실정치의 무능이나 부패로부터 영향을 받은 탓이다. 흥미로운 점은 정치에 대한 불신이 저속한 권력추구를 억제하면서 권력을 좋게 활용하는 방법으로 이어지지 않는다는 데 있다. 오히려 정치에 대한 불신의 풍조는 저속한 권력추구를 부추기거나 최소한 방조하는 경향을 띠고 있다고 생각된다.

가장 우려스러운 점은 정치에 대한 불신이 정치적 자질이 성장할 틈을 미연에 차단하는 데 있다. 우리의 법은 정치적 활동에 대해서 의혹의 시선으로 바라본다. 그렇기 때문에 정치적 활동을 전반적으로 금지하는 데 예민하게 작동한다. 정치적 학습이 없는 사람이 좋은 정치적 행위를 할 수 있으리라는 예상은 터무니없을 것이다. 그럼에도 불구하고 정치에 대한 불신에 기초해 있는 정치적 '중립'의 관념은 한

---

4 필립스 쉬블리, 김계동 외 역, 『정치학 개론－권력과 선택』(서울: 명인문화사, 2013), 204.

국인들의 습속에 대단히 깊이 박힌 규범으로 작동하고 있다고 생각된다. 정치적 역량을 갖추지 못한 사람이 관용을 실천할 수 있다는 말은 모순적이다. 관용은 정치적 자질이다. 우리사회의 문제는 이런 정치적 자질을 도덕적 자질로 이해하려는 데 있다. 한글사전에 관용은 '남의 잘못이나 허물을 너그럽게 용서함'이라고 풀이한 점에서 관용에 대한 도덕적 해석의 경향이 역역하게 드러난다. 이런 관점에서 보면 우리사회에 유행하는 '인성교육'에 대한 호소나 '인문학 열풍'으로 시민교육을 대체하려는 흐름에 대해 회의감이 생긴다.

서구에서 관용의 필요가 제기된 계기는 무엇보다도 격렬한 종교적 갈등에 있었다. 종교적 갈등은 가족, 마을, 직업의 공간을 넘어선 시민사회의 구성문제와 연결되었다. 가족, 마을, 직업세계의 구성원리가 종교적 갈등을 넘어설 수는 없다. 더욱이 종교의 원리도 관용의 시민적 자질을 형성하는 데 기여하기보다는 관용의 태도를 해치는 데 기여해 왔다고 보는 것이 옳을 듯하다. 근대세계의 등장에 종교의 근대화가 수반될 수밖에 없었던 이유이다. 이런 관점에서 보면 근대서구의 중요한 발견은 '정치적 영역'의 고유성과 의의를 발견한 데 있을 것이다. 관용은 정치적인 것의 학습에 그 핵심이 있다. 정치공동체에 함께 살기 위해서는 정치적인 것을 학습하지 않을 수 없는 절박한 필요성의 자각이 관용의 태도를 습득하는 데 요구되었다는 말이다. 이런 관용의 태도를 학습하는 데는 가족, 마을, 직업의 주위세계에 함몰되지 않는 거리두기가 요구된다. 개인은 자신을 둘러싼 주위세계에 대해서 거리두기를 할 수 있는 존재를 말한다.

물론 개인의 발명은 서구의 이론적 전개과정에서 여러 가지로 표현되었다. 공리주의, 자유지상주의, 칸트식의 자유주의 등은 개인의 발명에 대한 각기 다른 이론적 반응들이다. 서구이론의 혼란은 그런 이론을 수용한 우리에게는 더 큰 혼란을 가져왔다. 그리고 이론적 혼란은 실천적 혼란으로 이어질 수밖에 없었다. 나아가 '우리의 것'을 지키려는 민족주의적 성격의 운동은 이해하지 못한 대상을 더욱 이해할 수 없는 것으로 만들어 버렸다. 우리의 것이 무엇인지도 모르는 상태에서 말이다. '오리엔탈리즘'을 좋게 해석하면 다른 생활방식을 가진 사람들 사이에는 오해가 발생할 수밖에 없다는 점에 있을 것이다. 우리가 서구를 오해하듯 서구도 우리를 오해한다. 그러나 이런 오해의 문제가 사회적 문제를 해결하는 가치나 방식에 대한 평가의 문제를 호도하지는 말아야 할 것이다. 민족주의적 성격을 가진 다른 한 흐름은 우리도 서구근대의 요소를 갖고 있었다는 주장이다. 서구인들도 대단히 혼란스러워하며 힘겹게 쟁취하려 했던 요소를 우리의 전통에서 찾을 수 있다는 주장은 우리를 반성케 하기보다는 수치스럽게 하는 것이 된다고 생각된다. 그 동안 우리는 무엇을 했던가!는 자괴감 말이다.

친근 문화에 매몰된 한국인의 태도는 공적인 공간을 부패시켰으며 무의미한 것으로 만드는 데 큰 역할을 해왔다. 친근이 강조되는 생활세계에서 우리의 집단에 속하지 않는 사람은 그림자와 같은 존재를 넘어서지 못한다. 공적인 공간의 존재 또한 단지 잘 모셔진 신상의 모습 이상을 넘어서지 못하는 듯하다. 공적인 것의 존재는 위기의 순간에 간혹 짙은 농도의 그림자처럼 나타났다가도 곧 사라져버리곤 했다. 공적인 공간이 허약한 이유를 우리는 흔히 개인의 이기성에서 찾곤

한다. 이로써 홉스(Thomas Hobbes) 정치학의 전제가 우리에게 위안거리를 주는 아이러니가 발생하는 것이다. 그러나 홉스가 통찰한 정치적 문제는 쉽게 망각된다고 생각된다. 홉스 정치학은 공적인 영역이 온전한 존재성(presence)을 갖지 못하면 사회적 혼란은 계속될 것이라는 문제의식으로부터 출발한다. 홉스의 문제의식에서 보면 큰 정부/작은 정부의 구분은 가짜 문제이다. 진짜 문제는 강한 정부/약한 정부의 구분이다. 홉스의 잘못은 '강한'의 의미를 대단히 소박하게 파악한 데 있다. 강한 것은 곧 힘이 센 것으로 해석하게 할 빌미를 너무 많이 제공한 것이다. 그 빌미의 원인은 물론 그가 정부를 힘센 괴물 리바이어던으로 상상한 데 돌려야 할 것이다.

굳이 칸트를 언급하지 않더라도 정치의 영역을 도덕의 영역으로 대체하려는 시도는 대단히 유혹적인 것임에 틀림없다. 유교의 전통이 강한 우리사회에도 그런 도덕화의 경향은 강력하게 존재했고 여전히 그렇다고 생각된다. 도덕주의의 도식이 사고의 강력한 틀로 존재하는 한 현실은 부도덕한 세계로 그려질 것이다. 그러나 우리의 정치문제와 시민사회의 부재 문제를 도덕성의 부재로 환원시키는 시도는 우리 자신의 문제를 제대로 보지 못하게 한다. 이 점은 역사적 경험을 통해서 충분히 증명된 바라고 생각된다. 이런 점에서 볼 때 정치적 문제를 잘못 제기한 대가는 대단히 가혹한 것이다.

2. 한국인의 대외 인식

한국인의 외부세계에 대한 태도 역시 한국적 시민질서의 형성에 장애를 준다. 한국인의 태도를 설명하는 데 있어서 한반도라는 공간적 특성은 대단히 중요하다고 생각된다. 큰 대륙과 연결되어 있으면서도 아래로는 일본과 가까운 거리에 위치한 작은 영토를 가진 한반도는 역사의 기록을 보더라도 그 지역의 정세변화에 민감하지 않을 수 없었다. 특히 중국이나 그 주변정세의 변화는 한반도 내 정치체제에 커다란 의사결정의 스트레스를 가했다. 그러나 일단 큰 세력의 영향권 아래 포섭될 경우에는 외부세계의 도전으로부터 가해지는 부담에서 벗어나서 비교적 안정된 생활을 영위할 수 있었다. 이런 한반도의 역사적 경험으로부터 보면 사대의 태도는 한국인에게 '자연스러운' 것이 아닌가 생각된다. 문제가 된 것은 사대를 할 것인지에 있었다기보다는 사대의 대상을 선정하는 데 있었다고 할 수 있다. 심지어 사대의 태도가 정신의 측면으로 승화되어서 '우월한' 문화에 대한 숭상으로 나타나기도 했다.

이런 한국인의 사대의 태도가 사실상 특별히 유난한 것은 아닐 것이다. 서구사회에서 '보편'과 '개별'의 구분이 중요한 정치적 의미를 가지는 것 또한 사대나 우월의 문제와 관련된다. 보편적인 어떤 것을 상정하고자 하는 태도는 우월한 문화에 대한 인정을 요구하는 이면을 가지고 있다. 한국인에게 독특한 점은 사대에 있다기보다는 사대하는 방식, 즉 사대의 태도에 있다고 생각된다. 한국인에게 사대의 대상은

'경전'(經典)으로 탈바꿈한다. 그래서 사고의 폭과 심도를 확장시켜주고 정신적 전통을 보여주는 '고전'(古典)의 존재는 약할 수밖에 없다. 서구근대사에서 종교의 근대화에 불을 지핀 사건은 읽을 수 없이 모셔진 경전을 개인이 읽으면서 질문할 수 있는 책으로 전환한 데 있었다. 경전의 존재를 경계하기 위해서 근대의 철학자 스피노자는 '성경'이 아니라 '성서'라고 표기했다. 이런 측면에서 보면 서구근대사는 초월적 대상을 내재적 대상으로 전환한 데 급진적인 성격이 있다.

이런 한국 사회의 역사적 유죄는 현대의 한국 사회를 이해하는 데도 설득력을 가진다. 한국적 논쟁은 특별한 금기의 대상을 사수하거나 혹은 부정하려는 의도를 중심으로 진행되곤 한다. '미국'이란 나라는 한국인에게는 특별한 금기의 대상이거나 초월적 대상으로 존재한다. 한국인들이 미국에 부여하는 존재론적인 지위로 말미암아 미국을 대상으로 한 논쟁은 그 대상을 이해하는 방식으로 진행되기보다는 그 대상에 대한 서로의 위치를 확인시키고 강화하는 것으로 끝이 난다. 권용립의 관찰에 따르면, 광주사태가 발생하기 이전까지는 미국에 대한 한국인들의 견해가 호의적이었다. 그러나 광주사태 이후 민주주의 국가인 미국에 대한 일종의 배신감이 강화되면서 미국에 대한 평가는 극과 극으로 갈렸다고 한다.[5] 여기서 초점은 어떤 대상에 대한 평가가 상반될 수 있다는 점이 아니다. 다양한 의견이 존재한다는 점은 그 사회의 건강함을 반영하는 것일 수도 있기 때문이다. 오히

5 권용립, 『미국의 정치문명』(부산: 삼인출판사, 2003), 서문 참조.

려 문제의 초점은 그 대상을 사수하려는 자나 부정하려는 자가 모두 그 대상을 초월적인 절대적 존재로 상정하기 때문에 '냉철한 반성'(cool reflection)을 불가능하게 한다는 점이다.

급진주의자의 설명처럼 전적으로 내재적인 대상도 없을 것이지만 반대로 전적으로 초월적인 대상도 존재하지 않을 것이다. 이런 점에서 모든 대상은 상대적인 초월성을 가질 것이다. 우리의 외부세계는 구성된 대상이다. 이 말은 그 대상이 주관적이라는 의미가 전혀 아니다. 혹은 인식론이 주장하듯이 우리로부터 떨어져 존재하는 '객체'의 의미도 아니다. 가변적 존재를 다루는 섬세함의 결여는 우리의 정치와 시민사회에 결여된 자질이라고 생각된다. 그렇기 때문에 집단의 의사결정이 한쪽으로 쏠리는 현상을 목도하게 된다. 그리고 집단의 의견과 다른 견해를 제기하면 도덕적인 비난이 가해지는 악순환이 반복해서 일어나게 된다. 대상을 섬세하게 다루는 자질의 문제는 제1절에서 논의된 거리두기의 문제와 더불어 한국의 시민사회가 성숙하는 데 절실히 요구되는 바이다. '자유'를 중심으로 말한다면 질서를 갖춘 자유(ordered liberty) 혹은 절제된 자유라는 역설적으로 들리는 표현을 잘 이해할 필요가 있다.

3. 자유와 시민유대

근대의 자유주의이론은 자유의 문제를 '개인'을 중심으로 다루곤

했다. 이것은 배타적 개인주의의 경향으로 이어지곤 한다. 이런 서구 사회의 경향을 비판하면서 혹자는 우리의 공동체주의를 높이 평가하기도 한다. 서구의 자유주의와 공동체주의 간의 끊임없는 긴장 또한 이런 시각에서 조망할 수 있을 것이다. 자유주의와 공동체주의의 복잡한 논쟁을 이 자리에서 재현하는 것은 의미가 없을 것이다. 단지 우리는 아직 자유주의를 본격적으로 경험한 적이 없으며, 그렇기 때문에 우리의 문제를 다른 시각에서 보아야 할 것이란 점을 지적하고자 한다. 위에서 필자는 거리두기로서의 자유 혹은 절제된 자유를 우리의 문제에 접근하는 단초로서 제시했다. 여기서 서구의 주류이론이 자유를 다루는 방식에 뭔가 문제가 있었다는 점을 기억할 것이다. 아래에서는 이 점을 좀 더 확대시켜 조망하면서 자유의 문제를 일반정책의 중요성과 연결하고자 한다. 여기서 일반정책은 특별법이나 특별정책과 대조된다.

거리두기로서의 자유를 이해하기 위해서는 사회전체의 모습을 떠올릴 필요가 있다. 초기사회는 사회의 질서유지를 위해서 혈연관계를 중심으로 감시하거나 혹은 가호(家戶)를 묶어서 서로 감시하게 했다. 초기사회의 상황을 염두에 둔다면 이런 정책들은 자유에 반하기는 하지만 일리(一理)가 있었다고 할 수 있다. 사회 전체적으로 무절제한 '자유'를 제어하기 위해서는 자유를 통제할 수밖에 없었다는 점이다. 여기서 자유의 문제는 개인의 문제가 아니라 전체사회의 문제임을 알 수 있다. 왕만의 자유는 폭정과 구별될 수 없듯이, 귀족들의 자유는 방종의 특성을 강하게 띤다. 영국사의 특정한 국면에서 귀족들은 왕의 경쟁자(rival)이자 사회적 폭압과 무질서의 진원지였다.

우리사회의 조선연구는 대체로 귀족과 관련해서 왕을 견제하는 경쟁자로서의 모습만을 부각시키는 경향이 있다고 생각된다. 더 나아가 이런 모습에서 우리의 자생적인 민주주의의 경향성을 읽어내려고 한다. 이런 역사해석은 왕에 대한 저항을 자유의 역사로 이해하는 휘그(Whig)의 일방적인 역사독해와 흡사하다는 느낌을 갖는다. 일반인들은 권력자가 권력을 가진 만큼 그 권력자에 대한 그 만큼의 로망과 더불어 시기심(jealousy)을 갖고 있기 때문에, 쉽게 그런 역사해석에 휩쓸리는 경향이 있다. 사실상 이런 편파성(partiality)과 시기심으로 뒤덮인 곳이 바로 사회라고 한다면, 자유에 대한 욕구를 자유의 시민적 관행으로 전환시키는 것이 얼마나 힘든 일인지를 깨닫게 된다. 그리고 자유에 대한 시민적 관행의 정착이 대단히 힘든 과제이기 때문에 사람들은 절대적 권위를 수립하려는 홉스적인 해법으로 쉽게 기울게 된다. 그렇지 않다면 모든 사회적 차이를 제거하고자 하는 평등주의적 해법으로 귀착할 가능성이 크다.

왕은 귀족이나 일반인의 시기심을 의식하면 할수록 인치(人治)로 나아가려는 경향을 가진다. 자신에 대적할만한 세력이 질투하는 사안과 관련된 법은 개혁할 엄두를 내지 못하기에 그는 그런 세력이 소홀히 간주하는 법을 어기면서 특정인에게 자의적 권력을 휘두르는 쉬운 길을 가려는 경향을 가진다. 그것이 훨씬 용이한 일이기 때문이다. 달리 말하면 경쟁하는 세력이 관심을 두지 않는 법의 일반성을 훼손하는 것이 쉽기 때문에 권력자는 인치를 선호하게 된다. 인치는 자의적 권력행사를 하기 위한 수단으로 이용되는 것이다. 이것은 비단 왕에게만 적용되는 것이 아니라 사회세력 전반에도 동일하게 적용된다고 할 것이다. 바로 여기에 법치정착의 어려움이 있다.

사회전체에 절제가 정착되지 않으면 시민적 자유는 존재할 수 없다. 자유의지라는 종교적 관념은 위와 같은 시민적 자유를 이해하는 데 큰 장애물이었다. 왜냐하면 종교적 관념은 인간중심주의의 경향으로 인해서 인간의 자유를 사물들의 필연적 운동과 대립된 것으로 이해했기 때문이다. 이런 이유로 흄(David Hume)은 필연과 모순관계로 설정된 자유의 관념을 비판하면서 필연과 모순되지 않은 '자발성'(spontaneity)으로서의 자유를 주장하게 된다. 자유를 외적인 억압이 없는 상태로 규정한 근대정치의 학설은 강자에 의한 자의적 권력행사에 대항하는 이념으로서 저항의 불꽃을 지피는 데는 유용하게 사용되었다. 그러나 이런 대항이념은 대항의 대상이 없는 상태의 자유를 긍정적으로 규정하지 못한다. 1987년 민주화 이후 자유화의 물결이 휩쓴 우리사회가 주어진 자유를 향유한 방식을 보면 자유에 대한 근대정치학설의 문제점을 가까이에서 목격하게 될 것이다. 이와 반대로 부정적(소극적) 자유를 부르조아계급의 자유로 비판하면서 빈자의 해방을 위한 적극적 자유를 주장하는 흐름도 있다. 그러한 적극적 자유의 논리 또한 소극적 자유의 논리 비슷하게 권리투쟁으로 귀착했다고 생각된다.

자유는 사회생활의 필요성을 지각하면서 자신의 행동을 절제하는 데 있다. 나의 절제가 없다면 타인의 절제를 바랄 수 없다. 이런 사실에서 우리는 사회문제에 대한 일반정책의 중요성을 절감하지 않을 수 없다. 자유가 확보되는 것은 법의 일반적 적용이 실현되는 상태라고 할 수 있다.[6] 법이 일반적으로 적용된다는 믿음이 생기면 시민들은 특정한 상황에 적절한 행위규범을 준수하지 않을 수 없을 것이다. 이런 상태는 시민들이 사회규범에 대해 내면적인 평가가 가능한 상태이다. 다시 말해 시민들은 시민적 행위규범에 대한 공통감각, 즉 상식에 기초해서 특정한 행위를 평가할 수 있는 역량을 갖게 된다. 이와 달리 시민적 자유를 규정하는 것은 방종과 자유를 혼동하는 일이 될 것이다. 한 가지 덧붙이면 우리법의 특징은 실천적으로 지키기 힘든 대단히 높은 행위규범을 명시한다. "미법"(美法)을 추구하는 전통이 실천성이 결여된 모시는 법규범을 만드는 데 일조하지 않았나 생각한다.[7] 공

---

6 조선후기 법의 일반적 적용이 없는 상태를 독립신문은 아래와 같이 기록하고 있다. "조선 백성은 불쌍하기가 세계에 제일 불쌍한 백성이니, 불쌍하게 여기는 사람은 별양 없는 모양이라. 외국에서는 전국 백성 중에서 사람 하나가 남에게 무례한 일을 받았다든지 어떤 관원이 무법하게 대접을 할 것 같으면, 전국 인민이 떠들고 나와 기어이 그 사람을 도와주고, 그 무례하게 대접한 사람이나 무법하게 다스린 관원에게 죄를 주어 그런 일을 다시 못하게 하는 것이, 다만 한 사람만 위하고 한 사람만 미워서가 아니라 전국 인민을 위하여 그렇게 하는 것이요, 사람마다 제 몸과 제 집안을 위하여 그런 일이 없도록 하는 것이라. 조선에서는 못된 사람이 못된 일을 하여도 놀라고 분해하는 사람이 없고, 도리어 사람이 옳은 일을 하거드면 그때는 놀라고 이상히 여겨 그 사람을 도로 미워하며, 전국 인민이 원과 관찰사와 토호하는 양반들에게 압제를 받아 억지로 돈을 뺏기고 맞기도 하고 욕을 보아도 경향(京鄕: 서울과 지방) 인민이 이런 것을 변괴로 알지 않고 으레 그런 줄로 아노라." 전인권 편집·교열, 김홍우 감수, 『독립신문 다시 읽기』(서울: 푸른역사, 2004), 127-128.

7 세종 시대에 있었던 부민고소제 찬반논쟁을 참조. 김홍우, 『법과 정치』(고양: 인간사랑, 2012), 325-363. 김홍우에 따르면 유제문과 안승선은 "정치하는 본래의 뜻에 비추어" 부민고소제를 찬성했고 허조는 "아름다운 법의 본래의 뜻에 비춰" 반대 입장을 취했다. 그리고 세종의 절충론이 가져온 결과는 정약

동체성원들의 일반적인 공통감각을 넘어선 행위규범은 가혹할 뿐 아니라 그들의 행동의 방향감각을 상실하게 한다.

'만인은 법 앞에 평등하다'는 명제가 우리사회에서는 '유전무죄 무전유죄'를 용인하는 기만적 명제로 이해된다. 이런 현상은 일반적이지 못한 법 적용의 관행이 만성화된 까닭으로 빚어진 일이다. 법의 일반성이 함몰하는 현상은 특히 친근의 문화를 극복하지 못한 한국 사회의 현실을 잘 보여준다. 부족윤리 중심의 유교문화는 인륜범죄에 대한 분노를 극대화시키는 반면, 시민사회를 해치는 힘 있는 자의 범죄에 대해서는 특수한 정황을 들어 용서하는 부조리를 유지시키는데 일조한다. 그리고 특별법이나 특별검사, 불시검문 등의 관행은 시민들의 일반적 행동지침을 장려하기보다는 '표적수사'라는 용어가 표현하듯이 법 적용의 부당성에 대한 불만을 조장하는 유습을 지속시키고 있다. 전반적으로 보면 대한민국이 새로운 국가로 탄생하기는 했지만 구체제의 유습을 탈각하지 못한 채 건국과 근대화를 진행한 것이다. 신분(status) 사회의 유습은 새로운 양태로 유지되었고, 식민통치의 비열함과 폭력성도 고스란히 남았다고 할 수 있다.

용의 『목민심서』에 고스란히 드러난다. "공이 있는데도 상주지 않으면 백성들은 힘써 일하지 않으며, 죄가 있는데도 처벌하지 않으면 백성들이 죄를 두려워하지 않는다. 백성들이 힘써 일하지 않고 죄를 두려워하지 않으면 만민이 뿔뿔이 흩어지고 모든 일이 무너질 것이니, 백관(百官)이나 이속(吏屬)들도 이와 다를 것이 없다. 지금은 죄가 있어도 처벌하지 않고 공이 있어도 상을 주지 않으니 이 때문에 관리들의 습성이 날로 간악한 데로만 나아가게 되는 것이다."

사회에 대한 전반적 계획에 반대하는 목소리가 있을 수 있다. 대표적으로 하이엑(Friedrich A. Hayek)은 사회적 관행의 자생적 성장의 관점에서 사회를 개혁하려는 "사회계획"(social planing)의 문제점을 지적하기도 한다.[8] 공산주의의 국가계획이 노예제로 귀결되었다는 그의 주장은 자연상태로 간주되는 시장주의를 옹호하는 입장을 강화시켰다. 그러나 그가 준거하는 보통법의 성장과정을 보더라도 국가의 역할이 상당히 중요했다는 점을 보면 그의 주장은 제한적으로 받아들여져야 한다.[9] 서구가 근대적 삶의 욕구를 성취하기 위해서 상상한 산물이 민족국가(nation-state)라 할 때 국가의 역할을 생략한 채 서구의 근대적 관행의 자발적 성장을 주장하기는 어려울 것이다. 이런 대립하는 견해에도 불구하고 위의 두 의견은 공통적으로 사회규범이 일반적으로 적용되어야 한다는 점을 인정하고 또 그런 상태를 지향하고 있다. 전자의 의견은 사물의 자연적(일반적) 흐름에 인간이 인위적으로 개입할 경우에 초래될 수 있는 위험성을 지적하고 있으며, 후자의 견해는 자연상태로 내버려 둘 경우 부족주의나 당파주의로 흐르게 된다고 주장한다. 즉 두 의견은 실효성이 있는 일반적으로 적용되는 사회규범이나 정책을 성취하는 방법의 문제에서 서로 다른 입장을 개진하는 것이다. 이런 논쟁은 일반적으로 적용되는 실효성이 있는 규범

---

8 Friedrich Hayek, *The Road to Serfdom* (Chicago & London: The University of Chicago Press, 1972).

9 Francis Fukuyama, *The Origins of Political Order* (New York: Farrar, Straus and Giroux, 2011).

을 정착하는 일이 대단히 어렵다는 점을 역설적으로 드러낸다.

우리사회는 일반적 법적용의 전통이 약하다. 세종이 시행한 암행어사제도의 영향은 아직도 우리사회의 법치 관행이 정착하는 데 큰 장애가 된다. 남 몰래 하는 행위(암행) 중 좋은 것은 별로 없을 것이다. 종교적으로는 몰래하는 선행을 높이 칭찬한다. 이런 선행을 높이 평가하는 이유는 보기 드물기 때문일 것이다. 물론 자긍(pride)을 질시한 종교적 편견도 작용했을 것이다. 몰래하는 선행조차도 공개의 장으로 끌어내어 장려하는 사회정책이 대체로 개인의 도덕성에 맡기는 정책보다 더 실효성이 있고 사회적 관행을 정착시키는 데 더 나은 결과를 가져올 것이다. 인간행위의 측면에서 보았을 때 암행어사제도의 단점은 여러 가지가 있을 것이다. 그중 가장 큰 문제는 행위에 규칙성을 파괴함으로써 법치의 기초를 허무는 역할을 한다는 데 있다. 그 결과 장기적으로 보았을 때 잘못을 범한 자는 자신의 잘못을 인정하기보다는 자신이 음모에 걸려들었다고 주장하는 현상을 자주 목격하게 된다.

신분(status)으로서의 귀족을 인정할 경우 법치의 정착이 어렵다고 언급한 바 있다. 서구의 법이 신분으로부터 계약 중심으로 발전했다는 주장은 신분으로서의 귀족이 더 이상 통용될 수 없게 되었다는 점을 함의한다. 직위(office)가 혈통에 의한 신분을 대체하게 된다. 아직 우리사회는 직위와 신분의 구분이 흐릿한 상태라고 생각된다. 단적인 예로 직업이 직위로서 인식되기도 하지만 상당 부분 신분의 기능을 담당한다. 우리사회의 흔한 현상으로서 직위를 이용한 도를 넘은 행위들은 직위와 신분의 구분이 모호함을 의미한다. 이러한 전근대적인 습속들이 그대로 존속하기 때문에 외형상의 근대성은 전근대적 습속의 존속을 보호하는 위장막으로 기능하고 있다. 또한 직위가 신분으로 통용되면서 직업의 신분적 평등성이 강조되고 있으며 직업의 신분적 권리에 대한 애착이 두드러지게 나타난다. 이런 의미에서 시민적 자유를 획득하기 위해서는 일반적 적용을 가능하게 하는 정책역량이 필요하다.

4. 자연세계에서 시민공동체로

정치학에서 자연 상태와 관련된 관심을 지속적으로 가지는 이유는 현재의 갈등양상에 대한 통찰을 얻기 위해서 일 것이다. 시민교육을 위해서도 자연 상태의 환기는 꼭 필요한 것이라고 생각된다. 시민사회 이전의 인간관계를 떠올려야만 시민상태의 생생한 의미를 알 수 있기 때문이다. 그러나 사람들은 흔히 자연상태를 망각하곤 한다. 근대정치학은 자연상태의 비참을 일깨우면서 사회적 평화를 달성할 처방을 연구했다. 그러나 그 이행과정을 너무 쉽게 사고한 흔적이 역력하다. 어떻게 보면 자연상태를 빨리 잊어버리고 싶은 충동이 강하게 작동한다고 볼 수 있다. 베르그송(Henri Bergson)이 말하듯이 "그러나 자연은 파괴될 수 없다. '자연적인 것은 쫓아 버려도 빨리 다시 뛰어들어온다'는 속담은 틀린 말이다. 왜냐하면 자연적인 것은 쫓아 버릴 수 없기 때문이다. 그것은 항상 그곳에 있다."[10]

우리의 사회정책 마인드에는 자연에 대한 고려가 늘 부족하다고 생각된다. 학교폭력에 대해서 교사에게 더 많은 권위를 부여하는 일이나, 아니면 학생에게 더 많은 인권을 부여하는 등의 정책에는 자연에 대한 고려가 없다. 도덕 감성에 호소함으로써 인성교육을 강조하는 것도 마찬가지로 자연에 대한 고려가 결여된 것이다. 자연에 대한 망각은 서구 기독교의 학설과 달리 '성선설'을 주장하는 유교의 영향이 큰 탓도 있겠다. 인간본성을 선한 것으로 규율하려는 것은 일종의 강박관념이지 사회정책으로서는 별다른 의미가 없다고 생각된다. 호머의 서사시가 갖는 의미는 비교적 인간의 자연적 모습을 잘 그리고 있다는 데 있을 것이다. 호머가 그린 인간의 모습은 베르그송의 말을 빌면 "잠재적 본능"이다.[11] 이런 인간의 모습은 무시할 수 있는 것이 아니다.

> 자연적인 것은 후천적인 것에 의해서 대부분 감추어진다. 그러나 자연적인 것은 수세기를 통해 거의 불변적인 채로 지속한다. 습관과 지식은 사람들이 생각하듯이 유기체에 새겨지지도 않으며 유전적으로 전해지는 것과는 거리가 멀다. … 자연적인 것이 수세기의 문명 기간을 지나는 동안 자신에게 축적된 후천적인 습관에 의해 짓눌려 파괴되었다면, 이 자연적인 것은 무시할 만하다. 그러

---

10 앙리 베르그송, 『도덕과 종교의 두 원천』(파주: 서광사, 1998), 295. 필자가 다소 수정함.

11 앙리 베르그송, 『도덕과 종교의 두 원천』, 38.

나 자연적인 것은 가장 문명화된 사회에서 최상의 상태로 생생하게 유지되고 있다.[12]

자연상태에 대한 관심에도 불구하고 '자연'의 의미는 동서의 차이뿐 아니라 서구의 역사를 구별할 정도로 차이가 난다. 근대정치학에서는 홉스의 자연상태에 대한 서술을 여전히 유효한 것으로 간주되고 있다. 홉스가 호머의 일리아드와 오디세이를 번역할 정도였음을 상기해 볼 때, 그의 자연상태에 대한 서술은 그리스문명의 태동시대로부터 많은 영향을 받았을 것이다. 홉스의 사상에서 흥미로운 점은 자연상태의 총체적 비참함에 대한 자각이 있을 때만이 자연상태를 종식하고자 하는 이성이 작동한다는 데 있다. 그는 이것을 "언제 일어날지 모르는 폭력적 죽음에 대한 공포"(fear of violent death)라 이름을 붙인다. 다시 말하면 호머의 서사시에 등장하는 인물들은 자연상태의 총체적 비참함을 자각하지 못한 채 그 세계에 몰입하여 산다. 그런 그들에게는 문명적 세계로의 진입이 닫혀 있다.

홉스는 근대정치학에 긍정적 영향을 끼치기도 했지만 근대정치학의 사고에 심대한 편견을 불어넣기도 했다. 그에게 있어서 자연세계와 문명세계는 급격하게 단절되어 있다. 홉스의 자연권은 문명세계에도 남아 있다는 점을 지적하면서 그에게서 자연과 문명 사이의 급격한 단절을 완화시키려는 해석도 존재한다. 그러나 서구의 근대정치학은

12 앙리 베르그송, 『도덕과 종교의 두 원천』, 39.

자연과 문명의 급격한 단절을 전제한 가운데 서술되지 않는가? 무엇보다도 이성에 의한 제도의 설계가 근대정치학의 기조를 형성하지 않았던가?

이런 자연세계에 대한 망각은 서구정치학뿐만 아니라 그로부터 영향을 받은 우리의 사고에도 지배적으로 작용하고 있다. 이성적[도구적] 계산에 기초해서 제도를 그때그때 바꾸려는 우리사회의 분위기는 제도의 정착을 불가능하게 한다. 매년 바뀌는 입시제도는 안정적인 학교생활을 불가능하게 하고, 불안한 학생과 학부모의 발길을 사교육기관으로 돌리게 만든다. 안정적인 생활세계의 정착은 시간을 필요로 하는 것이다. 마치 설탕이 물에 녹는 데는 시간이 요구되듯 말이다. 제도의 수시개편은 자연에 순응해야 할 때 그 흐름을 어기는 행위이다. 그리고 제도개편에 동반되는 사회적 갈등의 비용은 그 제도가 가져올 수도 있을 혜택을 넘어서고 있다고 느껴질 정도이다. 어떠한 제도이든 장점과 단점을 가지고 있다는 자연적 사실을 받아들인다면 수시로 제도를 바꾸려는 일은 재고되어야 할 것이다. 사물의 자연적 흐름에 대한 관념은 우리에게도 대단히 익숙한 것이라고 생각된다. 그럼에도 불구하고 이런 전통은 우리의 머릿속에만 존재하고 몸에 각인되어 있지 않은 관념으로 남아있다는 느낌을 갖는다.

자연의 이상적 흐름에 대한 이미지와 달리 인간의 자연[본성]에 대해서는 서로 상반되는 견해가 있다. 그러나 인간본성을 선한 것으로 보든 아니면 악한 것으로 보든 두 견해는 모두 일반적 인간이 감당하기 어려운 힘든 제도의 구상으로 연결되었다는 점은 흥미롭다. 이러한 인간본성에 대한 발상은 대체로 진리주의에 기초하고 있으며 인간의 행동을 억압하는 방식의 제도적 구상과 연결되었다. 이런 관점에서 본다면 인간본성에 대한 도덕적 판단은 근대의 시민적 생활세계를 구성하는 데 역행하는 결과를 낳았다고 생각된다. 도덕적 세계는 대체로 선악의 대결구도를 부각시킴으로써 시민적 생활세계를 경직화시키고 진영논리를 극단으로 몰고 간다. 도덕주의는 관용의 정신을 이해하지 못한다.

현대의 철학적 성과는 자연세계의 특성을 밝힌 데 있다고 본다. 자연세계는 우리가 그 속에 빠져 살고 있다는 데 있다. 가족, 학교, 직장의 상황을 우리는 생생한 현실로 받아들이면서 살고 있다. 사슴이 사냥꾼의 냄새를 맡고 위험을 감지하여 피하는 것처럼 우리도 우리를 둘러싼 밀류(milieu) 속에서 그처럼 행동한다. 서구의 인식론의 가장 큰 문제는 자연적 세계를 객관적으로 인식할 수 있다는 믿음에 있다. 객관적 인식론은 사물의 진실된 상을 알 수 있고, 이런 진리를 기초로 사람들을 계몽시켜야 한다고 믿는다. 지금까지 우리의 시민교육도 대체로 근대계몽주의의 영향 아래에서 이루어져왔다. 그러나 그 결과는 우리가 기대한 것과는 전혀 상반되었다. 사람들은 어떤 것이 올바른 것인지를 학습했다. 하지만 대다수의 사람들은 우리가 살고 있는 자연세계에 들어가자마자 사람들은 학습한 것과 다르게 행동한다. 그렇지 않으면 학습한 바를 진리로 받아들이는 소수의 사람들은 자연세계를 전면적으로 비판하는 입장을 견지하기도 한다. 이것은 순응주의와 비판주의가 삶의 세계를 뒤덮고 있는 한 원인이 된다. 순응주의와 비판주의의 양극단 사이에 시민적 관용은 숨 쉴 공간이 없다. 도덕주의가 시민적 관용을 질식시키듯 순응주의와 비판주의 또한 관용의 정신과는 거리가 멀다.

자연세계의 가장 큰 특징은 우리에게 주어진 것을 당연한 것으로 받아들인다는 데 있다. 이런 까닭에 큰 나라를 맹목적으로 섬기는 습관은 우리사회의 고질적인 갑을관계의 악화에 큰 영향을 끼쳤을 것이다. 몽테스키외가 말한 풍토설을 확장해서 해석한다면 한국인의 대외인식과 우리사회 내부의 인간관계 사이의 긴밀성을 주장하는 것은 무리가 없다고 생각된다. 민족주의의 생성도 우리의 지리와 역사로부터 떼어서 설명할 수 없다는 점도 명백할 것이다. 이런 요소들이 우리의 현실을 구성하고 있다. 이런 현실을 아무런 유보 없이 수용하는 태도가 자연세계의 특징이다.

이런 자연세계를 정언명령인 것처럼 필연적인 것으로 받아들이는 체념적 태도나, 아니면 어떠한 특정한 학설을 정언명령으로 받아들여 맞받아치려는 영웅적 태도가 우리사회의 운동을 주로 규정해왔다. 체념적 태도와 지사적 태도의 혼재 속에서 시민공동체의 성장은 지체될 수밖에 없었다. 시민공동체의 근간이 되는 법치는 이름만 있을 뿐 정착될 수가 없었다. 일반적으로 법치가 정착되지 못한 상황에서 민주주의란 목소리가 큰 사람이나 집단이 권리를 독식하는 형태로 변질될 수밖에 없다. 이것은 자유 아닌 방종이 우리사회에 우세하게 된 중요한 이유가 될 것이다. 우리가 빠져 살고 있는 자연세계로부터 한 걸음 물러서서 생각할 수 있는 능력이 시민공동체의 성장을 배양하는 원동력이 된다. 이런 능력으로부터 우리에게 일반적으로 적용될 수 있는 행위규칙이 생겨나게 된다. 이런 행위규칙의 자각이 다름 아닌 상식(common sense)이다. 시민공동체는 철학적 진리나 과학적 법칙이 지배하는 사회가 아닌 상식이 지배하는 사회이다. 따라서 시민공동체는 한 번으로 규정되는 유토피아적인 고정된 사회가 아니라 우리와 함께 성장하는 사회이다. 인간은 자연세계에 살 수밖에 없다. 인간은 자연세계를 극복할 수는 없지만 자연세계의 불편한 점들을 교정할 수는 있다. 한 가지 덧붙이자면 오늘날 상식은 대단히 추상적인 사고의 수준에서 다루어진다. 그 결과 이른바 합의(agreement)에 대한 집착증상이 생겨났다고 생각된다. 하버마스의 의사소통행위가 지향하는 바나 롤즈의 consensus는 감각이 아닌 사변적 사고의 수준에서 진행된다. 이런 경향은 다분히 자연세계를 초월할 수 있다는 믿음 위에 구성된 것처럼 보인다. 시민공동체는 이상적인 사회를 지향하는 것이 아니라 공동생활로부터 생기는 불편함을 완화시키는 데 그 목적이 있다.

참고문헌

권용립. 2003. 『미국의 정치문명』. 부산: 삼인출판사.

김홍우. 2012. 『법과 정치』. 고양: 인간사랑.

베르그송, 앙리. 송영진 역. 1998. 『도덕과 종교의 두 원천』. 파주: 서광사.

쉬블리, 필립스. 김계동 외 역. 2013. 『정치학 개론–권력과 선택』. 서울: 명인문화사.

전인권. 2003. 『남자의 탄생』. 서울: 푸른숲.

전인권 편집·교열. 김홍우 감수. 2004. 『독립신문 다시 읽기』. 서울: 푸른역사.

Fukuyama, Francis. 2011. *The Origins of Political Order*. New York: Farrar, Straus and Giroux.

Hayek, Friedrich. 1972. *The Road to Serfdom*. Chicago & London: The University of Chicago Press.

Stengers, Isabelle. 2010. *Cosmopolitics I*. tr. by Robert Bononno. Minneapolis & London: University of Minnesota Press.

저자 소개

이동수

서울대학교 정치학과에서 학사와 석사학위를 받았고, 미국 밴더빌트대학교(Vanderbilt University)에서 정치학 박사학위를 취득하였다. 대통령직속 녹색성장위원회 위원, 대통령실 정책자문위원, 경희대학교 공공대학원장과 교무처장을 역임하였고, 현재 경희대학교 공공대학원 교수로 재직 중이다. 『행복과 21세기 공동체』(편저), 『시민은 누구인가』(편저), 『민주주의 강의 4: 현대적 흐름』(공저), *Political Phenomenology*(공저), 「지구시민의 정체성과 횡단성」, 「민주주의의 이중성」, 「그리스 비극에 나타난 민주주의 정신」, 「소통정치와 미디어」 등의 저서와 논문이 있다.

김윤철

서강대 정치학 박사. 경희대학교 후마니타스칼리지 교수로 재직 중이며, 〈시민교육〉, 〈문명전개의 지구적 문맥Ⅰ, Ⅱ〉, 〈정치의 인문학적 탐색〉을 강의하고 있다. 한국사회여론연구소 소장과 국회의장 직속 국회의원 특권내려놓기 추진위원회 위원을 지냈으며, 현재 참여사회연구소 부소장을 맡고 있다. 《경향신문》, 《내일신문》, 《프레시안》 등에 칼럼을 쓰고 있다. 『헬조선 3년상 喪 想 尙』, 『정당』, 『평화와 복지, 경계를 넘어』(공저), 『시민은 누구인가』(공저), 『인문정치와 주체』(공저), 『한국의 정치사회적 지배담론과 민주주의의 동학』(공저), 「한국 시민의 실존양식」, 「사회의 '전환'과 새로운 주체의 '발견'에 관한 단상」, 「대항이념적 가치관에 바탕한 능동적 사회주체 모형의 탐색」, 「'개별 정당의 위기' 분석을 위한 이론적 모색」등의 저서와 논문이 있다.

우기동

성균관대학교 철학과에서 「유물변증법적 자연관」으로 박사학위를 받았다. 경희대 후마니타스칼리지에서 〈시민교육〉, 〈글로벌 의식과 세계시민〉 등을 강의하고 있고, 경희지구사회봉사단(Global Service Corps) 사무총장을 맡고 있다. 서울 시민대학 운영위원으로 활동하고 있다. 『철학의 철학사적 이해』(공저), 『박물관에서 꺼내온 철학 이야기』(공저), 『행복한 인문학』(공저), 「소외계층과 호흡하는 인문학」, 「대학시민교육, 그 철학적 기초」, 「마을과 시민」 등의 저서와 논문이 있다.

채진원

2009년 경희대학교 일반대학원에서 「민주노동당의 변화와 정당모델의 적실성」이란 논문으로 정치학 박사학위를 받았다. 현재 경희대학교 후마니타스칼리지의 교수로 〈시민교육〉, 〈NGO와 정부관계론〉 등을 강의하고 있다. 전공분야는 비교정치과정(의회, 선거, 정당, NGO)이다.

주요 논문으로 「원내정당모델의 명료화: 대안적 정당모델과의 비교논의」, 「대화형 정치모델의 이론적 탐색: 아렌트의 '공공화법'과 바흐친의 '다성악적 대화법'」, 「민주주의의 사회적 기반: 자원봉사활동의 의미와 정치적 상관성을 중심으로」, 「세계화시대의 시민성과 대학교육」, 대표 저서로는 『지구화시대의 정당정치』와 『한국 민주주의 어디까지 왔나』 등이 있다.

김시천

숭실대학교 철학과를 졸업하고, 동대학원에서 철학박사를 취득하였다. 호서대학교 초빙교수, 인제대학교 연구교수, 경희대학교 연구교수를 지냈다. 현재 숭실대학교 철학과 초빙교수로 있다. 지은 책으로, 『철학에서 이야기로』, 『이기주의를 위한 변명』, 『기학의 모험 1, 2』(공저), 『번역된 철학 착종된 근대』(공저), 『찰스 다윈, 한국의 학자를 만나다』(공저), 『노자의 칼 장자의 방패』, 『무하유지향에서 들려오는 메아리』, 『논어 학자들의 수다, 사람을 읽다』 등이 있다.

유병래

동국대학교에서 「老子의 爲道者에 관한 硏究」로 철학박사학위를 취득한 후 주로 노장철학을 강의해왔으며, 아울러 수원시 평생학습관에서 동양고전을 강의하였다. 현재는 경희대학교 후마니타스 칼리지에서 〈중핵교과〉를 강의하고 있다. 주요 논문으로 「漢詩를 통한 서울의 도교문화 玩賞-조선 전기 사대부의 한시에 나타난 昭格殿의 情景을 중심으로」와 「장자철학에서의 노년의 삶」 등이 있다. 『태평경 역주』(전 5권)를 공동으로 역주하였으며, 『시민은 누구인가』를 공저하였다.

송경재

경기대학교 경제학과를 졸업하고 경희대학교 일반대학원에서 「한국의 사이버 공동체와 정치참여에 관한 연구」 논문으로 정치학 박사학위를 받았다. 신문발전위원회 연구위원, 방송통신심의위원회 통신분과 특별위원 등을 역임했으며 현재 경희대학교 인류사회재건연구원에 교수로 재직하고 있다. 전공분야는 시민사회와 사회적 자본, 전자민주주의, 인터넷 정치과정이다. 주요 논문으로는 「사회적 자본과 지역 사이버 커뮤니티의 민주주의(2015)」, 「한국의 웹캠페인 규제와 선거법 개정의 정치적 해석(2015)」, 「네트워크사회 소셜 시티즌의 사회적 자본(2015)」 등이 있다.

이병택

서울대학교 정치학과를 졸업하고, 동 대학원에서 석사학위를, 럿거스대학교(Rutgers University)에서 박사학위를 받았다. 현재 동북아역사재단 연구위원으로 있다. 연구논문으로는 「흄의 법사상」, 「정파의 대립과 법치」, 「유럽통합과 장 모네의 정치사상」, 「자유주의와 공동성」, 「리처드 2세의 폐위와 헨리 4세의 등극」 등이 있다.

생활세계와 시민
-시민 되기

발행일 1쇄 2017년 5월 30일
지은이 이동수 편
펴낸이 여국동

펴낸곳 도서출판 인간사랑
출판등록 1983. 1. 26. 제일-3호
주소 경기도 고양시 일산동구 백석로 108번길 60-5 2층
물류센타 경기도 고양시 일산동구 문원길 13-34(문봉동)
전화 031)901-8144(대표) | 031)907-2003(영업부)
팩스 031)905-5815
전자우편 igsr@naver.com
페이스북 http://www.facebook.com/igsrpub
블로그 http://blog.naver.com/igsr
인쇄 인성인쇄 **출력** 현대미디어 **종이** 세원지업사

ISBN 978-89-7418-365-3 93340

이 도서의 국립중앙도서관 출판시도서목록(CIP)은 서지정보유통지원시스템 홈페이지(http://seoji.nl.go.kr)와 국가자료공동목록시스템(http://www.nl.go.kr/kolisnet)에서 이용하실 수 있습니다.(CIP제어번호: CIP2017011761)